전직 경찰공무원의 마지막 변론
조작된 정의

억울함에 한 글자 한 글자 눈물로 기록하다

경찰 댓글 사건은 이명박 정부 당시인 2010년 3월부터 2012년 4월까지 경찰지휘부가 경찰관들에게 사이버상에서 정부 정책과 경찰을 일방적으로 옹호하는 댓글과 게시글 등을 게재하도록 함으로써 국민의 자유로운 여론 형성을 방해했다는 혐의로 사법처리된 사건이다.

필자 또한 경찰청 정보국 정보심의관으로 재직 중이던 2010년 8월부터 2011년 11월 말까지 경찰청장, 서울경찰청 정보관리부장 등과 순차적으로 공모하여 서울경찰청 정보관리부에서 자체적으로 조직하여 운영하던 스폴팀(SPOL: Seoul Police Opinion Leader)에 경찰청장의 댓글 게재 지시를 전달하였다는 혐의로 기소되어 항소심에서 징역 6월에 집행유예 1년 형을 선고받았다.

정부 부처의 공직자들이 사이버상에서 소관 업무와 관련하여 잘못된 보도에 대하여 댓글로 부처의 입장을 알리던 일은 2006년 2월 9일 노무현 대통령의 지시로 시작되었다. 당시 국정홍보처는 "정부가 운영하는 '국정 브리핑' 사이트의 '국내 언론보도 종합' 코너와 해당 언론사 인터넷 홈페이지의 해당 기사에 실명으로 부처 의견을 댓글로 게재하고, 해당 언론사 간부와 부처에 출입하는 모든 기자에게 부처별 의견을 메일로 전달하라."는 대통령의 지시를 정부 각 부처에 하달했다. 같은 해 3월 30일에는 향후 그 추진 실적을 국무총리실 주관 부처별 정부 업무 성과평가에도 반영할 계획이라고 통보하였다.[1]

이명박 정부에서도 미국산 소고기 광우병 괴담 사태를 겪으면서 공직자들의 댓글 게재 활동은 강화되었다.

심지어 경찰의 댓글 게재 활동을 사법처리했던 문재인 정권하의 국방부와 경찰에서도 댓글로 진상을 알리거나 오보나 왜곡 주장 등에 대해 실시간 대응해 왔다는 사실이 알려지기도 했다.

그럼에도 문재인 정권은 이 같은 정부 각 부처의 소관 업무 관련 댓글 게재행위 중 이명박 정부 당시의 경찰 댓글만을 사법처리 대상으로 삼았다. 2018년 6월 전국동시지방선거를 앞두고 직전 박근혜 정부의 국정농단뿐만 아니라, 前前 정부인 이명박 정부의 경찰도 국정원이나 군과 같은 정치적인 댓글공작이 있었다는 사건을 역시도 만

---

1) 'BH 지시사항이다. 매일 댓글을 달라'(2006.4.6. 동아일보) https://www.donga.com/news/article/all/20060406/8292829/1

든 뒤, 이를 선거에 이용하려 했을 것이라는 합리적 의심이 드는 이유다.

어쨌든 문재인 정권은 경찰의 댓글 게재 행위를 여론조작, 댓글공작이라는 범죄로 만드는 데 성공하지만, 이 같은 '주홍글씨'는 2018년 더불어민주당 일부 의원들의 주장과 경찰청 보안국 진상조사총괄팀장의 확인되지 않은 발표를 '한겨레신문'과 '한겨레21'에서 그대로 인용 보도하기 시작한 데서 비롯된다.

형사소송의 목적과 지도적 이념은 '헌법과 법률이 정한 적정 절차에 따라 실체적 진실을 규명해야 한다.'라는 것이다. 이는 적법절차에 따른 수사와 재판을 통해 달성된다. 독일의 나치 독재 시대에서 본 것처럼 형식적 적법절차가 아니어야 하고, 무엇보다 수사기관 구성원 개개인의 도덕성과 보편타당하고 합리적인 양심에 기초해야 의미가 있는 것이다.

'열 사람의 범인을 놓치는 한이 있더라도 한 사람의 죄 없는 사람을 벌해서는 안 된다.' '의심스러울 때는 피고인의 이익으로(in dubio pro reo)'라는 법언(法諺)은 무죄추정의 원칙, 위법수집증거배제 법칙과 함께 수사기관이나 법원이 절대로 억울한 사람을 만들어서는 안 된다는 뜻이다.

조작된 정의

그럼에도 文 정권은 前前 정부 인사들까지 '적폐청산'을 내세워 혹독하고 무자비한 숙청을 감행했다. 어느 부처든지 관행적으로 이뤄지던 업무들마저 법령과 제도를 개선해 나가는 대신 보수정권 하의 고위공직자들을 억지로 처벌하는 '정치적 보복수사'를 선택한 것이다. 처벌받은 고위공직자들이 150여 명에 이른다는 주장을 보면 조선시대의 사화(士禍)가 따로 없다. 억울함에 극단적 선택을 하신 분들도 여럿 계신다. 이 같은 정치보복과 사화의 후유증은 '인재들의 씨'를 마르게 하고, 나라도 위태롭게 만든다는 전문가들의 지적도 있다.

댓글 사건으로 수사와 재판을 받으면서 적어도 인권의 수호자라는 검찰만큼은 믿고 싶었다. 재판 과정에서는 최소한 사법부의 공정과 정의, 법관의 양심과 상식만큼은 믿고 싶었다. 하지만, 믿는 도끼에 발등 찍힌 신세가 되었다. 문재인 정권하에서 이 같은 단어들은 교과서 밖에서는 존재하지 않았다.

2018년 12월 27일 기소된 후 2023년 3월 23일 항소심 판결을 받는 데까지 무려 4년 4개월이나 걸렸다.[2] 헌법 제27조 제3항의 '모든 국민은 신속한 재판을 받을 권리를 가진다.'라는 기본권 또한 철저히 무시

2] 김○○ 법원행정처장도 2023년 10월 10일 국회 법제사법위원회 국정감사에서 '조국 전 장관 1심 재판 선고까지 3년 2개월이나 걸린 사실'을 지적하는 조수진 의원의 질의에 "신속성에 문제 있었다고 보고 반성해야 하지 않을까 생각한다."라고 답변한 바 있다.

당한 셈이다.

수사기관이야 인사권을 쥐고 있는 정권의 눈치를 보느라 적폐수사를 빌미로 억울한 사람들을 양산했다고 하더라도, 법원만큼은 자유민주주의와 실질적인 법치주의, 신속한 재판을 받을 권리를 보장하는 최후의 보루가 되어야 하는 것 아니던가?

수사 결과와 항소심 법원까지의 판결에 의하면, 경찰청장이 공식 취임도 하기 전에 정보심의관이던 필자에게 댓글 게재를 지시하여 실행되었다고 한다. 정보심의관 보직에서 이임한 뒤 정보국에서 작성한 댓글이나 서류마저 유죄의 증거로 삼았다.

당시 법령상 '기획정보[3]'의 조정에 관하여 국장을 보좌하는 임무'를 부여받은 경찰청 정보국 정보심의관이 정확한 실체도 모르고 있었던 서울경찰청 정보관리부에서 자체적으로 운영하던 '스폴팀'의 댓글 게재 행위에 대해 행정적 징계책임이면 모를까 형사책임까지 져야 한다고 판결한다. 경찰청장의 참모의 참모에 불과한 사람에게 경찰청장, 서울경찰청 정보관리부장·정보1과장과 순차적으로 공모했다는 것이다.

---

3) 기획정보에 대한 법령상 정의는 없으나, 실무상으로 상황정보와 구별되는 분석·가공한 정보의 한 형태로 이해한다.

조작된 정의

당시 경찰청장도 "정보심의관이던 정용선에게 댓글 게재를 지시한 사실이 없다."고 진술하였고, 정용선으로부터 댓글 게재 지시를 전달받았다며 공모 혐의로 함께 기소된 당시 서울경찰청 정보관리부장과 정보1과장도 필자로부터 댓글과 관련하여 전화 한 번 받은 사실이 없다고 혐의사실에 대해 모두 완강히 부인하였다. 그럼에도 정용선이 서울경찰청 '스폴팀'에 대해 모를 리 없다는 해괴한 논리를 만들어 유죄판결을 하고 만 것이다.

검찰은 경찰 수사 과정에서 압수한 댓글 28만 4,732개 중 1만 2,896개만 선별하여 기소한다. 나머지 댓글은 경찰이 검찰에 사건을 송치하기 전에 모두 폐기했기 때문에 법원에 제출할 수 없다는 것이다. 결국, 27만 1,836개(95.5%)의 댓글은 아무 문제가 없다는 이야기인데, 이를 폐기함으로써 기소를 결정한 댓글의 기준이나 내용도 알 수 없게 만들었다. 그럼에도 유죄판결을 내린 법원의 태도 또한 도무지 이해할 수 없다.

'G50 정상회의를 앞두고 각국의 정상들이 속속 입국하는데 손님을 불러놓고 폭력 시위하면 되겠느냐? 불법행위 하지 말자.'라는 댓글도, 심지어 시위 현장 부근에서 자전거 타고 가다 넘어진 중학생을 일으켜 세워준 전경을 칭찬하는 경찰관의 글마저 경찰청장과 정용선의 지시로 작성된 '정부와 정부정책 옹호 행위'로 둔갑 되었다.

결국, 검찰은 재판 과정에서 경찰에 대한 허위 보도나 왜곡 주장에 대해 댓글로 진상을 알리던 일을 처벌하는 것은 무리라고 생각했는지 다소 문제 있어 보이는 '극소수의' 댓글만 억지로 골라낸 뒤 이를 정부 정책을 옹호한 근거라고 제시한다.

당시 국가공무원법과 국가공무원 복무규정(대통령령)은 공직자들의 정부 정책에 대한 집단적 반대 행위만 금지하고 있었다. 반대해석하면 공직자들의 정부 정책에 대한 집단적 지지나 옹호 행위는 허용된다고 보아야 할 것이다.[4]

어쨌든 서울경찰청 '스폴팀'(132명)이 경찰청장의 지시를 정용선으로부터 전달받아 작성했다는 정부 정책 옹호 댓글은 15개월 동안 19명(스폴팀원의 14.4%)이 게재한 85개뿐이다. 경찰 총수가 지시를 했는데도 스폴팀원 132명 중 114명은 정부 정책 옹호 댓글을 단 한 개도 게재하지 않은 것이다. 그나마 스폴팀원 김○○이 34개, 이○○이 16개, 박○○이 8개 등 3명이 전체 정부 정책 옹호 댓글 85개 중 58개(68.2%)나 게

4] 국가공무원법과 국가공무원 복무규정(대통령령)은 '공무원이 집단·연명으로 또는 단체의 명의를 사용하여 국가의 정책을 반대하거나 국가정책의 수립·집행을 방해하는 행위'를 해서는 아니 된다(복무규정 제3조 제2항)고 규정하고 있다. 따라서 '공무원이 개인적·개별적으로 국가정책을 반대하거나 국가정책의 수립·집행을 방해하는 행위'는 물론 '공무원이 집단·연명으로 또는 단체의 명의를 사용하여 국가정책을 옹호하는 행위'는 위 복무규정 제3조 제2항 문언의 반대 해석상 허용된다(헌법재판소 2012.5.31.자 2009헌마705 결정)고 보아야 한다.

재했으며, 나머지 16명은 1~3개에 불과하다.

죄가 된다고 하더라도 개인적 일탈이 아닌 경찰청장의 지시였다고 납득할 국민은 몇 명이나 될까? 소도 웃을 일 아니던가?

다행히 윤석열 정부 출범 이후 2018년에 경찰청 보안국에서 진상 조사를 담당했거나, 특별수사단의 수사를 받았던 경찰관들이 진상을 폭로하기 시작했다. 일부는 숨겨 두었던 서류나 개인 일기를 들고 필자를 찾아와 수사 과정의 다양한 불법행위를 지적했다.

항소심 법원에 이들을 증인으로 신청했으나 거절당했다. 할 수 없이 이들 중 한 명이 작성해 준 진술서를 법원에 제출했으나 역시 거들떠보지도 않은 듯하다. 법원이 이 사건에 대해 실체적 진실발견이나 진상규명 의지가 없다고 결론 내릴 수밖에 없는 이유다.

이 같은 내용을 월간조선 2022년 8월호(284~299쪽)는 '경찰 댓글 여론조작 사건의 진실은?'이라는 제목으로, TV조선 '탐사보도 세븐' 프로그램은 2022년 8월 11일 20:00부터 50분 동안 '경찰 댓글사건'이라는 제목으로, 인터넷매체들은 8월 4일부터 9월 9일까지 무려 20여 차례에 걸쳐 낱낱이 보도한 바 있다.

적어도 경찰의 댓글은 정치 관여, 선거 개입 등 목적으로 행해진 불법행위가 아니라, 경찰업무와 관련하여 근거 없는 허위 보도나 왜곡 주장에 대하여 진상을 알리거나 반박하는 행위였다.

문재인 정권이 공직사회의 적폐를 청산하겠다며 사법처리했던 일들이 얼마나 잘못된 것이고 무모한 짓이었는지, 그 결과 대한민국의 공정과 상식, 사법 정의가 얼마나 처참히 무너졌는지 기록해 두고자 이 책을 썼다.

주장하는 근거는 수사기관과 법원의 공식 문서와 언론보도에만 기초하였고 최대한 인용 표시까지 했다. 진상을 기록하는 일 외에는 관련자들의 개인적 명예를 훼손할 의사가 추호도 없었기 때문에 정치인과 기자를 제외하고 실명을 모두 이니셜로 표기하였고 소송기록 사본에서는 이름이 보이지 않도록 가렸다.

또한, 시민단체가 이 사건에 대한 진상조사를 담당했던 경찰청 보안국 진상조사팀장과 수사를 담당했던 특별수사단 책임자들을 민주당 의원들과 내통하며 허위공문서를 작성했다는 혐의 등으로 2022년 7월 19일 검찰에 고발했으나, 검찰은 경찰에, 경찰은 경찰청이 아닌 서울 서초경찰서에 배당하여 모두 무혐의 처리하고 말았다. 전·현직 지휘부 간의 갈등이라는 이유로 제대로 수사하기 부담스러워했다는 후문이다.

앞으로 2010~2011년도 당시 경찰청에 근무했던 경찰관들의 객관적인 진술, 2018년도 진상조사와 수사에 관여했던 경찰관들의 제보, 위법수집 증거 등을 토대로 법원에 재심을 청구할 예정이다. 법원에서 합리적인 결정이 내려짐으로써 관련 피고인들과 대한민국 국립경찰의 명예가 회복되고, 법치주의와 정의가 바로 선 나라로 거듭나게 되기를 기대한다.

정용선

C O N T E N T S

CONTENTS

전직 경찰공무원의 마지막 변론
조작된 정의

제1부

—

국가와 경찰을 사랑한 죄

하필 남대문경찰서?

2018년 8월 28일 10:30 서울중앙지법 302호 법정.

"청장님! 죄송합니다."

직권남용권리행사방해 혐의로 구속 전 피의자 심문(구속영장 실질심사)을 마친 뒤, 호송책임관으로 왔던 내 고향 당진 출신인 경찰대 후배가 내 손목에 수갑을 채우면서 내뱉은 말이다.

"야~ 이놈들아! 청장이라고 부르지도 마."

억울함을 참지 못하고 분한 감정을 그대로 표출하고 말았다.

수갑을 찬 채 호송차로 남대문경찰서로 이송되어 유치장에 수감되었다.

연합뉴스TV에서는 다음 날까지 내가 수갑을 찬 채로 호송되는 장면이 몇 번이고 반복 보도되었다. 언론 또한 인권쯤은 안중에도 없었다.

내 인생의 전부라고 생각했던 경찰조직에 의해 하루아침에 직권남용권리행사방해라는 파렴치한 범죄자로 전락했다. 문재인 정권이 청산하겠다는 경찰조직의 적폐가 된 것이다.

조작된 정의

불과 1년 8개월 전 경찰청 수사국장으로 재직할 당시 경찰대 후배이자 수사국 직속 부하였던 S 경정, K 총경 외에도 경찰대 동문인 K 경무관, L 치안감, M 경찰청 차장, 그리고 경무관 승진 때 내가 작은 도움을 주었다고 볼 수도 있는 L 경찰청장이 수사 지휘라인이었으니, 이들에 대한 배신감은 더욱 크게 느껴졌다.

죄가 있는데 봐주지 않아서가 아니다. 없는 죄를 억지로 만들었기 때문이다. 만약 정보심의관으로서 했던 일이 죄가 된다면 2010~2011년 당시 허위사실이나 왜곡 보도에 대해 댓글로 진상을 알려 바로 잡으라는 J 경찰청장의 지시사항을 문서로 작성하여 전국 경찰에 하달하고 그 추진 상황을 정기적으로 점검하여 보고하던 M 경찰청 차장(2011년 경찰청 기획조정과장), 매일 경찰 관련 기사들을 실시간 파악하여 경찰청장에게 수시로 보고하며 조치계획이나 진행 상황을 보고하던 L 경찰청장(2010년 경찰청 홍보담당관)은 아무런 책임이 없다는 말인가?

문재인 정권은 '노무현 대통령의 차명계좌' 발언을 했던 J 경찰청장에 대해 정권을 잡자마자 다시 한번 더 직접 손보고 싶었는지 모른다. 이미 그 일로 사법처리를 받았는데도 말이다.[5]

나에 대한 조사를 담당했던 S 경정은 경찰대 후배이자 직속 부하였던 자이고, 호송책임자는 동향인 당진 출신의 경찰대 후배였으며, 영

---

[5] 실제 댓글 사건 초기에 보고를 받은 청와대 민정비서실은 '관련자 중 다른 사람은 관심 없고, J 경찰청장과 K 지방경찰청장만 잡으면 된다'라는 반응을 보였다는 소문이 무성했다.

장 발부 여부가 결정 날 때까지 대기하는 장소(인치 장소)도 나의 첫 근무 경찰서였던 남대문서로 정해진 것이 모두 우연의 일치였을까? 조사부터 호송과 수감과정을 통하여 모욕감을 줌으로써, 억지 자백이라도 받아내려는 의도였다고 느끼기에 충분했다.

경찰의 구속영장 신청서를 살펴보면 더욱 기가 찬다.

이명박·박근혜 정부 시절에 경찰청의 정보2과장, 기획조정과장, 정보심의관, 충남경찰청장, 경기경찰청장에 이어 퇴직 후에도 자유한국당에 입당하여 충남도지사 예비후보로까지 승승장구했다는 것이 구속을 필요로 하는 사유로 적시되어 있다.

이는 적폐청산(積弊淸算)[6]의 표적이라는 뜻이다.

혐의사실이 실체적 진실이 아니라고 조목조목 반박했다며, 범죄혐의를 전면 부인하는 피의자로서 극단적인 선택을 할 가능성과 증거인멸 우려도 높다며 마땅히 구속해야 한다고 기록해 놓았다.

경찰간부로서 경감 시절에는 경찰청 수사1과 수사기획반장을 시작

---

6) 적폐청산은 문재인 정부 100대 국정과제 중 1호 과제(적폐의 철저하고 완전한 청산)였으며, 민주당에도 적폐청산위원회(위원장 박범계)가 구성되었다. 2017년 12월 17일 경향신문보도(https://news.khan.kr/nNr2P)에 의하면 '적폐청산' 작업은 당시 백원우 민정비서관이 총괄하고 있다고 되어 있다. 2019년 12월 2일 자 TV조선의 '백원우, 文정부 출범 직후 적폐청산 위 직접 챙긴 정황' 제하 기사는 2017년 7월 20일 백원우 당시 민정비서관이 전결처리하여 각 부처에 하달한 대통령비서실장 명의 공문에 의하면 '적폐청산을 위한 부처별 TF구성 현황 및 운용계획을 7월 24일까지 회신해 달라'고 지시했다고 보도. https://news.tvchosun.com/site/data/html_dir/2019/12/02/2019120290104.html

으로 경정 시절에는 지방청 수사1계장, 경찰서 수사과장과 형사과장, 서울경찰청 도범계장, 경찰청 폭력계장, 총경 시절에는 충남경찰청 수사과장, 그리고 치안감이 되어서는 경찰청 수사국장까지 10여 년을 수사 부서에서 근무했다.

지은 죄를 부인한다고 하여 처벌을 면하는 것이 아니라는 사실을 잘 알고 있는 사람이 죄를 지었다면 범죄를 자백하지 않고 부인하는 것보다 더 바보 같은 짓이 있을까? 빨리 자백하고 선처를 호소하는 것이 수사나 재판 전략상 더 유리한 것이다. 추궁당하는 혐의가 사실이 아니니 부인하는 것은 당연한 일이 아니겠는가?

적지 않은 범인들이 처음에는 부인하다가 증거를 제시하면 포기하고 자백(自白)하는 경우도 많았으니, 수사기관을 탓할 일만도 아니다. 하지만, 수사기관에서는 한 번쯤 합리적인 의심이라도 해야 하는 것 아닌가? 더욱이 직전에 경찰 고위 간부로 그것도 수사국장으로 근무한 사람이니 인지상정이란 측면에서 그래 주기를 바랐다면 내가 잘못된 것일까?

있는 죄를 없는 것으로 만들어 달라는 것이 아니라 사실을 사실대로 진실을 규명하고, 수사기관이 스스로 만들어 놓은 혐의사실들이 죄가 성립하는지에 대해 꼼꼼한 법리 검토를 해달라는 요구조차 외면당한 셈이다.
'이래서 조사받다가 극단적인 선택을 하시는 분들도 있었구나.'

어쨌든 이 사건의 쟁점은 경찰청장이 '정부정책 또는 경찰 관련된 이슈에 대하여 정부나 경찰을 일방적으로 옹호하는 댓글을 게재하라.'는 지시를 한 사실이 있는지 여부와 정보심의관 정용선이 그 같은 경찰청장의 지시를 서울경찰청 정보관리부장과 정보1과장을 통해 정보4계에서 운영하던 '스폴팀'에게 전달했는지 여부(사실 관계), 그리고 이러한 행위가 실제 있었다면 직권남용권리행사방해죄에 해당하는지 여부(법리 다툼)다.

입감 수속을 마친 후 얼굴도 모르는 남대문경찰서장이 유치장 내의 감방에까지 들어와 'M 경찰청장이 아무런 불편이 없도록 해드려라.'라는 지시를 했다고 전한다.

귀에 들어올 리도 없거니와 감방에서 불편 없도록 하라고 했다는 말에 분노가 치밀었지만, 얼굴을 처음 본 남대문경찰서장이야 무슨 죄가 있겠는가?

법원까지 동행했던 변호사님도 "참 어이없는 일입니다. 직권남용죄에 대해 예전에 권성 헌법재판관이 하셨던 우려의 말씀[7]이 현실이 되었습니다. 청장님이 공직자로서 법령과 상사의 지시에 의해 했었던 당

---

7) 권성 전 헌법재판관은 2006년 직권남용죄 관련 위헌소송에서 "(직권남용죄는) 자의적 해석과 적용의 여지를 남긴다"며 "정권교체 시 전임 정부의 실정과 비리를 들추거나 정치적 보복을 위해 전 정부 고위공직자들 처벌을 위해 악용될 수 있다"고 지적했다. "직권남용의 의미를 파악하기 쉽지 않고 의무 없는 일 역시 의미가 명확하다고 볼 수 없다"고 지적했다. (출처 : 2020.2.3., 뉴데일리 [직권남용죄] 정치보복 수단 악용… 대법원도 우려했다. https://www.newdaily.co.kr/site/data/html/2020/01/31/2020013100162.html)

연한 일을 직권남용죄로 만든다면, 대한민국에 처벌받지 않을 공직자가 누가 있겠습니까? 더군다나 똑같은 업무를 수행했던 전·후임 정보심의관은 조사나 입건조차 하지 않은 것도 이해할 수 없는 일입니다. 이는 특정인을 겨냥한 표적수사이자 선택적 기소입니다. 내일 아침에 통화합시다."라며 영장 기각을 기정사실화 하는 말로 위로를 하셨다.

억지로 웃으며 "알았습니다. 수고하셨습니다."라고 인사는 드렸지만, 억울함과 모욕감이 뒤섞이니 귀에 들어올 리 만무다.

꿈인지 생시인지 실감도 나지 않았다.
유치장 간수라고 불리는 유치보호관이 나를 알아보고는 "아니~ 청장님! 여긴 웬일이십니까?"라며 말을 잇지 못하더니, 수시로 와서 "책보실 수 있도록 탁자를 넣어 드릴까요? 뭐 더 필요하신 것은 없습니까?"라며 안타까움을 표했다.
"아~ 괜찮아요. 너무 신경 쓰지 마세요. 잘못하면 다른 유치인들로부터 투서 받습니다. 오늘은 밤늦게까지 신세를 좀 져야 할 듯싶네요."라고만 답했다.

처음으로 들어가 본 감방은 답답했다.
하지만, 내게 죄가 없고, 구속영장 실질심사 때 영장전담판사가 나의 설명을 이해하는 듯한 느낌이었으니, 구속영장이 기각될 것이라는 생각만 하고 기다렸다. 책이 눈에 들어오지도 않을뿐더러 답답하게 느껴져 평소에 300개 넘게 하던 팔굽혀 펴기를 해봤는데, 집에서 할 때와 전혀 다른 느낌이었다. 긴장된 탓인지 아무리 해도 힘이 들지 않아 중간에 멈추고 말았다.

아침에 법원으로 향하면서 가족들에게 "결코 부끄러운 일을 하지 않았다. 구속 여부는 밤늦게 결정되니 다소 늦더라도 너무 걱정하지 마라."는 인사만 하고 엄지손가락을 들어 보이며 집을 나섰다.

유치보호관은 구속영장 발부 여부를 11시 전후에나 알 수 있다며 잠시라도 눈을 붙이라고 하는데, 잠이 올 리 없다. 자정이 넘어가도 결과가 나오지 않자 점차 불안해지기 시작했지만, '판사가 발부하려면 일찍 발부했겠지, 기록을 충분히 검토하고 기각 사유를 보다 구체적으로 기재하기 위해 시간이 늦어지는 것이겠지'라는 생각으로 위안을 삼았다.

지금 와서 생각해봐도 새로운 정권이 들어선 지 1년도 되지 않아 100대 국정과제 중 제1호 과제인 적폐청산 명목으로 시작한 전전 정부의 고위직 공직자들에 대한 사건, 그것도 검찰이 아닌 경찰이 퇴직한 자신들의 전직 고위 간부들에 대해 신청한 구속영장을 판사가 특별한 고민 없이 쉽게 기각하기에는 부담스러웠을 것이라는 생각도 든다.

마음의 평정을 유지하려고 감방 벽에 기대어 하나님께 "저는 도무지 제게 왜 이런 시련을 주시는지 모르겠습니다. 당신의 계획과 뜻이 있는 줄은 알지만, 너무 억울합니다. 판사가 잘못된 결정을 하지 않도록 도와주십시오."라는 간절한 기도를 드리다가 그만 잠이 들고 말았다.

"청장님 일어나십시오. 이제 나가셔야 합니다."

유치보호관도 영장 기각이 기뻤는지 상기된 목소리였다.

시계를 보니 이튿날 새벽 2시가 다 되었다.

맡겼던 소지품을 돌려받고 경찰서를 나섰다.

아무런 잘못이 없는 경찰서 상황 부실장은 현관까지 따라 나와 무척 미안해하면서 "에휴~ 그럴 줄 알았습니다. 정말 너무들 하는 것 같습니다. 조심해서 가십시오."라며 허리를 굽혀 인사했다.

핸드폰으로 아내와 형님들께 영장 기각 사실을 알리고 택시를 타고 집에 왔더니, 아내는 눈이 퉁퉁 부어 있었다.

나를 보자마자 참았던 울음을 터뜨렸다.

딸내미와 아들은 제 엄마를 껴안고 그만 우시라고 다독거렸다.

그 모습을 보니 나도 모르게 어금니가 꽉 깨물어졌다.

그리고는 "내가 저녁에 온다고 했잖유?"라며 억지로 웃었더니, 딸내미는 "아이구~ 이제 큰소리치기는…" 이라고 하면서 함께 눈물을 흘렸다.

하루 종일 마음 졸이고 있었을 아내에게 너무나 미안했다.

결혼 후 기쁜 일로 아내를 울게 만든 일은 간혹 있었지만, 내가 속을 썩여 눈물을 흘리게 한 것은 이번 사건이 처음이기에 미안한 마음이 더 컸다.

'하루가 얼마나 지루하고 힘들었을까?'

아내 얼굴을 계속 바라보면 너무 미안하고 나도 눈물이 날 것 같아 아내를 꼭 안은 채 고개를 들어 천장만 바라봤다.

잠시 후 딸내미는 셋째 큰아빠가 오셔서 기도해주고 가셨고, 걱정하는 전화가 여러 곳에서 왔으며, 엄마가 하루 종일 기도하며 많이 울었다고 알려주었다.

조작된 정의

제 2 부

—

참을 수 없는 모욕,
억울한 적폐

경찰 댓글 사건과 관련하여 법원에 제출된 증거는 검찰증거
(3,746쪽), 추가 검찰증거(5,015쪽), 통합증거(9,616쪽), 보안증
거(1만 6,619쪽), 정보증거(18,232쪽) 등 모두 5만 3,228쪽에 이
른다. 아주 단순한 사건인데도 이처럼 기록이 많은 이유는?

첫 단추부터 잘못 끼워진 수사

전직 경찰청장이 경찰에 의해 구속되는 경찰 역사상 초유의 사태인 이른바 경찰의 댓글 사건!

시작은 이렇다.

문재인 정권은 이명박 정부 시절인 2012년 말에 있었던 국방부 사이버사령부의 '댓글공작' 의혹(2014년 전직 사이버사령관 2명 기소)에 대한 전면 재조사를 명목으로 2017년 9월 8일 국방부에 '댓글 사건 조사TF'를 설치하여 조사에 설치한다.

이후 '국방부 댓글사건 조사TF(이하 군 TF)'는 2018년 2월 14일에 "국 군사이버사령부'가 2011년 초부터 2013년 10월까지 종북·반정부·반 군(軍) 세력을 색출한다는 목적으로 정부 정책 등을 비판하는 소위 '악 플러'들을 색출하는 '블랙펜(Black Pen) 분석팀'을 가동하면서 이들 악 플러들을 사찰했다."라는 사실을 중간 수사 결과로 발표한다.

그리고는 '블랙펜 분석팀'이 사이버 포털에서의 댓글을 사이버상의 북한 찬양·지지(B1), 대통령 및 국가정책 비난(B2), 군 비난(B3) 등 세 그룹으로 구분한 뒤, 대상자들의 아이디를 분석하여 내·수사에 활용

조작된 정의

하였다고 발표하면서, '그 분석 현황과 관련 자료를 경찰청 보안국에도 통보했다'는 정확히 확인되지 않은 내용까지 언급한다.

이 같은 공식 발표 9일 전인 2018년 2월 5~6일 한겨레신문과 '한겨레21'은 민주당 이철희 의원실을 통해 입수한 자료라며 경찰도 軍의 레드펜 작전에 공조했을 것이라는 단독 보도를 한다. 이어 '경찰이 軍 사이버사령부로부터 명단을 받아 사찰했을 가능성이 있다. 공룡조직인 경찰도 민의를 왜곡하는 여론조작에 나선 정황이 드러났다.'라는 추측성 보도까지 이어간다.

이에, 경찰청에서는 2월 8일 당시 L 경찰청장의 지시로 경찰청 보안2과장이던 A 총경을 팀장으로 하는 '보안국 진상조사팀'을 구성하였다. 진상조사팀은 조사착수 33일 만인 2018년 3월 12일 '군 사이버사 블랙펜 경찰 개입 및 댓글 관련 진상'을 발표한다.

이 진상보고서에 의하면, '2010년 12월 15일 경찰청 보안국 보안사이버수사대장이 경찰청 주관 유관기관 워크숍 후 軍 사이버사령부 직원으로부터 블랙펜 관련 자료를 서류 형태로 건네받기는 했지만, 관련 업무협의나 공문서 수신·발송 사실은 없다.[8] 다만, 블랙펜 자료를 경찰의 내·수사에 활용한 사실이 없다는 관련자들의 진술에도 불구하고 용산경찰서 보안계에서 내사 1건, 경찰청 보안4과 18건·용산서

---

8) 이미 군검찰은 만약 경찰이 국방부 사이버사령부의 블랙펜 자료를 받았다고 하더라도 이는 죄가 되지 않는다는 법률검토까지 마친 상태였다.

8건 등 26건의 통신 조회 기록이 블랙펜 자료와 일치한다.[9] 2015년
에 경찰청 보안사이버수사대장이 댓글 자료를 직원들에게 제공, 게시
자 45명에 대한 내사를 지시한 사실이 있어 2012년도에 군 사이버사
령부에서 제공받은 자료가 활용된 것인지 여부를 공식 수사로 전환
하여 확인할 필요가 있다.'라고 결론지었다.[10]

    이와 함께 보안국 간부들로부터 보안국의 '보안사이버 인터넷 대응
조치 계획'(2011.8.18.), 수사국의 '사이버 여론 인터넷 대응팀 재정비 결과
보고(작성일자 미상)' 문서 등을 근거로 "2011년도에 보안국장으로부터 정
부 정책에 대한 지지 댓글을 달도록 지시를 받아 일부 실행한 사실이
있다. 당시 수사국 등 다른 국에도 비슷한 지시가 있었다고 알고 있
다.[11] 2011년도에 정보국에서도 정부 정책에 대한 댓글 작업 시행 여
부에 대한 논의가 있었으나, 당시 과·계장 등의 반대로 실행하지 않

---

9) 사이버상에서 글을 게재하는 순간 전국 어디에서나 누구든지 볼 수 있고, 안보 수사기관들
은 실시간 문제의 글들을 검색하여 내사 여부를 판단하기 때문에 기관 간 겹칠 수밖에 없는
것이 현실인데도 이를 무시하고, 단순히 내사나 통신 조회 대상자의 ID가 일치한다고 하여
사실확인도 하지 않은 채 수사로 전환해야 한다는 초등학생 수준의 문건을 작성한다. 수사
결과 전혀 관련 없는 것으로 확인되어 검찰에서 혐의없음으로 종결한다.

10) 2015년도 내사 자료는 경찰청 보안사이버수사대 자체 검색 자료였으며 정상적으로 법원으
로부터 영장을 발부받아 수사한 것인데도 교묘하게 위법행위가 있는 것처럼 군 사이버사령
부 자료인지 수사해야 한다는 터무니 없는 사실을 수사가 필요한 사유에 포함시킨다. 만약
2012년도에 군 사이버사령부에서 받은 자료에 대해 2015년에 법원의 영장을 발부받아 정상
적인 수사를 한 것이라면 군 사이버사령부의 활동은 오히려 법원이 이적성을 인정한 자료들
만 경찰청에 통보해 준 정상적이고 정당한 업무를 수행한 것이 되는데도 이를 간과한 채 어
떻게든 경찰청 보안국의 불법행위를 만들고자 이 같은 무리수를 둔 것이다. 물론, 이는 검찰
에서 기소조차 하지 못했으며, 훗날 민주당 의원들의 지시에 의한 조작 의혹으로 불거진다.

11) 박범계 민주당 수석대변인 "경찰 수사국 댓글공작 관여 경악"(2018. 3. 16., 브레이크뉴스,
http://www.breaknews.com/566542)

았다."라는 진술을 확보했다며, 경찰청 차원의 특별수사단(단장 : 치안감 또는 경무관)을 구성하여 2011~2012년도 경찰청의 정부 정책 지지 댓글 작업에 대한 수사에 착수해야 한다.'라는 엉뚱한 건의를 한다.[12]

  경찰청 특별수사단의 수사자료를 통해 확인한 결과, 진상조사총괄팀장 A 총경이 이와 같은 건의를 한 근거는 첫째, A 총경이 2018년 2월 23일 K 전 보안사이버수사대장(2011년)과의 전화 통화 당시 들었다고 주장하는 "보안국에서 정부정책 옹호 댓글 게재 지시가 있었다."는 진술, 둘째, 2018년 2~3월에 경찰청 보안국 복도에서 당시 보안1과장이던 B 총경(A 총경과 경찰대 2기 동기)으로 부터 들었다는 "2011년도에 정보국에서 정부 정책에 대한 댓글 작업 시행 논의가 있었으나 과·계장의 반대로 실행하지 않았다."는 진술뿐이다.

  물론 이 진술들은 A 총경 외에 진상조사팀원은 물론 제3자 누구도 듣거나 확인하지 못한 내용인데도 A 총경은 단독으로 진상보고서를 직접 작성하여 경찰청장 등에게 보고하고, 이를 토대로 브리핑 자료까지 직접 작성하여 언론에 배포한 것이다. 결국 A 총경 혼자 들었다는 내용만을 토대로 아무런 검증이나 확인도 하지 않고, 최소한의 물증도 없는 상태에서 단독으로 수사를 결정한 것이나 마찬가지다.

  하지만 K 전 보안사이버수사대장은 2018년 2월 26일 진상조사팀의 정

---

12) 이 진상보고서(2018.3.12.)는 진상조사총괄팀장이던 A 총경이 팀원들과 상의 없이 임의로 기재한 내용이었고, 당시에 팀원들은 조사대상도 아니었고 조사한 사실이 아니라며 팀장을 제외한 경정 이하 팀원 전원(9명)이 참석하는 회의를 거쳐 내용이 기재된 진상조사 결과보고서(2018.3.15.)에 결재를 거부하는 사태로 이어진다.

식 참고인 조사 때에는 물론이고, 본인이 수사에 대비하여 작성한 문건(2018년 3월 30일 특별수사단이 K 전 대장 사무실에서 압수)에 이 같은 사실을 부인하였다.

보안1과장이던 B 총경은 2018년 7월 12일 경찰청 특별수사단에 참고인 신분으로 출석하여 "2018년 2월 말경과 3월 둘째 주쯤 경찰청 보안국장 주재로 일일회의가 끝나고 난 뒤, 경찰청 본관 11층 복도에서 진상조사총괄팀장이던 A 총경에게 2011년 당시 정보국 정보심의관이던 정용선이 댓글 관련 계장급 회의를 하면서 '정보국 직원들 인원이 부족하니 정보 예산으로 아르바이트를 고용하여 댓글 작업을 하는 것이 어떠냐?'고 말해 본인과 다른 계장들이 극구 반대해서 실행되지 않았다고 말한 사실이 있지만, 사실 이는 과장된 것이다. 2011년 5월에서 6월 정도에 정용선 정보심의관이 정보국 계장 7~8명을 불러 모아서 회의를 주재했는데, '경찰 비난 여론이 많고 비판적인 글이 많은데, 가만히 있어서야 되겠습니까? 사무실에서든 집에서든 계속 댓글을 달아야 되고, 가족, 친구, 지인들에게 우리의 입장을 알려서 댓글을 달도록 해야 되지 않겠습니까? 필요하면 댓글을 달아주는 사람에게 기념품이라도 주는 것이 어떻겠습니까?'라는 말을 한 적이 있으나 실행되지 않았다."라고 진술한다.

B 총경의 진술을 사실로 인정하더라도 정용선이 정부나 정부 정책을 옹호하거나 정치적인 댓글을 게재하라고 지시한 사실은 없었고, 경찰을 비난하거나 비판적인 글에 댓글 게재를 권유했지만 실행은 되지 않았다는 것이다.

B 총경의 진술이 사실이라면, 경찰의 댓글 게재 행위가 시작된 것이 법원의 판결대로 J 경찰청장 취임 당일인 2010년 8월 30일이 아닌 2011년 5월 이후로 보아야 마땅하다. B 총경의 이 같은 진술 외에 정보기능의 경찰관 중 경찰청장이나 정용선이 정부나 정부 정책 옹호를 지시했다는 진술과 증언을 한 사람은 아무도 없다. 결국 정부나 정부 정책 옹호 지시는 사실이 아닌 것이다.

　그런데, B 총경은 정용선의 1심 재판에서는 "정용선 정보심의관으로부터 댓글 달라는 지시를 받은 것은 한 번 정도인 것으로 기억한다. 나머지는 과장된 진술이었다."라고 증언하여 A 총경과 나눈 대화 내용을 사실상 부인하고 말았다.

　결국, 경찰청 보안국 진상조사조사팀장은 군 사이버사령부의 이른바 블랙펜 작전에 경찰의 협조나 관여는 없었던 것으로 확인을 해놓고도 자신의 미확인 첩보에 의지하여 블랙펜 작전 개입 의혹, 불법감청 혐의 외에도 경찰의 사이버상에서의 오보나 왜곡 주장에 대해 진상을 알리던 관행적인 댓글 대응을 경찰청장 등이 정부정책을 옹호하는 댓글을 게재하라고 지시했다는 누명을 씌운 뒤, 특별수사단까지 구성하여 댓글 공작 범죄로 수사에 착수하도록 만든 것이다. 수사의 출발 자체부터 문제가 있었다고 보아야 한다.

필자의 기억

경찰청 정보심의관으로 재직 중이던 2010년도와 2011년도에는 경찰이 수사권 조정 문제로 검찰과 첨예하게 대립하던 시기였다. 당시에는 '야후 미디어'와 '다음 아고라' 등 언론사나 포털의 인터넷 홈페이지 내에 '라이브폴(Live Poll)'이라는 실시간 여론조사 코너가 있었다(검찰증거 1,543~1,547쪽). 사전 가입된 회원들만 1번씩 투표할 수 있고, 투표한 사람만 투표 집계 결과를 실시간 확인할 수 있는 시스템이었다.

<2011. 6. 16. 대변인실 작성 온라인 참여 현황, 검찰증거 1,546쪽>

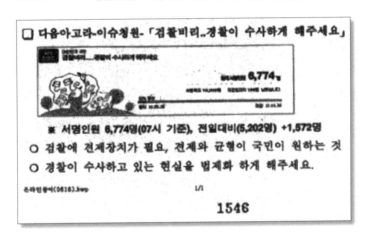

당시에는 수사권 조정 관련 의견을 묻는 실시간 여론조사가 여러 번 있었다. 그때마다 경찰청 수사구조개혁팀(팀장 : 경무관)에서는 전국 경찰에 '어느 사이트에 가면 수사권 조정 관련 라이브폴 조사가 진행되고 있으니, 경찰관들이 많이 참여해 달라.'는 협조 요구를 각 국의 서

조작된 정의

무과를 통해 전파했었다.

정보국도 서무 역할을 하는 정보1과로 협조 연락이 오면, 정보1과가 정보국 산하 각 과로 순차적으로 연락하곤 했던 일이었다. 반복적인 단순한 업무여서 국장이나 심의관에게 보고되지도 않고 대부분 과·계장 선에서 전결 처리되던 일이다. 물론, 수사구조개혁팀에서도 협조만 당부할 뿐 라이브폴의 시스템상 실제 대응 여부를 확인할 수 없고, 확인한 일도 없다.

정보국에서 정보심의관에 대한 일상적 업무보고와 결재는 계장들이 하는데, 통상 보안을 필요로 하는 업무가 아닌 한 계장들은 지정된 시간(오전 07:30, 오후 16:30)에 정보심의관 사무실로 들어와 회의 탁자에 앉아 있다가 들어온 순서대로 보고하고 나가는 방식으로 진행되었다.

일상적으로 보고하는 계장은 정보1과 서무계장, 정보2과 1계장과 5계장(2011년 11월부터 정보7계장), 정보3과 1계장과 2계장, 정보 4과 1계장과 2계장이다. B 총경이 담당하던 정보1과 신원계장은 관공서의 민원실처럼 실무자들이 반복되는 업무를 담당하는데, 주로 과·계장 선에서 전결 처리되기 때문에 일주일에 한 번의 보고가 없을 때도 많다.

필자의 기억으로는 회의가 아니라 현안 업무보고 하러 들어온 계장들 4~5명이 있는 자리에서 계장 중 한 명이 수사권 조정 관련 언론사의 라이브폴 관련 보고를 하는데, 옆에서 보고를 기다리던 다른 계장(정보4과 계장으로 기억)이 본인도 경찰의 현안인 수사권 독립과 관련하여 적극적으로 참여하고 있다는 사실을 어필하고 싶었는지 "그런데, 그건(투표) 회원가입하고 로그인해야 하기 때문에 한 번밖에는 안 됩니다."라며 거들었다.

수사구조개혁팀의 부탁 이전에 많은 사람이 참여하여 경찰의 수사권 독립이라는 숙원 과제가 해결되었으면 좋겠다는 생각을 갖고 있던 차에 그 같은 발언을 한 계장에게 "자네는 가족도 친구도 없나? 경찰 현안인데 아는 사람들에게 참여를 부탁해도 되지."라고 말하였던 기억만 있을 뿐이다.

이해할 수 없는 수사

보안국 진상조사팀의 건의에 따라 경찰청은 2018년 3월 13일부터 경찰청 기획조정관이던 L 치안감을 단장으로, 당시 전북경찰청 부장이던 K 경무관을 부단장으로 하는 특별수사단을 편성하였다.[13]

형사소송법상 경찰청에 근무하는 경무관 이상은 사법경찰관이 아니어서 개별 사건을 직접 수사 하거나 구체적으로 수사 지휘를 할 수 없다. 그럼에도 사법경찰관이 아닌 경찰청장이 사법경찰관도 아닌 치

---

13) 특별수사단장도 당초에는 경찰청장이 P 치안감을 내정하여 통보까지 하였으나, 대통령실에서 반대하여 수사 경험이 전무한 기획조정관이 담당하게 된 것이라고 알려졌다. 당시 적폐청산 업무를 주도하던 민정비서실의 개입이 있었던 것으로 추정된다.

안감에게 법적인 근거도 없이 특정 사건에 대한 구체적인 수사 책임과 권한을 부여하는 우를 범한 것이다.

경찰이 군의 블랙펜 작전에 연루되어 민간인을 사찰하였고, 정부나 정부 정책을 일방적으로 지지하거나 옹호하는 조직적인 댓글 작업을 하였다는 전제하에 수사가 시작되었으므로, 정부 정책과 아무런 관련 없는 댓글들 특히, 경찰의 잘못을 시인하고 재발 방지 대책을 약속하는 경찰서장이나 지방경찰청장들의 공식 입장을 리트윗한 것마저 정부 옹호 내지 정치 관여적 행위라는 범죄사실로 둔갑되기도 하였다.

심지어 집회시위에 동원된 전경이 주변에서 자전거 타고 가다 넘어진 중학생의 자전거를 일으켜 주는 모습을 칭찬하는 글마저 '집회시위 관리 빙자 정부 정책 옹호 행위'[14]가 되었다.

다시 말해 특별수사단은 경찰에 대한 유언비어, 허위보도, 왜곡 주장 등에 대해 진상을 알리는 공식적이고 정상적인 댓글들마저 '경찰 업무 무관 정부 옹호(정치 관여)적 행위', '집회시위 관리 빙자 정부 정책 옹호 행위'로 판단하였다.

---

14) 공소장 범죄일람표(경찰청-정보-위키트리 기사) 연번 2번. 서울경찰청 홍보과 박ㅇㅇ 2011.10.8. 16:16 '부산에 와서 한적한 인도를 걷다 지금 막 본 모습입니다. 희망버스 집회 관련 경비 근무를 하던 전경이 인도에서 자전거를 타고 가다 심하게 넘어진 아이를 살펴주네요. 가끔 무언가를 하다 보면 우선순위에 대한 고민이 들 때도 있곤 한데요. 저 대원은 확실하네요.'

더군다나 일부 경찰관들은 '스폴팀'[15]에 편성되어 있다는 이유만으로 누구의 지시가 아니라 개인이 자발적으로 쓴 게시글이나 댓글까지 모두 J 경찰청장과 정용선의 지시에 의해 게재한 댓글이라고 범죄사실에 포함시켰다.

　　형사소송법상 경찰청에 근무하는 경무관 이상은 사법경찰관이 아니어서 직접 수사를 하거나 수사를 지휘할 수 없다. 사법경찰관도 아닌 경찰청장이 사법경찰관도 아닌 치안감에게 법적인 근거도 없이 특정한 사건에 대한 구체적인 수사 책임과 권한을 부여하였으니, 출발부터 논란이 있는 수사가 시작된 것이다.

　　이처럼 경찰의 댓글 사건은 수사 착수 배경과 절차에 중대하고 명백한 하자가 있는 것이다. 나아가 정부나 정부 정책을 일방적으로 옹호하거나 지지하는 댓글을 일반인인 것처럼 가장하여 익명으로 작성하게 함으로써 자유로운 여론 형성 기능을 방해했다는 범죄사실은 어디까지나 경찰청 특별수사단의 주관적 창작에 불과하다고 보아야 한다.

　　2010년과 2011년에 어느 경찰청장이, 어느 경찰 고위 간부가 직원들에게 정부나 정부 정책을 일방적으로 옹호하는 댓글을 게재하라고 지시한단 말인가? 그런 배짱이 있는 간부도 있을 수 없거니와, 있다고 하더라도 당시 분위기로 보아 지시받은 경찰관들이 인터넷 사이

15] 정용선이 정보심의관 재직 중이던 2010년 8월 30일~2011년 11월 25일간 서울경찰청 스폴팀 인원은 모두 132명이라고 한다.

　　　　　　　　　　　　　　　　　　　　　　　　　조작된 정의

트에 바로 부당한 지시라고 폭로하거나 언론과 야당에 제보하여 문제 삼던 시기였다.

실제, 정보심의관으로 재직하던 2010년 4월 21일에는 정보2과에 근무하던 경감이 문제 소지 있는 첩보 수집을 서울경찰청에 지시했다가 이 사실이 언론과 야당에 제보되어 문제 제기됨으로써 타 부서로 전출되었다가 결국 퇴직했던 사건이 있었다.[16]

2010년 6월 28일에는 당시 강북경찰서장의 항명성 기자회견[17]으로 인해 경찰 고위직들도 불법적이거나 불합리하다고 생각하는 지시나 계획을 하달하여 구설에 휘말리는 일이 없도록 무척 몸을 사리던 시기였다.

경찰청 특별수사단 설치 계획을 발표한 2018년 3월 12일부터 각 언론은 경찰이 국정원이나 기무사와 마찬가지로 선거나 정치에 개입한 것처럼 날마다 경찰의 여론조작, 댓글공작이라는 자극적인 표현을 동원하며 수사 진행 상황을 실시간 기사로 쏟아냈다.[18]

16] "교육감 후보 정보수집" 경찰 조직적 선거개입(2010.4.21., 경향신문) https://news.khan.kr/uDDC

17] 강북서장, 서울청장에 동반사퇴 요구 파문(2010.6.28., 문화일보) http://www.munhwa.com/news/view.html?no=2010062801070827037004

18] 2018년 3월 12일 하루 동안에만 한겨레신문 등이 모두 88건의 기사를 보도한다. 이철희 "경찰도 댓글공작… 다들 깜짝 놀랐다." http://cbs.kr/aS6Ts8 (2018.3.12., 노컷뉴스) 우원식 "국정원·軍·경찰까지 '댓글공작' 개입한 정황 드러나" (2018.3.13., 쿠키뉴스) http://www.kukinews.com/newsView/kuk201803130096

이러한 여론조작, 댓글공작이라는 '주홍글씨'는 2018년 10월 15일 경찰청 특별수사단 조사2팀장 K 총경의 '수사결과 언론 브리핑' 이후는 물론, 지금까지 계속 사용되고 있는데, 특정한 목적을 가지고 조직적으로 허위사실 내지 유언비어를 유포하는 행위가 여론조작이나 댓글공작이 될 수 있을지언정, 소관 업무와 관련된 거짓 주장이나 왜곡 보도에 대해 진상을 알리는 일이 어떻게 여론조작 범죄가 되는지 의문이다.

나아가, 일부 언론은 경찰이 게재한 댓글을 분석해 봤더니 절반가량이 '이명박 정부 옹호' 내용이었다고 보도한다.[19]

TV조선 PiCK · 2018.10.15. · 네이버뉴스

경찰, MB정부 시절 불법 댓글 3만 7천건 작성..."불법 감청도"

이명박 정부시절 경찰 댓글 공작단이 3만 7천 건의 친정부 댓글을 온라인 상에 올렸다고 경찰청 특수수사팀이 밝혔습니다. 정부에 비판적인 네티즌... 댓글은 천안함 피격, 연평도 포격 등 안보 이슈에 집중됐고, 희망버...

연합뉴스TV · 2018.10.15. · 네이버뉴스

경찰청 '댓글공작 수사' 마무리..."수사 한계" 지적도

경찰청 '댓글공작 수사' 마무리..."수사 한계" 지적도 경찰청 특별수사단이 6개월여에 걸친 수사 끝에 ▢▢▢ 전 경찰청장 등 당시 경찰 간부 16명을. <강일구 / 경찰청 특별수사단 2팀장> "압수수색을 76회 가량 실시...

SBS · 2018.10.15. · 네이버뉴스

경찰 댓글 공작, 분석했더니...절반 이상 'MB 정부 옹호'

얼마 전 댓글 공작 혐의로 구속된 ▢▢▢ 전 경찰청장은 자신은 경찰에 대한 악의적인 비난에 대응했던 것뿐이라고 주장해왔습니다. 그런데 당시 댓글... 작성한 댓글 1만 2천여 건 가운데 절반 이상이 이명박 정권과 정...

연합뉴스TV · 2018.10.15. · 네이버뉴스

경찰청 '댓글공작 수사' 마무리..."수사 한계" 지적도

경찰청 '댓글공작 수사' 마무리..."수사 한계" 지적도 경찰청 특별수사단이 6개월여에 걸친 수사 끝에 ▢▢▢ 전 경찰청장 등 당시 경찰 간부 16명을. <강일구 / 경찰청 특별수사단 2팀장> "압수수색을 76회 가량 실시...

19] 경찰 댓글 공작, 분석했더니…절반 이상 'MB 정부 옹호'(2018.10.15., SBS) https://naver.me/GALOtcLS

조작된 정의

이러한 터무니 없는 보도에 대하여 경찰청 차원에서는 단 한 번도 반론보도나 정정보도 요청조차 하지 않은 것으로 보였다. 이 같은 보도를 방치함으로써 문재인 정권의 적폐청산 요구에 경찰도 충실히 따르고 있음을 보여주고 싶었던 것이었을까?

나아가, 경찰청 특별수사단은 대통령·정부정책·군 비난성 댓글을 게시한 네티즌들(소위 '블랙펜')에 대한 자료를 이용하여 내·수사를 했다는 혐의[20]에 불법감청 혐의까지 억지로 포함시켜 관련자들에 대한 구속영장까지 신청한다.

<경찰 댓글·블랙펜 의혹 등 수사 결과 中, 2018.10.15.)[21]>

【 블랙펜 의혹 】

○ '04. 12월경 경찰청 보안사이버수사대는 감청 프로그램인 역추적시스템을 납품받아 사용하면서 '04. 12월 ~ '10년 11월 까지 법원의 영장 없이 게시글 및 IP, 이메일 수·발신 내용을 불법 감청한 사실을 확인하였고,

○ '10. 4월 ~ '12. 10월간 인터넷에 대통령·정부정책·군 비난성 댓글을 게시한 네티즌(일명 블랙펜)들의 닉네임·아이디·댓글주소 (URL)등 자료를 수집·분류하여, 소위 '블랙리스트'로 관리하고, 경찰 등 유관기관에 자료를 통보하도록 한 사실을 확인하고,

- 당시 경찰청 보안사이버수사대장, 감청프로그램 업체대표 등과 국군 사이버사령부 관계자 등을 각각 통신비밀보호법과 직권 남용권리행사방해 등 혐의로 사법처리(불구속 5) 하였음

---

20) 경찰의 군 사이버사령부의 블랙펜 관리 협조 혐의에 대하여 검찰은 모두 혐의없음으로 종결한다.

21) 2018년 10월 15일 경찰청이 정부 공식사이트인 '대한민국 정책브리핑'에 게재한 내용.

<MB정부 시절 불법 댓글 3만 7천 건 작성… "불법 감청도"
(TV조선 2018.10.15.)>[22]

> 정부 비판 성향 네티즌인 이른바 '블랙펜' 불법 감청도 있
> 었습니다 특수단은 당시 경찰청 보안 사이버수사대장 민
> 모 경정이 영장 없이 이들의 이메일 수신, 발신 내역 등을
> 들여다봤다고 밝혔습니다 특수단은 ▓▓▓ 전 청장 등 당
> 시 경찰 지휘부 12명을 직권 남용 등 혐의로 검찰에 송치했
> 습니다.

　수사와 재판기록을 살펴보면, 압수된 서류에도 당시 경찰청장이나 정용선이 정부정책을 옹호하라고 지시했다는 근거는 찾아볼 수 없는데도, 불법집회시위 자제를 촉구하는 글들을 집회시위의 대상이 된 국가적 행사나 정부정책을 옹호하는 행위로 둔갑시켰음을 알 수 있다.

　결국, 경찰 스스로 경찰업무와 무관한 정부나 정부정책을 옹호하는 정치적인 댓글을 게재했다는 혐의를 기정사실화 함으로써 경찰 댓글 사건은 엄청난 여론조작 범죄가 되었다.

---

22) 통신비밀보호법 제2조 제7호에 규정한 '전기통신의 감청'은 제3자가 전기통신의 당사자인 송신인과 수신인의 동의를 받지 않고 전자장치 등을 이용하여 통신의 음향·문언·부호·영상을 청취·공독하여 그 내용을 지득 또는 채록하는 등의 행위를 하는 것을 의미(대법원 2008.10.23. 선고 2008도1237)하는데, 보안국에서 실시했던 IP주소, 접속시각 정보IP와 같은 비 내용적 정보는 통신 사실에 해당할 뿐 감청이 될 수 없음에도 이를 억지로 불법이라고 단정하여 기소하지만, 법원은 1심과 2심(2023년 1월 21일) 모두 무죄를 선고하였고, 검찰도 결국 대법원 상고를 포기하고 만다.

경찰 댓글 사건과 관련하여 '별건수사' 내지 '과잉수사'의 문제도 제기된다. 통상적으로 고소·고발·진정·탄원과 같은 수사민원, 정부기관으로부터 수사 의뢰받은 사건의 경우, 해당 민원이나 사건에 국한해서만 수사하여 범죄혐의 유무를 밝히는 것이 원칙이다.

아주 특별한 경우가 아니면 먼지털이식 별건 인지수사를 하지 않는 것이 수사의 관행이다. 민원이 제기된 혐의가 확인되지 않는다고 하여 '털어서 먼지 안 나는 사람 있냐?'는 '인디언 기우제식 표적 수사'는 과잉수사로서 인권 수사의 기본원칙에도 벗어난 것이다.

더욱 가관인 것은 댓글을 게재했던 경찰관들에 대한 징계를 검토하겠다고까지 밝힌다.[23] 성 비위나 금품수수가 아닌 한 징계시효가 보통 3년이어서 2015년에 이미 시효가 완성된 징계를 어떻게 한단 말인가? 또한 직권남용죄가 성립한다면 댓글 게재 경찰관들은 피해자들인데 피해자를 징계하겠다는 것은 2차 가해행위 아닌가?

---

23) 연합뉴스 TV는 2018년 10월 15일 〈경찰청 '댓글공작 수사' 마무리…"수사 한계" 지적도 (https://naver.me/FY36oE4i)〉라는 기사에서 "경찰은 사안의 중대성을 감안해 공조수사팀을 운영하는 한편 댓글공작 지시자뿐 아니라 이행자에 대한 징계 적용도 검토 중이라고 밝혔습니다."라고 보도하였다.

고위 경찰간부에서 국사범으로 전락

경찰과의 인연은 1983년 국립경찰대학 진학으로부터 시작되었다.

경찰공무원으로 근무하는 내내 '솔선수범, 언행일치, 신상필벌'을 신조로 삼았다. '소심불패(小心不敗), 세심필승(細心必勝)'이라는 자세로 부임지에서마다 최선을 다해 성실하게 근무했다. 경찰관으로 임용된 지 4년 만에 경찰청의 전신인 치안본부 기획단으로 발령받아 일하게 되면서 경찰조직의 발전을 늘 염두에 두고 근무를 했다.

그 결과, 역대 경찰청장님을 비롯한 직속 상사들로부터는 나름 인정을 받았다. '상사들이 무엇을 고민하고 있을까? 무엇에 관심이 있을까?'를 항상 미리 생각하여 지시받기 전에 대책까지 마련하여 보고하는 모습들을 좋게 평가해 주신 결과다.

51세에 당시 경찰 내에 6명밖에 없는 치안정감으로 승진했다. 그러나, 동기생 중 가장 먼저 승진하다 보니 경찰청장이 되지 못하여 관행에 따라 52세에 명예퇴직하고 말았다.

조작된 정의

공직자들이 한 번쯤 근무하고 싶어 하는 곳이랄 수 있는 대통령비서실에서 경정과 총경 때 3번이나 근무했다. 청와대에 보고되는 문서를 생산하는 경찰청 정보2과장을 2번, 경찰청의 발전계획과 국회 업무를 총괄하는 기획조정과장, 정보국 정보심의관, 그리고 생활안전국장과 수사국장을 차례로 거쳤다. 총경 시절에는 남들은 한 번도 하기 힘든 경찰청장 인사청문회 준비 팀장을 3번이나 하기도 했다.

고향인 당진에서 경찰서장과 충남경찰청장까지 지냈고 지방경찰청장도 3번이나 했으니, 경찰청장으로 승진만 못 했을 뿐 보직 운은 좋은 편이었다. 특히 38세에 고향인 당진경찰서장을 역임했는데, 이는 아직까지 깨지지 않는 최연소 서장이고, 앞으로도 깨지기 어려운 기록이 될 것이라고 생각된다.

동기생 중 가장 빠른 승진기록을 가지고 있는 데다 현직 최연소 경무관, 치안감, 치안정감으로 일했으니, 남들로부터 부러움과 시기를 받기에 충분했다. 겸손을 생활화하며 살려고 노력할 수밖에 없는 이유이기도 하다.

그럼에도 승진 운은 그리 좋은 편이라고 보기 어렵다.

경찰은 경정(5급)까지는 시험승진과 심사승진이 병행되는데, 법적으로 정해진 최저소요 년수(경위→경감 2년, 경감→경정 3년)만 지나면 시험에 합격하여 바로바로 승진했다. 29세에 대도시 경찰서 과장급인 경정으로 승진했다.

하지만, 경찰 승진 역사상 특이한 기록을 3개나 가지고 있다.

우선, 경찰서장 보직을 받을 수 있는 총경 승진 때에는 대통령비서실에서 근무했는데도, 무려 3수를 했다. 지금도 그렇지만, 어느 부처를 막론하고 나름 능력을 인정받는 공직자들이 대통령비서실로 발령받고, 담당업무도 중요하기 때문에 비서실 근무 공직자들은 승진대상 연차가 되면 빠짐없이 승진하는 것이 지극히 정상인 관행이었다.

경우에 따라서는 부처에서 근무하는 승진자들보다 1년 먼저 승진하는 경우도 적지 않았다. 영·호남이 아닌 충청도 농촌 출신인데다 경찰대학은 3기, 고교는 8회가 말해주듯이 이끌어 줄 수 있는 선배들도 없고, 마땅히 승진을 부탁할 만한 곳도 없고 해본 적도 없으니 혈연, 지연, 학연이 없는 나의 총경 3수는 어찌 보면 승진이라도 한 것을 감사해야 할지 모른다.

2000~2002년도에는 경정 승진 후 5~7년 만에 총경으로 승진하였는데, 나는 9년 2개월 만에 총경으로 승진하였다. 물론 지금은 젊은 경정들이 많아서 8~10년 만에 승진하는 것이 평균인 듯하다. 나보다 뒤늦게 승진한 경정 중에 먼저 총경으로 승진한 사람들이 부지기수였다. 같은 경정 계급 때에는 당연히 내가 먼저 그리고 틀림없이 승진할 줄 알고 "과장님! 과장님!"으로 호칭하며 깍듯이 예우해주던 사람들도 본인들이 먼저 승진하자 "정 경정도 이제 승진해야지?" 하면서 반말로 대하던 일을 당해봐야 했으니, 가끔씩 속이 뒤집히기도 했다. 참아야만 하는 고통이었다.

조작된 정의

두 번째로, 총경에서 경무관으로 승진할 때에는 '예비 승진대상자'가 되는 촌극도 경험했다. 2009년 초 경무관 승진심사는 나로 인해 심사 결과 발표가 하루 늦어졌다. 경찰청장이 청와대와 조율한 승진 인원은 모두 12명인데, 내가 빠지면 승진심사가 잘못된 것이라는 일부 심사위원들의 주장이 있어서 다른 사람을 빼고 나를 포함시킬 것인지를 두고 결론을 짓지 못한 것이다. 결국, 승진대상자 13번에 정용선을 포함시킨 뒤 비고란에 '(예비)'라고 기재하여 청와대 재가 과정에서 확정을 받아보자는 절충안이 마련되었다.

이미 청와대에서 조율이 끝난 인원을 추가해 줄 리 만무다. 그럼에도 청와대와 재조율(再調律) 과정에서 13명의 승진대상자 명단이 흘러나와 나도 승진대상자로 확정된 것으로 잘못 알려지면서 승진 축하 인사까지 잔뜩 받았다. 어느 지방경찰청장님의 축하 난까지 사무실에 도착했다. 1등으로 떨어졌으니 2010년에는 당연히 1등으로 승진했지만, 이때 예비 승진대상자라는 신조어가 만들어졌는데 그 이후로는 사용된 적이 없으니 이 또한 경찰 역사상 기록인 셈이다.

당시 경찰청장의 말씀으로는 승진과 동시에 정보심의관으로 발탁한 것은 전임 정보국장과 정보심의관의 강력한 추천이 있었다고 했다. 후임 경찰청장은 통상 임기가 1년인 정보심의관을 2년 근무를 시킨 것은 마땅한 후임자를 찾지 못했기 때문이라고 말했다. 치안감 승진은 지역 안배 인사이다 보니 충청도 출신 승진대상자가 나 혼자뿐이어서 자연스럽게 승진했다.

그런데 구속영장 신청서에는 승진하자마자 정보심의관으로 발탁되고, 다른 부서 근무 경험도 없으면서 경무관 승진 2년 만에 치안감으로 승진한 것이 댓글공작을 지휘하여 특혜를 받은 결과라고 적시하였다. 기가 찰 노릇 아닌가?

당시 경무관이 치안감으로 승진할 때 평균 소요 년수가 2.1년이었으니 평균적인 승진 속도였는데도 말이다. 특히, 경찰청 정보심의관은 격무를 감당해야 하는 보직이어서 대부분이 1년만 근무하더라도 모두가 치안감으로 승진한 것이 경찰청의 관행이었다. 충청도 출신으로 필자 다음으로 치안감 승진한 사람은 경찰대학이라는 비교적 한직에 있었음에도 1년 6개월 만에 승진을 하기도 했고, 2011년도 서울경찰청 정보관리부장은 1년 만에 치안감 승진을 했으니, 구속을 필요로 하는 사유를 만들기가 얼마나 옹졸했었는지를 알 수 있다.

세 번째로, 치안정감 승진은 치안감 계급정년인 만 4년을 지나 퇴직(2015년 12월 31일)을 3일 앞둔 12월 28일에 승진했으니, 퇴직 만료 시한을 가장 짧게 앞두고 승진한 기록인 셈이다.

경찰대학을 졸업하면서 가졌던 초심을 퇴임하는 날까지 지키기 위해 최선을 다했다고 자부한다. 아동, 여성은 말할 것도 없고 장애인, 어르신, 결혼이주여성, 탈북민, 실종가족, 범죄피해자 등을 위한 치안정책을 선도적으로 입안하여 추진했다. 30년간 어떤 마음가짐과 자세로 근무했고, 경찰 발전에 어떻게 기여했는지는 2017년에 출간한 졸저『정용선의 낯선 섬김』에 기록해 두었다.

　어쨌든 나는 내가 그토록 사랑하고 자랑스럽게 여기던 대한민국 경찰에 의해 댓글로 여론을 조작하여 자유민주주의의 근간을 흔든 국사범으로 전락하게 된 것이다.

망나니의 칼춤

"4명의 아들 중 한 사람은 선생님이 되었으면 좋겠다."라는 어머니의 당부도 있으셨고, 옛 선비들이 관직에서 물러나면 조용히 귀향하여 후학들을 양성하는 모습이 너무 보기에 좋았다. 퇴직하자마자 고향에 있는 대학의 초빙을 받아 경찰행정학과 학생들에게 《경찰정보론》, 《경찰기획론》, 《경찰학 각론》, 《경찰외사론》, 《경찰과 사회》, 《실사구시(인성교육)》 과목을 가르쳤다.

당진의 적십자봉사회, 장애인후원회, 장애인체육회, UN산하 밝은 사회클럽, 민족통일협의회, 당진기독실업인회(CBMC), 당진시 성시화 운동본부, 당진시 시니어클럽운영위원회 등에 가입하여 시간이 나는 대로 봉사활동도 하고 있었다.

2018년 7월 20일도 신평면 소재 어느 장애인들의 일터에서 한참 자장면을 만들어 드리는 봉사활동을 하던 날이었다. 핸드폰에 경찰청 전화번호가 떴다.

예전에 함께 근무하던 동료인 줄 알고 반갑게 받았더니 경찰청 특별수사단 소속 경찰관이라고 했다. 2010~2011년도 경찰의 댓글공작

조작된 정의

사건과 관련하여 조사할 게 있으니 출석해 달라면서 피의자 신분이니 필요하면 변호사를 선임해서 와도 된다고 덧붙인다.

"내가 왜?"
"와 보시면 압니다."

얼마 전까지 경찰조직 내의 2인자 계급에 있던 내게 상당히 고압적인 말투였다. 솔직히 기분이 언짢았지만, 가서 진상을 설명하면 될 것이라는 생각이 들었다. 무슨 일인지 몰라서 예전에 함께 근무했던 계장에게 댓글 사건이 무엇인지 물었더니 서울경찰청에서 '스폴팀'을 조직하여 댓글을 달았던 것이 문제 되었다는 정도의 이야기만 들려주었다.

나도 실체를 잘 모르던 '스폴팀'이었기에 별일이 아니라고 생각했지만, 피의자 신분이라는 것이 마음에 걸렸다. 고등학교 후배이자 검사 출신인 변호사와 잠시 전화로 상의를 했다.

"형님! 현 정권의 지금 분위기로 보아 이런 수사는 와꼬(틀)를 짜놓고 하기 때문에 변호사를 선임하셔서 같이 들어가시는 게 좋겠습니다. 방심하지 마십시오."
"서울경찰청 '스폴팀'에 대해 나는 잘 아는 바도 없거니와 내가 잘못한 게 없으니, 그냥 들어가서 기억나는 사실만을 진술하고 오지 뭐~"
대수롭지 않게 생각하고 말았으나, 결과적으로 오판이었다.

7월 25일 경찰청 북관인 특별수사단 사무실로 들어갔더니 담당조사관은 불과 1년 8개월 전 경찰청 수사국장으로 근무할 때 직속 부하이자 경찰대 후배인 S 경정이었다. 상당한 모욕감이 들어 '조사관 교체를 요구할까?' 생각하다가 그렇게 되면 다시 당진에서 상경해야 하는 번거로움을 감수해야 하기에 올라온 김에 그냥 조사받기로 마음먹었다.

수사단이 구성한 나의 범죄사실은 정보심의관의 직권을 남용하여 2010년 8월 말부터 2011년 11월 말까지 경찰청 정보2과 소속 계장들을 통해 서울경찰청 '스폴팀'에 익명으로 정부와 경찰을 일방적으로 옹호하는 댓글을 게재하도록 함으로써 국민 여론을 조작했다는 것이었다. 당시 경찰청장, 서울경찰청 정보관리부장, 정보1과장과 순차적으로 공모하여 경찰청장의 댓글 게재 지시를 '스폴팀'에게 전달하거나 승인했다는 것이다. 어이가 없었다.

'스폴팀'이라는 이름은 들어봤지만, 서울경찰청에서 글쓰기 좋아하는 경찰관들이 자발적으로 활동하던 홍보동아리 정도로 인식하고 있었다. 나중에 안 사실이지만 이들은 본인 소속 부서에서 담당업무를 수행하면서 서울경찰청 정보관리부(정보4계)에서 사이버상에 진상을 게재해 달라는 협조 요청을 받게 되면 글을 게재하는 역할을 추가로 수행했던 것일 뿐 담당업무가 댓글 게재만 전담하는 것도 아니었다.

글을 잘 쓰는 재주가 있는 경찰관들이 당시 수사권 조정을 앞두고 경찰의 입장을 홍보하거나 경찰의 모범적인 근무 사례 등을 언론에 기·투고함으로써 경찰 이미지를 제고시키기 위한 활동 정도로만 알고 있었고, 구체적인 구성이나 활동 상황에 대해 정식으로 보고받은 적이 없어서 수사를 받기 전까지 알지 못했다.

특히 당시에는 사이버상에서 무궁화클럽, 폴네티앙 등 경찰관들의 자발적인 동아리들이 수사권 독립 내지 조정 필요성에 대해 왕성하게 자기주장을 펼치던 시기이기도 했다. 개인 필명으로 언론에 기·투고도 활발했던 시기였다. 특별수사단에 근무했던 H 경정도 사이버상에서 필명(죽림**)으로 글솜씨를 뽐내던 사람이어서 이 같은 사실을 잘 알수도 있었을 텐데….

나아가 하루에도 헤아릴 수 없이 많은 댓글이 게재되는 사이버 공간에서 1일 평균 고작 8.6개의 댓글('스폴팀원' 1인당 월평균 1.9개)을 게재하는 것으로 어떻게 여론조작을 한단 말인가?

S 경정은 압수한 증거서류 20여 개를 꺼내 놓고 마치 엄청난 죄를 지은 것처럼 일일이 따져 묻기 시작했다. 나와는 상관없는 일이니 담담하게 조사에 응했다. 프린트해서 가져온 증거 이외에도 나의 지시를 전달받아 서울경찰청 '스폴팀'에서 작성한 댓글의 양이 엄청 많다며 압박했지만, '스폴팀'에 대해 잘 알지도 못하던 내가 그 같은 사실을 자백할 수도 없고 그럴 이유도 없는 것이었다.

뒤에서 설명하지만, 경찰청에 근무한 총경 이상의 간부라면 누구나 쉽게 알 수 있는 경찰청의 청장에 대한 보고 및 지시 체계, 본청과 서울경찰청 간의 업무 관행, 잘못된 언론보도 대응 방법까지 제대로 알지도 못하면서 나의 진술은 사실이 아닌 것으로 몰아붙였다.

기억나는 것은 기억나는 대로, 모르는 것은 모르는 대로, 사실이 아닌 것은 진상을 설명하는 방식으로 조사에 응했다. 나중에 구속영장 신청서에 기재된 범죄사실을 확인해 보니 나는 이미 혐의사실을 극구 부인하는 범죄자로 낙인찍혀 있었다.

조사받는 과정에서 사적으로는 옛 상사와 부하의 관계이지만, 공적으로는 경찰조사관과 피의자 신분이니 처음부터 끝까지 경어(敬語)를 사용했다. 원래 동료들한테도 친한 사이가 아니면 반말을 잘하지 않는 스타일인데다 조사실에 일반 공채 출신인 듯한 입회 경찰관도 있어서 국가공권력인 수사권을 존중하는 한편, 공식적으로 대응하겠다는 입장을 알리려는 의도였다.

S 경정은 조사 중 내가 일부라도 자백하는 대신에 사실대로 답변하는 게 짜증이 났는지, J 경찰청장을 지칭하면서 목소리를 높여 "○○○가~" 또는 "○○○ 씨가~"로 표현하였다.

더 이상 참을 수 없어서 "아무리 그래도 우리 조직의 총수이셨잖습니까? 설사 죽을 죄를 지었다고 하더라도 계급도 높고 연세도 많으

조작된 정의

신데 그렇게 '강아지 이름' 부르듯 함부로 불러서야 되겠습니까?"라고 이의를 제기하기도 했다. 귀담아듣지 않았다. 몹시 화가 났지만 참았다. 차라리 진술녹화실에서 조사받겠다고 요구할 걸 그랬다는 후회가 들었지만 내심 빨리 끝내고 조사실을 나가고 싶은 마음이 더 컸다.

조사 시작 전 사이버정보, 경찰 관련 잘못된 보도에 대한 대응 체계, 그리고 직권남용에 대한 법률검토 의견까지 정리한 '사이버정보 업무 관련 자료'라는 16쪽 분량의 준비 서면을 제출하고, 사이버정보 업무가 경찰법과 경찰관직무집행법, 그리고 대통령령에 근거한 법령상의 업무이자 노무현 전 대통령의 지시로 J 경찰청장 부임 이전부터 하던 일이었다고 설명했지만, 시큰둥했다.

더욱이 잘못된 보도에 대해 진실을 알리는 행위가 어찌 사회상규에 반하는 행위인지도 반문했다. 준비한 서면을 나중에 검사나 판사가 볼 수 있도록 조서 말미(末尾)에 첨부해 달라고 요구했다.

구속영장이 신청된 이후 지인을 통해 나의 억울함을 알고 무료로 자문해 주신 고검장 출신 변호사가 이 자료를 보신 모양이다. 철저한 검찰주의자이신데도 문서를 보여드렸던 지인에게 "어떤 법조인도 이렇게 보고서를 쓸 수는 없을 것이다. 너무나 탁월하다."라고 말했다고 전해 들었다.

하지만, 경찰청 특별수사단은 이곳에서 두어 줄을 끄집어내 억지 해석한 뒤, 범죄사실을 보강하는 데 활용하고 만다. 기가 찰 노릇이다.

자정 넘어서까지 조사를 받고 조서를 열람하며 수정한 뒤, 아래와 같이 미리 준비한 서면을 조서 말미(未尾)에 첨부해달라고 요구하였다.

마지막으로 드릴 말씀입니다.
저는 1987년도 경찰대학을 졸업하던 날에 식장에서 2가지를 다짐했었습니다.

가난 때문에 경찰대학을 선택했고, 국가로부터 공짜로 대학을 다닐 수 있는 혜택을 받은 만큼 바른 자세로 열심히 일해서 국가에 진 마음의 빚을 갚아야겠다는 생각이 하나였고, 적어도 함께 근무한 직원들이 비올 때 비 맞는 일이 없도록 하겠다는 것이 또 하나였습니다.

30년간 국가와 경찰을 위해 내 모든 걸 바쳐 정말 성실한 자세로 열심히 근무했다고 자부합니다. 심지어 명절날에도 출근하는 날이 많았으며, 그 과정에서 몸도 많이 상했습니다.

공직 생활하는 동안 아닌 것은 아니라고 말하고, 잘못된 것은 잘못된 것이라고 이야기했습니다. 내가 바로 잡을 수 있는 위치에 있으면 바로 잡았습니다. 그래서 상사나 동료들로부터 미움받은 적도 많았습니다.

2007년 서대문경찰서장 재임 시 소속 직원들에 대한 징계기준이 과중하다고 판단되어 합리적이라고 생각하는 수준으로 낮추어 처리했다가 감찰조사를 받고 2008.1.3. 경찰청장으로부터 서면경고도 받았습니다.

조작된 정의

정보심의관 재직하던 2010년 5월경에는 이명박 대통령 민정비서관의 서면 협조 요구를 부당하다고 거부하다가 민정수석에게 보고되어 사실상 소환조사도 받았습니다. 청와대의 인물존안카드에 정권에 반항적인 인물로 기재를 해놓는 바람에 박근혜 정부에서까지 한동안 한직을 전전했지만 개의치 않았습니다.

2012년에 도입되었다가 2017년에 직원들의 반발로 결국 폐지된 경위순환근무제처럼 경찰청장이 청와대에 시행계획을 보고한 정책이라고 하더라도 잘못된 정책이라는 판단이 서면 따르지 않았습니다. 제가 청장으로 근무했던 3개 지방청에서는 시행하지 않았습니다. 경찰청장으로부터 여러 차례 질책을 받았지만 뜻을 굽히지 않았습니다.

퇴직 후에도 모범적인 전직 경찰로 남기 위해 대기업이나 로펌 등의 영입 제안을 거부하고, 초빙교수 신분으로 대학으로 갔습니다.

이번에 조사받으러 나오라는 통보를 받고 참 많은 생각을 했습니다. '무엇이 잘못된 것일까?' 하는 생각에서부터 '무슨 준비를 해 가야 하는가?'라는 생각에서 입니다.

기억을 더듬어 봐도 7년 전의 일이라 정확히 기억이 나지 않는 것도 있고 당시의 자료를 다시 볼 수도 없어서 진술을 못 하거나 사실과 다소 다르게 진술한 부분도 있을 수 있지만, 기억나는 대로 최대한 정직하고 성실하게 진술했습니다.

정보심의관으로 근무할 때부터 지금까지 적어도 경찰청 정보국의 사이버정보 업무가 도덕적으로나 법적으로 문제가 있다고 생각해 본 적은 없습니다.

다만, 각 지방경찰청의 업무나 다른 기능의 업무를 포함하여 좀 더 세밀하고 정확하게 챙기지 못한 것은 한계일 수밖에 없습니다.
사람인지라 당시에 일어나고 있었던 일선의 모든 실상을 정확히 알지 못해서 제대로 챙기지 못한 일도 있을 것입니다.

이번 사건으로 인해 제가 정말 사랑하는 경찰조직과 후배 경찰관들에게 누가 되지 않기를 진심으로 바랍니다.

제 생각과 달리 수사기관에서 경찰의 사이버정보 업무나 대응 과정에 법률적으로 문제가 있었다는 판단이라면, 그 법적인 책임만큼은 함께 일했던 부하나 상사들에게는 제발 묻지 말아 주십시오.

이는 전적으로 제가 업무를 제대로 챙기지 못했거나, 문제점을 파악하지 못한 책임이 크므로 모두 저에게 물어주십시오.

오늘 진술했거나 일주일 동안 혼자서 책과 자료를 뒤지며 준비해 온 서류들이 최대한 사실에 기반한 내용이었음을 밝히면서, 잘못 진술한 부분에 대해서는 나중에라도 기억을 되찾거나 관련 서류들을 찾게 된다면 서면으로라도 제출하도록 하겠습니다.

2018년 7월 25일
진술인 정 용 선

조작된 정의

자정이 넘은 시각에 귀가하였다.

택시를 타고 돌아오는 길에 예전에 TV에서 본 사극의 장면들이 스쳐 지나간다. 간신배들이 충신들에게 갖가지 누명을 씌워 죽이는 '망나니들의 칼춤'이 떠오른 것이다.

'전임 대통령 재임 시절도 아니고 전 전임 대통령 재임 시절의 일상적이고 정상적이던 업무까지 억지로 문제 삼아 사법적 단죄의 대상으로 삼는 것이 문재인 정권의 적폐청산이란 말인가? 잘못이 있었다면 사람의 문제인지 시스템이나 관행의 문제인지 살펴서 사람을 처벌할 것이 아니라 시스템이나 제도를 합리적으로 개선하는 것이 진정한 적폐청산이 아닐까? 선진국들은 다 그렇게 하지 않는가?'

이는 보복수사(報復搜査)일 뿐이다. 전 전임 정부 고위공직자들을 겨냥한 명백한 정치보복 내지 정치적 탄압인 것이다.[24] 더군다나 댓글 사건이 있었던 2010~2011년 당시에 나는 경무관이었는데, 치안감 이상만 처벌하기로 결정했다고 발표하면서 나를 포함시킨 것도 의문이다.[25]

---

24) 이에 당시 자유한국당에서도 적폐청산은 정치보복이라며 당내에 특위를 구성하지만, 이렇다 할 활동은 하지 못한다. '한국당, 정치보복특위 구성 완료···위원장에 3선 김성태' (2017.10.11., 뉴시스). https://www.newsis.com/view/NISX20171011_0000114198

25) 경찰 댓글공작 "치안감 이상 처벌"···퇴직경찰만 해당(2018.8.21. 연합뉴스TV).https://www. yonhapnewstv.co.kr/news/MYH20180821001100038?did=1825m

귀에 걸면 귀걸이, 목에 걸면 올가미

피의자 신분으로 조사를 마쳤지만, 경찰이 구속영장까지 신청하리라고는 예상하지 못했다. 내 사건처럼 정치적인 사안은 법원의 판단에 영향을 주기 위해서 일반 국민들이 분노할만한 자극적인 내용을 흘려 여론전을 전개하면서 구속영장을 발부받는 것이 수사기관의 그릇된 행태다. 구속영장이 발부되어야 수사의 정당성을 인정받고 나중에 유죄판결을 받아내는 데 도움이 된다고 생각하기 때문이다.

경찰조사를 마친 후 평소처럼 당진에 내려와 생활하고 있던 8월 23일에 구속영장이 신청[26] 되었으니 8월 24일 오전 10:30까지 영장실질심사(구속 전 피의자 심문)를 받으러 서울중앙지법 302호 법정으로 출두하라는 연락을 받았다.

아침 일찍 변호사와 함께 법원으로 가려 했으나, 변호사들이 기록이 방대하여 기록 열람은 고사하고 복사조차 못 해 방어권 행사에 지장이 있다며, 법원에 영장실질심사 연기를 신청하였고, 법원에서는 8월 27일로 연기해 주었다.

---

26) 경찰의 구속영장 신청은 8월 17일, 검사의 구속영장 청구는 8월 22일.

조작된 정의

법원에서 변호사들의 요청을 수용한 것인데도 경찰은 대상자 3명이 불출석했다고 언론에 흘리고,[27] 검찰은 법원이 지정한 최초 영장실질심사 기일에 출석하지 않았다며 도주의 우려가 있다고 주장하였다. 검찰개혁의 필요성이 느껴지면서 대한민국 최고 엘리트라는 검사들의 인성과 민낯을 보는 순간이었다.

무려 33쪽에 달하는 구속영장 신청서에 기재된 범죄사실과 구속을 필요로 하는 사유는 대략 아래와 같다.

1. 범죄사실

정보심의관은 기획정보업무의 조정에 관하여 정보국장을 보좌하고 경찰청 위임전결규정상 중요정보대책 및 정보업무 조정·지도 업무 중 중요사항에 대해 전결권을 갖는다. 경찰청장의 지침·지시를 경찰청 정보국 실무자 및 일선 지방청 정보과장들에게 하달하고 구체적 업무를 추진하는 최고위급 간부로서 전국의 정보경찰을 실질적으로 장악한다. 경찰청 기획정보 및 사이버정보 업무의 총괄책임자로서 경찰청 내 경무관 계급으로는 유일하게 매일 아침 경찰청장을 독대하여 보고한다. 정보기능을 포함 타 기능에까지 경찰청장의 지휘철학·방침을 심화·확대·재생산할 수 있는 복합적 지위에 있다.

피의자 정용선은 경찰청장의 인터넷에 대한 적극적 대응지시들이 결국 인터넷 공간에서 제기되는 사회적·정치적 현안 및 경찰

---

27) '정부 옹호 댓글' 지시… 경찰 前 지휘부 3명 영장심사 불출석(2018.8.24., 머니투데이)
https://news.mt.co.kr/mtview.php?no=2018082410374017395

관련 이슈에 대해 댓글·트윗글 등을 달아 정부·경찰에 우호적인 여론을 형성하라는 뜻임을 인식하고, 경찰청장의 지시를 매개로 서울경찰청 정보관리부장, 정보1과장과 상호 공모하였고, 피의자 정용선은 경찰청 정보심의관으로서 2년간 연이어 근무하면서 직무상의 권한을 행사, 서울경찰청 정보관리부와 경찰청 정보국 소속의 부하직원들을 동원하여 여론 대응·조작 활동을 하기로 하였다.

정용선은 경찰청 정보국에서 사이버정보 업무를 담당하고 있던 정보2과 6계(계장 강○○)로 하여금 서울경찰청 사이버계(정보1과 4계)와 업무를 연계하도록 하여 여론 대응지시와 보고의 창구로 하였으며, 2011.1월에는 정보2과 6계를 정보2과 5계로 명칭을 변경, 정보2과 5계로 하여금 같은 업무를 수행케 하였고, 2011.11.7.에는 사이버여론대응만을 전담하는 정보2과 7계를 신설하여 같은 업무체계를 유지하였다.

피의자 정용선은 정보2과 6계(5계/7계) 직원들에게 지시하여 매일 인터넷 주요 포털과 언론사 사이트 등을 모니터링 하게 하고, 서울경찰청 사이버계(정보1과 4계) 등에 하달한 온라인 대응 결과를 취합하게 한 다음, 아침저녁으로 이슈 보고서를 작성하게 하였으며 담당 계장으로 하여금 매일 아침 07:40~08:00경 '주요 사이버 이슈'를 자신에게 보고하게 하고, 청장 관심 사항 등 이슈가 있는 경우에는 별도로 보고서를 만들게 하여 직접 매일 아침 08:00~08:15경 경찰청장에게 보고하였다.

피의자 정용선은 경찰청장에게 사이버 이슈를 보고한 후 담당 계장을 불러 이슈를 지정, 여론 대응을 지시하였으며 담당 계장들은 대응할 기사 등의 제목 사이트 등을 주로 서울경찰청 사이버

계장에게 전달하여 '스폴팀원'들에 의한 댓글 작업이 실행되도록 하였다. 이러한 경찰청의 댓글 작성 등 지시를 하달받은 서울경찰청 '스폴팀원'들은 '지향성 음향장비 도입 논란, KEC 노조 위원장 분신' 등 이슈에 대해 정부나 경찰을 옹호하는 방향으로 댓글, 게시글 등을 작성하였다.

피의자 정용선은 2010.12.9. 경찰청 과장·계장들을 모두 모아 '인터넷이나 트위터에도 경찰에 대한 유언비어 등이 뜨게 되면 즉시 대응해야 함. 전파력이 크기 때문에 즉시 대응하지 않으면 대처가 어렵다'며 경찰청장 대신 댓글 대응을 강조하였고, 2011.5~6월경 정보국 계장들과의 회의에서 가족과 친지를 동원해서 댓글 등을 달 것을 독려하면서 필요하면 동원된 민간인들에게 기념품이라도 주자고 제안하였다.

피의자 정용선은 2011.11.5.~7.경, 신설 정보2과 7계 업무계획을 검토하는 과정에서 정보2과장 이하 실무자들이 기존 정보2과 5계에서 수행하던 '댓글·RT·투표 독려 활동' 업무를 대변인실에 신설되는 온라인소통계로 넘기자는 의견을 제시하였으나 이를 받아들이지 않고 정보2과 7계에서 계속하여 댓글·트윗 대응 업무를 하도록 하였다.

피의자 정용선은 2011.11.17.경 경찰청장 보고용 '2012년 주요 업무계획'을 검토·작성하면서 '한진중공업, 반값 등록금 등 집회시위, 4대강 사업, FTA, 제주 민관복합항 건설 등' 국책사업 관련 집단반발을 인터넷·SNS 대응 등을 통해 성공적으로 관리하였음을 '그간 추진성과'로 적시하였다.

이로써 피의자 정용선은 피의자 J와 상호 공모하여 이명박 정부가 경찰청장 등을 매개로 경찰청·국정원·군기무사 등 국가정보기관을 동원하여 실행하고 있는 인터넷 여론조작행위에 가담하였고, '정책정보 및 정치분야에 관련되는 치안정보의 수집·종합·분석·작성 및 배포'라는 정당한 정보2과(경찰청), 정보1과(서울경찰청)의 직무 수행에 가탁하여 강서경찰서 정보과 소속 '스폴팀원' 황○○로 하여금 자신의 계정으로 댓글을 게재하게 하는 등 서울경찰청 정보경찰을 지휘·감독할 수 있는 직무상의 권한을 남용하여 법령상 의무 없는 일을 하게 한 것이다.

2. 구속을 필요로 하는 사유

가. 범죄사실의 소명

경찰청 정보심의관은 정보국 정보2과에서 작성하는 각종 시책자료를 경찰청장에게 직접 보고하는 자리로, 경찰청장의 정책을 직접 보좌하는 핵심 보직이다. 정용선은 경무관으로 승진한 직후인 2010.1.8.경 정보심의관으로 임명되었고, 후임 경찰청장이 부임하였음에도 이례적으로 정보심의관으로 유임되었던 자이다.

정용선은 정보심의관 부임 전 이미 2차례에 걸쳐 3년간이나 정보2과장을 역임하였기에 사이버정보 업무를 포함해 정보2과 업무에 대해 정통하였을 것으로 보이는데, J 경찰청장 이전에는 경찰 내부에서 실행해 본 적조차 없는 댓글 등 사이버 대응 업무를 피의자 정용선이 직접 지시하고 챙겼음이 확인되었고, 심지어 내부 직원들의 불만이 있다는 사실을 알고 있었음에도 사이버 대응 업무를 담당하는 정보7계 신설을 직접 추진하는 등 정보경찰 댓글 달기 등의 사이버 대응 업무를 보다 강화하는 데 있어 책임 있

조작된 정의

는 역할을 수행한 장본인이라 할 것이다.

J 청장이 서울경찰청장에서 경찰청장으로 자리를 옮겼음에도 지휘권이 서울경찰청장에게 있음이 분명한 서울경찰청 정보4계와 '스폴팀'에 댓글 등 사이버 대응을 구체적으로 지시하고 일정한 실적을 유지할 수 있었던 데에는 당시 정보국 내에서 J의 뜻을 받들고 충실히 이행해 온 정보심의관 정용선의 역할에 기인한 것으로 판단할 수 있다.

이처럼 피의자 정용선은 경찰청장의 신뢰를 바탕으로 사이버 여론대응 활동에 적극 가담하였고, 그 결과 경무관 승진 후 정보심의관 2년 외에 지방 근무 등 다른 보직을 맡아 본 적이 없음에도 곧바로 치안감으로 승진하여 충남경찰청장으로 영전하는 인사상 혜택을 누린 것으로 보인다.

정용선이 자신의 범죄혐의 관련성 일체를 부인하고 있으나, 관련된 증거 등에 의해 넉넉히 범죄혐의가 인정된다 할 것이다.

나. 증거인멸의 우려

피의자는 이사건 관련자들의 진술과 댓글 등 증거가 상당히 확보되었음에도 불구하고 '스폴팀' 내지 정보국 소속 경찰관들에게 댓글 대응과 같은 사이버 여론 대응 활동을 지시하거나 관여한 사실이 없음을 주장하는 등 범행을 극구 부인하고 있다.

피의자는 퇴직 후에는 대학의 학장으로서 교수생활을 함과 더불어 2018.6.13. 치러진 제7회 전국동시지방선거에서 충청남도 도지사 자유한국당 예비후보로 등록하는 등 활발한 사회생활을 계속하고 있는 바, 이 사건 범죄사실과 관련하여 수사기관에서 진술하였거나 추후 법정에서 증언하게 될 사람들 대부분은 과거 피의자를 상사로 모셨던 경찰관들로서 엄격한 계급구조와 지시 명령체계에 의해 움직이는 경찰조직의 특성, 퇴직 이후에도 광역 자치단체장 출마를 준비할 정도로 풍부한 인맥과 공직 경력을 지닌 피의자의 사회적 영향력 등에 비춰볼 때, 중요 참고인인 경찰관들이 피의자의 회유나 강요에 의해 지금까지의 진술을 번복하거나 허위 진술을 할 가능성을 배제할 수 없으며, 아직 구속되지 않은 공범들과 입을 맞추거나 관련 증거를 인멸할 우려 또한 높다 할 것이다.

다. 도주우려

이 사건은 중한 처벌을 예상하고 피의자가 도주하거나 수사기관 내지 재판에 불출석할 가능성 역시 배제할 수 없다.

특히, 언론보도를 통해 경찰청장이 피의자 정용선의 진술 취지와 달리 경기청장과 서울경찰청장 재직 때 경찰관들 수십 명으로 사이버 여론 대응 조직을 운용하였고, 천안함, 연평도 포격 사건과 관련하여 경찰 댓글 등 사이버 대응 활동을 지시한 사실을 인정한 바 있어 이로 인해 심리적 압박감을 느끼고 극단적인 선택을 하거나 도주할 우려가 매우 높은 상황이다.

라. 범죄의 중대성

이 사건 범죄사실의 요지는 정용선 등이 휘하의 정보경찰을 지휘·명령·감독할 수 있는 권한에 가탁하여 경찰공무원들로 구성된 비공식 사이버 여론 대응 조직 '스폴팀'을 구성하였고, 마치 인터넷상에 피의자들이 원하는 방향으로 여론이 형성되고 있거나 형성된 것처럼 보이게 할 목적으로 '스폴팀원'들로 하여금 일정한 논조의 댓글, 게시글, 트위터 멘션 등을 게시하도록 함으로써 온라인상의 여론을 조작한 것이다. 이는 국민들의 자유로운 여론 형성에 국가 공조직인 경찰을 개입시킨 것으로써 헌법상 기본권인 표현의 자유, 집회결사의 자유를 침해한 것에 다름 아니다.

피의자들은 일사불란한 지휘명령 체계인 경찰조직의 특성을 교묘히 이용, 인사권과 직무상 명령권한에 가탁해 공조직을 사유화한 것으로서 국가 공권력의 상징인 경찰공무원을 특정한 정치집단이나 특정인의 이익을 위해 불법행위에 동원한 만큼 이 사건 범죄사실은 매우 중대하다 할 것이다.

검사 ○○○

구속영장 신청서의 정보심의관의 지위를 보면, 정보심의관을 경찰청 차장이나 정보국장 수준으로 과장해 놓았다. 정보심의관은 참모(정보국장)의 참모일 뿐, 정보국 소속 직원에 대한 인사권, 근무성적평정 권한도 없다. 행정법상 보조기관(계선)이 아닌 보좌기관(참모)이기에 정보국에서 하급관청에 지시나 전달사항이 있어도 당연히 정보국장이나 각 과장이 지시를 전달한다.

정치·사회적 현안에 대해 댓글을 달라고 지시한 문서나 진술, 증언이 전혀 없는데도 이를 지시한 것처럼 명백한 허위공문서를 작성하였다. 후술하는 바와 같이 특별수사단 수사보고서(통합증거 7쪽)에 이전(以前) 경찰청장 재임 시에도 사이버상에서 댓글을 게재했었다고 기재해 놓고 'J 경찰청장 이전에는 경찰 내부에서 실행해 본 적조차 없는 댓글 등 사이버 대응 업무를 정용선이 직접 지시하고 챙겼음이 확인되었다.'는 허위사실도 포함시켰다.

나아가 구속을 필요로 하는 사유를 살펴보면 일일이 반박하는 것이 구차할 정도로 허위사실과 인격 모독적 표현으로 가득 차 있다. 더군다나 무죄임을 확신하고 있어서 법정에서 다투겠다는 생각을 하고 있고, 나름 독실한 기독교 신자로 생각하며 살아가고 있는데 극단적 선택이라니…

영장전담판사는 수사기관이 조사할 때와 비슷한 항목들을 재차 물었다. 억울함을 호소하며 조목조목 반박한 탓인지 아니면 더 물어봐야 조서의 내용과 같아서 물을 의미가 없다고 판단했는지 도중에 중단했다. 답변 도중 '사이버상에 잘못된 보도에 대해 댓글로 진상을 알리던 것은 노무현 대통령 시절부터 정부의 지시로 모든 부처에서 했던 일이다.'고 발언하자 제지하더니, 내가 답변한 내용 중에서 '확증편향' 현상이 무엇인지를 물어서 설명했다.

변호인들도 구속영장 신청서에 기재된 범죄사실은 사실이 아니며, 법적으로도 무죄라는 취지의 의견서를 제출하였다. 당연한 일이지만, 구속영장은 기각되었다.[28]

---

28) 언론에 보도된 기각 사유를 살펴보면, 영장전담판사는 "재직 기간 작성된 댓글, 게시글 등의 개수가 비교적 많지 않고 내용 역시 대부분 경찰업무와 관련된 것으로 보이는 점, 정보심의 관의 역할, 관여 정도 등에 비춰볼 때 구속의 사유와 상당성, 필요성을 인정하기 어렵다"라고 했다. https://news.kbs.co.kr/news/pc/view/view.do?ncd=4030223&ref=A

조작된 정의

귀신으로 만든 조사

경찰로부터 사건을 송치받은 서울중앙지검에서 2018년 10월 22일에 조사받으러 나오라는 연락이 왔다. 약속된 날짜에 검사장 출신인 변호사님도 참여하겠다고 하셨다. 담당 검사는 조사과정에서 실체적 진실을 말하는데도 거짓말을 한다고 생각하는지 아니면 본인이 구성한 범죄사실의 틀로 들어오지 않는다고 생각하는지 간간이 짜증을 냈지만, 검찰 대선배인 변호사가 참여한 탓인지 참느라 애쓰는 표정이 역력했다.

하지만 허구의 범죄사실에 말려들 이유도, 거짓 자백을 할 수도 없는 일이다. 몇 가지 예를 들면, J 경찰청장이 취임한 것이 2010년 8월 30일 오후 5시다. 그렇다면 5시 이전에는 필자에게 댓글과 관련하여 어떠한 지시를 할 수 없다는 것은 초등학생들도 알만한 상식이다. 그런데, 그날 00:00부터 서울경찰청 '스폴팀'이 게재한 댓글 모두가 J 청장의 지시를 필자가 전달하여 작성한 것이라고 억지를 부렸다. 이는 항소심 판결문까지 그대로 인정되었다. '내가 귀신이란 말인가? 청장이 취임하기도 전에 무슨 지시를 할 것인지를 알아서 청장의 지시라며 서울경찰청에 댓글을 게재하라고 전달하다니…'

아마 J 청장이 서울경찰청장 재직 당시 '스폴팀'을 운영했던 것과 포괄1죄로 처벌하고자 했던 것 아닌가?라는 의심이 든다.

<경찰청 경무과 작성 J 청장 취임 일정>

2011년 3월 21일부터 27일까지 태국 경찰청과 싱가폴 경찰청을 공무 출장 다녀온 기간, 2011년 10월 21일부터 28일까지 미국 시카고에서 열리는 '국제경찰장' 회의에 한국 경찰을 대표하여 출장을 다녀온 기간, 휴가 기간에 작성된 서울경찰청 '스폴팀'의 댓글도 모두 나의 지시를 받아 작성한 것이라고 한다. 이는 초등학생이 아닌 유치원생들도 이해할 수 없는 주장이다. 만약 J 경찰청장이 다른 국장이나 과장들 몰래 정용선을 통해 서울경찰청 '스폴팀'에 댓글 대응을 지시했더

라면 정용선 부재중에는 서울경찰청 '스폴팀'의 댓글들이 게재되지 않았어야 정상일 것이다.

<경찰청에 정보공개 신청하여 회신받은 결과 중 일부[29]>

2. 출장현황(2010.1.8.~2011.11.27.)

연번	종별	시작일	출장시간	종료일	출장목적	출장지	출장부서
1	국외출장	2011-10-21		2011-10-29	제118차 국제경찰장협회 (IACP)총회 출석	미국 시카고	본청 정보 정보1 정보1
2	근무지내출장	2011.10.12(1일)	10:00~14:00(04:00)		국회 정보위 관련 업무협조	국회 의원회관	본청 정보 정보1 정보1
3	근무지내출장	2011.06.24(1일)	09:00~14:00(05:00)		국회 행안위 및 정보위 결산심사	국회	본청 정보 정보1 정보1
4	근무지내출장	2011.06.02(1일)	13:00~16:00(03:00)		정보경찰 현장간담회	서울청	본청 정보 정보1 정보1

치안감 승진과 함께 충남경찰청장으로 발령받아 부임한 것이 2011년 11월 28일(월)이다. 당시 경찰 고위직 인사는 사전에 대통령께 내인가 받아 '인사발령 내정'으로 언론에 공개한 뒤, 국무총리와 대통령까지 정식 서면 결재를 받아 부임 일자를 지정하는 것이 관행이었다.

2011년에는 11월 23일 10시에 '치안감 승진 및 전보 내정자'를 발표했다.

당시 11월 24일 자 경찰청 인사과의 치안감 인사 발령 관련 행정 사항에 의하면, 11월 25일(금) 16:00경 이임하고, 11월 28일(월) 장관 신고후 부임하는 것으로 되어 있다.

---

29) 경찰청 출장 기록에 2011년 3월 21일부터 27일까지 태국과 싱가포르 경찰청 공무 출장 기록은 남아 있지 않아서 출입국관리사무소에 확인하였다.

치안감 인사에 따른 행정사항(안)

1. 발령일자 : 2011. 11. 28(月)

2. 임명장 및 임용장 수여식 (행정안전부 장관)

- ○ 대상자 : 치안감 27명
- ○ 일   시 : 2011. 11. 28(월) 09:30
   - ※ 경찰청 대청마루(13층)에 08:40까지 도착(승진 예정자는 행사용 계급장 사전 부착) 예행연습 → 버스 탑승 09:10 출발
- ○ 장   소 : 정부중앙청사 12층 행정안전부 장관실

3. 보직신고식 (경찰청장)

- ○ 대상자 : 치안감 27명
- ○ 일   시 : 2011. 11. 28(월) 임명장 수여 직후
- ○ 장   소 : 대청마루
- ○ 배   석 : 차장

4. 복   장

- ○ 청장님·신고자 : 정복(모자 미착용)
- ○ 배석자 : 평상시 복장

5. 행정사항

- ○ 이임식·퇴임식은 2011. 11. 25(금) 16:00경 기관별 자체계획에 의해 실시
- ○ 이임·퇴임 등에 따른 업무공백이 발생하지 않도록 「경찰청 직무대리 운영규칙」에 의해 차장 직장 지휘체제 유지
- ○ 발령자는 경찰청장 보직신고 후 즉시 부임

내부 직무대리 규정에 의해 나의 이임 이후 후임자 부임 전까지는 당연히 정보2과장이 직무대리를 하도록 되어 있다. 하지만, 경찰청에서는 토요일인 11월 26일에도 청장이나 차장 주재 티타임이 있기 때문에 그날 회의까지 참석한 뒤, 오후에는 집무실을 비워준다. 그날 오후에 내가 쓰던 사무실을 깨끗이 대청소한 뒤, 후임자가 다음 날 미리 짐을 옮겨 놓고 월요일부터는 바로 일할 수 있도록 배려하는 것이 당시의 관행이었기 때문이다.

수사국장으로 근무하다가 승진이 되어 경기경찰청장으로 부임하던 2015년 12월에는 후임 국장에게 내부 인테리어까지 하여 깨끗하게 인계해주느라 국장실을 며칠 전에 비우고 수사국 회의실에서 근무하기도 했었다. 특히 경찰 고위직들은 사무실에 보관하는 제복, 책, 사복 등 발령 난 사무실로 옮겨야 할 물건들이 많다. 그런데도 2011년 11월 27일 자정까지 내가 근무하면서 댓글을 지시했다고 하니 귀신도 통곡할 일이 아닌가?

또한, 만약 정용선의 지시를 받아 서울경찰청 '스폴팀'이 댓글을 게재했다면, 언론보도 시간 → 경찰청 정보6계 보고서 작성시간 → 정용선이 보고받은 시간 → 경찰청장이 정용선의 보고를 받고 댓글을 지시한 시간 → 청장(또는 정용선 스스로) 지시 전달시간 → '스폴팀'의 댓글 게재 시간이 순차적으로 이뤄져야 할 것이나, 범죄일람표를 확인해 보면 이와 일치되는 사례는 거의 없다.[30]

민주당 일부 국회의원들의 발언까지 참고하며 수사(2018년 3월 21일 자 수사 보고, 보안증거 646~648쪽)하고[31], 이들에게 진상조사 상황을 누설하거나 수사자료를 수수했다는 사실은 당시 민주당 의원들의 입김에 따라 수사 방향이 좌우되었거나 사실상 이들의 지시나 뜻에 따라 수사가 이뤄졌음을 보여주는 증거로 보는 것은 무리일까?

2006년 2월 노무현 대통령의 지시로 시작된 일인데도 문재인 정권에서는 느닷없이 J 경찰청장 부임 이후 댓글 게재를 시작했다고 범죄사실을 구성한 뒤, 여론조작 범죄로 둔갑시켰다. 아래 특별수사단

---

30) 서울경찰청의 2011년 11월 25일 06:00 '일일 사이버 주요 이슈' 보고서에 의하면, 한미 FTA 반대 집회에서 물대포 사용을 비난하는 '영하 칼바람에 물대포 쏘는 나라'라는 한겨레 보도 등에 33건을 대응했다고 되어 있으나, 이 기사는 2011년 11월 24일 20:29에 보도되었기 때문에 공소사실대로라면 11월 25일 08:00 경찰청 보고서에 포함되어 11월 25일 10:00 이후에 댓글이 게재되기 시작해야 할 것이나, 11월 24일 19:32(범죄일람표 경찰청-정보 댓글 3220번)~11월 27일 14:45(범죄일람표 경찰청-정보 댓글 3244번)까지 이 기사에 '스폴팀'이 게재한 댓글은 단 1건도 발견되지 않는다.

31) '박범계, 이철희, 이재정 의원이 경찰 보안사이버수사대 중심으로 댓글조작, 여론조작을 하였다는 내용으로 브리핑, 라디오 프로그램을 통해 발언했으며, 이들의 발언을 수사에 참고하고자 한다'고 기재.

수사 보고에 나타난 바와 같이 경찰 댓글은 2010년 8월 30일 이후가 아니라 최소한 2008년부터 있었음을 알 수 있다. 그럼에도 J 경찰청장을 처벌하기 위해 범죄사실을 허위로 만든 것이라고 밖에 볼 수 없다.

<2018.8.30.자 수사 보고, 통합증거 7쪽>

○ ████의 청장 재임 기간에, 「광우병 촛불 집회·시위」, 「용산 참사」, 「김████ 청장 사퇴」 등 이슈에 대해서 150개 상당의 '댓글' 대응이 있었던 것으로 확인되고. (주요 대응 이슈 3개 중 '정부정책'·'정치' 관련 1개)

- ████의 청장 재임 기간에, 「용산 참사」, 「████ 청장 사퇴」, 「이상희 국방부 장관 발언」, 「이명박 대통령 발언」, 「경찰-강남 유흥업주 유착」, 「김길태 검거」, 「천안함 사건」 등 이슈에 대해서 390개 상당의 '댓글' 대응이 있었던 것으로 확인되고. (주요 대응 이슈 7개 중 '정부정책'·'정치' 관련 3개)

※ '댓글' 총 390개 중 「용산 참사」 이슈에만 227개 '댓글' 대응이 있었던 것으로 확인됨.

검사들이나 판사들이 압수된 증거서류 또는 정용선이 제출한 의견서를 조금만 주의 깊게 읽었더라면 경찰 수사가 형사처벌을 우려하던 중하위직 현직 경찰관들의 진술에만 의존한 짜맞추기 수사임을 쉽게 알 수 있었을 것이다.

예를 들어, 범죄사실에는 J 경찰청장이 정부 옹호나 정치 관여를 위한 여론조작 지시를 하였고 이를 정용선이 정보2과 실무자들을 통해 서울경찰청 '스폴팀'에 전달한 것으로 되어 있다. 그럼에도 서울경찰청 정보관리부장, 정보1과장과 순차적으로 공모하였다는 범죄사실 또한 수긍하기 어렵다. 또한, J 청장의 공식적인 사이버 대응 지시를 모두 댓글 게재 지시라고 억지로 해석하였다.

하지만, 압수된 서류를 통해 확인한 결과, J 경찰청장이 사이버상 왜곡된 정보에 대하여 조치하라는 공식적인 지시는 2010년 12월 2일 일일회의가 최초였다(통합증거 159~163쪽).

이 자리에서 J 청장은 '사회 불안감을 조성하는 인터넷 유언비어 차단에 주력하라'고 지시하였고, 이에 따라 서울경찰청은 천안함 사건 관련 사이버상 유언비어 유포 행위 1,284건을 단속하여 형사입건 16건, 즉심 1건, 포털사에 삭제요청 1,219건, 내사종결 38건(검찰증거 158쪽) 등의 조치를 했다고 결과보고 한다. 사이버 대응이 댓글만을 의미하는 것이 아니었던 것이다.

또한, 2011년 1월 4일 같은 국장단 회의에서 '인권침해나 가혹행위 등 부정적인 여론에 대해서도 침묵하지 말고 과거의 과오에 대해 노력하고 개선하고 있는 부분을 적극적으로 알릴 필요가 있다'(검찰증거 383쪽), 2011년 1월 13일에는 '언론보도와 관련, 경찰이 잘못에 대해 인정할 것은 깨끗이 인정하고 진심으로 사과하되, 원인을 철저히 규명하여 같은 일이 되풀이되지 않도록 하려는 자세가 필요하다.'(검찰증거 387쪽)고 지시한다.

조작된 정의

2011년 2월 7일에는 '인터넷상에서 악의적으로 왜곡 게시된 사례들을 면밀하게 분석한 후 이를 네티즌들에게 알려주고 공감을 일으킴으로써 사실관계가 확인되지 않은 사안으로 경찰이 비난받는 일이 없이 합리적인 인터넷 문화가 조성될 수 있도록 노력해 주기 바란다.'(검찰 증거 396쪽), 2011년 11월 1일 경남경찰청 공식 방문 시에는 '우리가 잘못한 부분이 있으면 국민의 질책을 받는 것이 마땅하지만, 잘못이 없음에도 질책·비난을 받는 것을 최소화 시켜야 한다. 그래서 경찰관 1인 미디어도 장려하고 온라인 이슈에 적극적으로 대응해야 한다.'(정보증거 13679쪽) 등 2010년 12월 2일부터 2011년 11월 22일까지 무려 18차례에 걸쳐 공식적으로 온라인상의 잘못된 글에 대해 어떻게 대응해야 하는지를 구체적으로 지시한 바 있다.

경찰청 수사국에서도 2011년 2월 14일 「인터넷상 '경찰 이슈' 대응 역량 강화 방안」이라는 경찰청장 결재 공문을 전국 지방경찰청에 하달하였는데, J 경찰청장의 지침에 따라 '경찰이 부정적으로 이슈화되는 경우 ① 사실이면 깨끗하게 사과하고 재발방지책을 마련하여 같은 일이 되풀이되지 않도록 하되, ② 사실과 다르면 서장(과장)이 신분을 밝히고 사실관계를 알리는 등 적극적으로 대응하라는 것'이었다.

지시 내용들은 정부의 중앙행정기관장으로서 당연히 지시할 내용이지 어떻게 정부와 정부 정책, 경찰을 일방적으로 옹호하는 행위라는 말인가? 또한, 경찰청장이 공식적으로는 이렇게 지시해 놓고 어떻게 부하들에게는 은밀하게 정치에 관여하거나 정부 정책과 경찰을 일방적으로 옹호하는 댓글을 익명으로 게재하여 여론을 조작하라고 시킬 수 있단 말인가? 그것도 한두 번도 아니고 2년 넘게 말이다.

특히 J 경찰청장이 공식 석상에서 '이념의 좌나 우, 여야를 막론하고 법 집행은 공정하게 하라.'는 발언을 입버릇처럼 했었다는 것은 당시 경찰청에 근무하던 총경 이상 간부라면 누구나 숙지하고 있는 사실이었다.

또한, 정용선을 통해 경찰청 정보국 정보2과(사이버정보담당)에서 작성한 '주요 사이버 이슈'를 보고받은 뒤, 서울경찰청 '스폴팀'에 댓글 게재를 지시하거나 댓글 게재 계획을 사후에 승인했다고 하지만, 역시 J 청장의 지시를 비롯해 압수된 각종 서류들을 살펴보면 이는 사실이 아님을 금방 확인할 수 있다.

한 가지만 예로 들면, 2011년 2월 14일 국장단 일일회의 시 '인터넷 등에 비난 글이 게시되면 현실적으로 대처하기 어렵다. 사실과 다른 내용의 주장이 인터넷에 게시되어도 조사 결과가 나오기 전까지는 경찰에 대한 비난이 계속될 수밖에 없다. 주무 기능에서는 제기된 의혹들이 빠른 시일 내 해소될 수 있도록 관련 사안에 대해 철저히 조사하여 결과를 공개하고, 여론 모니터를 하는 기능에서는 인터넷상 제기된 이슈를 실시간으로 모니터하여 기능에 신속하게 통보하고 각 기능에서는 여론이 왜곡·악화되지 않도록 적극적으로 대응하라.'고 지시한 것을 볼 때, 모니터를 하는 기능(정보2과, 사이버테러대응센터, 보안사이버수사대, 홍보과 등)은 실시간 사이버상의 경찰 비난 글을 모니터링하여 해당 국장이나 과장들에게 전달하는 것이 임무임을 명확히 하고 있다.

서울경찰청 '스폴팀'이 작성한 댓글들이 정부 옹호, 정부 정책 옹호, 정치나 선거에 개입했는지 여부는 압수된 댓글을 조금만 읽어보면 알 수 있을 텐데 일부 직원들이 작성한 극소수(정용선 재임 15개월 동안 85개[32])의 자극적인 댓글이 전체인 양 내세우며 이를 조직적으로 지시한 근거로 삼는다는 것은 사건 조작이라고 볼 수밖에 없다.

검찰의 수사단계까지는 압수된 모든 서류들을 볼 수 없으니[33], 필자의 주장은 모두 묵살되었고 범죄혐의를 부인하는 파렴치한 범인으로 전락한 것이다.

적어도 인권의 수호자를 자처하는 검사만큼은 실체적 진실 발견을 위해 최선을 다하는 사람들이라고 생각했고, 그런 기대를 가지고 갔지만 경찰 조사내용과 구속영장 신청서에 기록된 범죄사실을 다시 한 번 더 확인하는 데 그쳤다.

오히려 수사 수준은 경찰만 못하다는 생각까지 들었다. 검찰개혁의 필요성을 절감하는 순간이고, 대한민국의 최고 엘리트라는 검사들의 조사 능력과 수준에 대한 기대가 무너지는 순간이었다.

---

32) 항소심 기준 정용선이 관여했다는 전체 댓글과 게시글 3,278개의 2.6%. 구체적 댓글의 내용은 덧붙임 참조.

33) 형사소송법상 공소제기(재판 회부) 이후에나 증거를 포함한 모든 기록을 열람하거나 복사할 수 있다.

하지만, 일개 평검사가 이미 짜여진 틀과 거대한 음모를 어찌 제 맘대로 바로 잡을 수 있겠는가? 문재인 정권하에서 실체적 진실을 밝히고 정의를 구현하기를 기대하는 사람이 잘못이라는 생각을 하며 쓴 웃음을 지을 수밖에…

조사는 저녁 식사까지 하면서 자정이 다 되어서야 끝이 났다. 변호사님은 검사들과 실랑이해봤자 각본대로 가는 것이니 아무런 의미가 없고, 실체적 진실과 법리는 법정에서 다투자고 제안하셔서 이에 동의하고, 작성된 조서를 간단히 읽어본 뒤 검찰청을 나섰다. 초가을 밤 기운이 제법 차가웠다.

전직 경찰공무원의 마지막 변론

조작된 정의

제3부

—

경찰의 사이버 정보활동

스마트폰 보급과 SNS 이용인구가 증가하면서 '정보화 사회'의 부작용 특히, 사이버상에서 누구나 글을 쓸 수 있게 되면서 생산되는 가짜 뉴스와 왜곡된 정보의 폐해가 심각해졌고, 역대 정부마다 이에 필요한 대응을 했거나 근절 방안을 고민해왔다.

정보화의 부작용

2000년도 전후 인터넷 사용 인구가 급증하면서 네티즌들도 사이버 공간에 자신의 주장을 여과 없이 게재할 수 있게 되었다. 이는 민주주의 발전에 크게 기여했지만, 허위사실과 괴담으로 개인의 명예와 기업의 신용을 훼손하거나 정부 기관의 이미지를 손상시키고, 심지어 악플로 인해 극단적 선택을 하는 인사들이 늘어나는 등 부작용도 대두되기 시작하였다.[34]

경찰의 단속 등 법 집행에 대한 불만을 허위·과장된 사실로 왜곡하고, 불법 의혹까지 제기하는 사례도 속출하였다. 특히, 집회시위 현장에서 '물대포에 맞아 시위대 중상, 시위 참가 여대생 사망, 연행된 여성 수감 과정에서 브래지어 탈의로 인권침해, 임신 8개월 여성 노조원 강제연행, 체포 시 군홧발로 걷어차, 경찰서장이 시위대에게 폭행당한 것은 자작극' 등 자극적인 허위사실은 일반 네티즌들의 분노와 반발을 초래하기에 충분하였다.

일부 언론에서 이러한 네티즌들의 허위 주장을 그대로 인용하거나

---

34) 타블로 "법적대응" 악플문화 종지부 찍을까?(2010.8.2. 매일경제)https://www.mk.co.kr/news/culture/4754732

조작된 정의

양비론 式으로 보도하여 일단 사회적으로 이슈화되면 일반 시민들은 허위사실마저 기정사실로 받아들이는 '확증편향' 현상으로 인해 공권력을 불신하며 법 집행에 도전하는 악순환이 반복되었다. 결국 정당한 경찰 활동마저 위축시키는 치안 약화 요인으로 작용하게 된다.

이처럼 사이버 공간에서의 각종 폐해가 부각되면서 법질서 확립 대책을 촉구하는 여론이 비등해지자, 2007년 5월경 선플 운동이 시작되었고[35], 2007년 7월에는 인터넷 실명제 도입이 추진되는 등 다양한 사회적 노력이 계속되었다.[36] 현재는 공공기관 등이 설치·운영하는 게시판에 한해 본인확인 조치를 의무화하고 있을 뿐이다.(정보통신망법 제45조의 제1항 제1호)

---

35) 2007년 초 유명 연예인이 악플로 인해 극단적 선택을 하는 일이 발생하자, 민병철 교수님은 충격을 받고, 같은 해 5월 23일 선플운동본부를 출범시켜 본격적인 선플달기운동에 앞장서신다.

36) 인터넷실명제는 2004년 3월 12일 공직선거 및 선거부정방지법에 처음 규정되었다. 정보통신망이용촉진 및 정보보호 등에 관한 법률 제44조의5 제1항을 개정하여 2007년 7월부터 1일 평균 이용자수가 10만 명이 넘는 정보통신서비스 제공자는 게시판 이용자의 본인 확인 절차를 마련하도록 하였다. 하지만, 2012년 8월 23일 위헌 결정으로 무효화 되었다.(헌재 2012.8.23. 2010헌마47)

정부 차원의 대책

　〈노무현 정부〉는 이러한 부작용이 국정운영 동력을 약화시키는 요인이라며 국정홍보처를 통해 2006년 2월 9일 '국정브리핑 국내 언론 보도종합 부처 의견 관련 협조 요청', 2006년 3월 30일 '국정브리핑 국내 언론보도 종합 부처 의견 달기 관련 공지'라는 2건의 공문을 하달하면서 "모든 부처는 소관 업무 관련 보도에 대하여 청와대 홈페이지 '국정브리핑' 코너와 해당 언론사 홈페이지의 기사에 댓글로 부처 입장을 게재하고, 해당 기사를 보도한 언론사의 간부들과 소속 부처의 출입기자들에게 메일로 이를 전파하여 국민들이 정확한 진상을 알 수 있도록 하라."고 지시하였다. 2006년 2월 14일에는 노무현 대통령이 국무회의에서 장관들에게 국정브리핑 코너에 댓글을 게재할 것을 직접 지시하기도 하였다.[37]

　댓글 게재 실적을 국무총리실 주관 각 부처에 대한 업무성과 평가에도 반영하였다. 이처럼 정부 각 부처의 인터넷상의 댓글 게재는 노

---

37) 〈대통령-공무원 참여 '사이버 토론방' 개설〉 (2006.2.14., 연합뉴스) https://naver.me/GzgWSTpe 노무현 대통령은 이날 국무회의에서 각 장관들에게 "국정브리핑을 애용하고 적절하게 댓글을 다는 등 적극 활용해 달라"고 당부했다고 김 처장은 전했다. 김 처장은 "일반에게는 공개되지 않지만 대통령도 댓글을 달고 있으며 관련 공무원에게 대통령의 댓글이 전달되고 있다"라고 소개했다(기사 내용 중).

무현 대통령의 지시에 의해 시작된 것이다.

이 같은 내용은 2006년 4월 6일 동아일보 보도를 시작으로 10개 이상의 매체에서 대대적으로 보도한다.[38] 동아일보 보도에 의하면, 당시 청와대 대변인은 2006년 4월 6일 오전 "공무원이 자기 소관 정책에 대한 보도를 점검하고, 그 보도가 사실에 부합하는지 또는 수용할 부분은 있는지 등을 공유하고자 하는 것"이라며 "이는 정책을 담당하는 공무원으로서 당연히 해야 할 점검활동"이라고 주장했다. 하지만, 당시에도 야당이던 한나라당에서는 같은 날 현안 브리핑을 통해 문제를 제기한다.[39] 언론에서도 이 같은 공직자들의 댓글 대응 조치에 대해 비판하고 나서지만,[40] 공무원의 댓글 게재가 여야 간 논쟁이나 사회적 논란의 대상일 뿐, 범죄가 되리라고는 누구도 예상하지

---

38) [사설] 언론 공격 '댓글 달기' 경쟁시키는 청와대(2006.4.6., 동아일보) https://www.donga.com/news/article/all/20060406/8292778/1

39) 댓글 대통령, 댓글 청와대 수석에 이어 댓글 우수 부처, 댓글 우수 공무원이 나올 판. 이계진 대변인은 6일 현안 브리핑을 통해 국정홍보처가 전 부처에 공문을 보내 국정브리핑에 올린 언론보도에 댓글을 달도록 강요한 것에 대해 "댓글 숫자가 장관 목이 되는 시대가 된 것 같다"고 맹비난했다. 이 대변인은 또 "지금까지의 정부측 댓글이 어떻게 만들어지고 쏟아진 것인지 그 원인을 알게 되어 다행스럽다"며, "댓글 대통령, 댓글 청와대 수석에 이어 댓글 우수 부처, 댓글 우수 공무원이 나올 판이다"고 말한뒤, "당연히 댓글 진급, 댓글 부서도 생길 것이다. 참여정부의 별칭은 이제부터 '댓글 정부'다"고 꼬집었다. 이어 이 대변인은 "댓글이 필요 없는 불편부당하고 정정당당한 정책을 펴든지 국민 설득이 필요하면 책임있는 정부 관계자가 당당하게 입장을 공식적으로 발표하면 될 것이다"며, "국정홍보처가 대통령의 눈치를 너무 살피고, 그 결과 전 공무원의 노무현 대통령 사병화를 앞장서서 추진하고 있는 것이다"고 지적한 뒤, "공무원 댓글 지침은 국민을 위해 일해야 할 공무원을 어처구니없는 일에 고생시키는 한 예에 불과한 것이다"고 주장했다.

40) [사설] 反언론 정부의 盧 응원단장 https://www.donga.com/news/article/all/20060413/8295141/1(2006.4.12.동아일보) "(중략) 언론의 비판이 고까워 대통령, 대통령비서, 장관, 공무원이 모두 인터넷 사이트에 모여 댓글 경연(競演)이나 벌이고 있을 때가 아니다."

못했다. 2012년에 경찰의 댓글 게재를 지적하는 보도가 몇 차례 있었으나, 검·경 수사는 커녕 감찰도 이뤄지지 않았다. [41]

〈이명박 정부〉도 광우병 사태를 계기로 2008년 6월경 청와대에 인터넷을 담당하는 국민소통비서관 직제를 신설하는 등 잘못된 기사에 대한 정부 부처의 사이버 대응을 강조하고 평가하기 시작하였다.

특히, 2010년도 이후 스마트폰 보급('09년 2.0%→'10년 14.0%→'11년 38.3%)[42]과 SNS 이용 인구가 급증하면서 여론 전파나 확산 속도가 훨씬 빠르게 변화하였고, 관련 부작용도 심화되어 정부를 비롯한 기업 등의 발빠른 대응이 요구되었다.

〈문재인 정부〉에서도 사이버상의 허위 보도나 왜곡 주장에 대해 댓글 대응을 계속했던 것으로 보인다. 2021년 7월 16일 자 경향신문에 의하면 국방부는 댓글로 진상을 알렸다는 보도가 있었고,[43] 서울경찰청 경비과가 작성한 아래의 '2022년 4월 13일 민주노총과 전농 집회

---

41) '편들기 수사' 글에 비난 댓글 달아라…경찰, SNS 여론몰이 지침 논란 (2012.2.3., 서울신문) https://naver.me/xExsq3ay

42) 한국, 작년 스마트폰 보급률 세계 첫1위…67.6%(2013.6.15. 연합뉴스) https://www.yna.co.kr/view/AKR20130624202600017?input=tw

43) "할아버지가 하나회'라던 육군 초급간부 발언은 거짓"(2021.7.16. 경향신문).https://www.khan.co.kr/politics/defense-diplomacy/article/202107160605001 : 육군 영관 장교 B씨는 "요새는 일선 부대 지휘관들이 아침, 점심, 저녁으로 '육대전'(육군훈련소 대신 전해드립니다)를 들여다보는 게 하루 일과가 됐다고 말했다. 군 관계자들은 '이대남'(이십 대 남자) 표심을 의식한 청와대의 지시로 육대전과 같은 군 관련 계정에 올라오는 글에 대해 사실관계를 확인해주고 일일이 댓글을 달고 있다.

조작된 정의

대책서' 9쪽을 살펴보면, 오보·왜곡 보도 및 이슈 발생 시 신속 대응하겠다고 기재되어 있음을 알 수 있다.

이는 이명박 정부시절의 집회대책서와 거의 동일한 내용이다.

<2022.4.13. '민주노총과 전농 집회 관련 대책서' 9쪽>

☐ 홍보 대책
○ 서울시내 주요도로 **교통통제 안내 등 보도자료 배포 완료**(4. 12.)

○ 「현장 취재 지원팀」(2개조, 4명) 및 「상황 유지팀」(6명)을 운영, 질서 있는 취재와 안정적 상황 관리를 지원하고, 언론·SNS 등 실시간 모니터링하여 오보·왜곡 보도 및 이슈발생시 관련 기능과 신속 대응

나아가 문재인 정권은 '가짜뉴스 처벌법' 제정을 검토하는 등 가짜 뉴스에 대한 대응 강도를 높이기 시작한다.[44] 가짜뉴스가 사회 전반의 신뢰를 훼손하고 극단주의 등 사회적인 문제를 일으켜 사회·경제적 비용을 과도하게 발생시킨다는 것이다.

---

44) 1. 기사 공유했다가 '허위 유포'로 몰려…표창원 "대책은 '허위뉴스 처벌법 발의'"(2017.7.30., 세계일보) 표 의원은 지난 29일 자신의 페이스북에서 "언론이 허위 보도하고, 그 언론보도를 신뢰한 사람이 온라인 기사에 부착된 'SNS 공유하기' 버튼을 누르면 그 허위 기사에 대한 책임을 버튼 누른 사람에게 묻고, 공유자와 비난하는 기사를 다시 보도하는 언론"이라며 "대책은 허위뉴스 처벌법 발의"라고 글을 올렸나.
   2. '문재앙' 비난 잡겠다는 추미애 대표가 더 위험하다 (2018.1.21., 미디어오늘) 박광온 더불어민주당 의원은 홍준표 대표가 문재인 대통령의 지지자들을 문슬람(문재인+이슬람')이라고 발언한 점을 언급하며, 'SNS 혐오발언 및 가짜뉴스 처벌법이 제정된 독일이라면 처벌 대상이라고 강조했다. 박 의원은 가짜뉴스 처벌법 제정을 추진하겠다고 밝혔다.
   3. 방통위 "코로나19 가짜뉴스 엄정 대응…팩트 체크넷 지원"(2021.1.18., KBS) 방송통신위원회는 백신 접종 등 코로나19 관련 가짜뉴스 확산에 대해 엄정 대응하겠다고 밝혔습니다. 방통위는 중앙사고수습본부를 비롯해 방송통신심의위원회·경찰청 등과 범정부 대응체계를 가동해 가짜뉴스를 삭제하거나 차단하는 방안을 마련할 계획입니다.

물론, 사이버상에서의 가짜뉴스 최초 생성자에 대해서는 '형법'상 명예훼손죄 등으로, '공직선거법'상 허위사실 공표죄로, '정보통신망 이용촉진 및 정보보호 등에 관한 법률'상 인터넷 이용 명예훼손 정보 유통 금지 행위로 처벌하거나, '민법'상 불법행위책임을 물을 수 있지만, 건건이 민·형사상 책임을 추궁한다는 것은 비용과 인력 문제 때문에 한계가 있을 수밖에 없다.

　2017년 5월 프랑스가 가짜뉴스에 대해 최고 640억 원의 벌금형을 가할 수 있는 '가짜뉴스 처벌법'을 제정하고, 인도네시아는 증오 발언과 가짜뉴스를 걸러내는 '국가 사이버 암호청'을 신설하는 등 전 세계적으로 가짜뉴스와의 전쟁 선포가 잇따르고 있다는 사실이 알려지면서 더불어민주당 소속 의원들이 사이버상에서 문재인 대통령 후보 관련 허위 기사 유포 등을 계기로 '가짜뉴스 처벌법' 내지 '허위뉴스 처벌법' 제정 움직임을 보였다.

　하지만, 국민의 알권리 내지 표현의 자유와의 상충 문제 때문에 입법화에 이르지는 못했지만, 고소·고발을 하는 등 가짜뉴스에 대한 대응을 한층 강화해 나갔다. 일각에서는 '북한 찬양은 표현의 자유라고 감싸면서, 문재인 대통령 비난은 범죄라며 고소·고발하고 있다.'는 비아냥도 있었다. 2020년 1월 30일 코로나 19와 관련한 대책 점검회의 자리에서 문재인 대통령은 "불신과 불안을 조장하는 온라인상의 가짜 뉴스는 중대범죄라며 단호하게 대처해 주기 바란다."고 강조하기도 하였다.

이처럼 역대 정부하에서 사이버상에서 잘못된 보도나 왜곡된 주장에 대한 대응이라는 의미가 댓글로 정부에 우호적인 글을 게재하여 여론을 조작하라는 의미가 아니었다. 경찰도 경찰이 잘못하지 않았는데 경찰을 비난하는 기사나 글이 있으면 그에 대한 진상을 신속히 알림으로써 잘못된 보도의 확산을 방지하되, 언론이나 네티즌들이 경찰의 잘못을 제대로 지적했을 때에는 잘못을 솔직히 시인하고 재발 방지 대책까지 신속히 발표함으로써 개선해 나가기 위한 것이었을 뿐이다. 결국 '경찰이 맞지 않아도 될 매를 맞지 말고, 맞아야 할 매는 신속히 대처하여 매를 덜 맞자'는 취지였던 것이다.

사이버 정보활동

　인터넷 이용인구 급증에 발맞춰 경찰도 사이버 공간에서의 첩보 수집 활동을 시작하였다. 2008년 7월 이전에는 경찰 관련 기사나 글을 검색하여 경찰 내부의 '시책 참고 자료'라는 치안정보 보고서에 포함시켜 보고하는 부정기적인 형태였다.

　2008년 8월에는 경찰청 정보국 정보2과에 사이버정보관 2명(경위)을 배치하는 것을 계기로 인터넷상의 각종 이슈들을 정리한 뒤, 경찰청 각 기능(이하 '국' 또는 '과'를 의미)과 지방경찰청의 조치사항을 종합하여 '주요 사이버 이슈'라는 명칭으로 경찰청 과장 이상 지휘부와 전국 지방경찰청장들에게 1일 2회(08:00, 17:00) 정기적으로 배포하기 시작하였다.

　이는 치안정보의 수집·작성·배포라는 당시 경찰관직무집행법 제2조, 경찰법 제3조에 근거한 정보경찰의 법령상의 기본 임무인 것이다.

　2011년 11월 1일에는 경찰청 정보2과에 3명의 인원을 증원하여 5명의 사이버정보관으로 구성된 '계' 단위 임시 조직을 설치하였다.[45]

---

45) 정보7계 신설은 당시 사이버정보 업무를 담당하던 경위 2명이 휴일이나 명절날도 없이 맞교대 근무하는데 따른 과로를 수 차례 호소했었기 때문에 정보심의관 이임 전에 분명히 인

이같은 사이버정보 업무는 문재인 정권인 2022년 4월까지 '오늘의 온라인 이슈'라는 이름으로 작성되어 경찰청 각 국장과 시·도 경찰청장, 청와대 치안상황실에 전파되고 있었다.

<오늘의 온라인 이슈, 2022.4.13~14.>

원을 증원시켜 주겠다고 약속했던 것을 실천하는 차원이었다. 물론, 경찰청 인원 증원은 굉장히 어렵기 때문에 사이버상에서 정보량이 증대함에 따라 사이버정보 수집 및 분석 역량을 강화하기 위한 것이라는 명분을 제시하였다. 정원에 반영된 것이 아니라 현원으로 운영했던 것이었는데도 이를 댓글 게재를 위한 인력보강이라고 억지로 범죄사실로 만들었다.

오전 08:00 기준으로 작성하는 '주요 사이버 이슈' 보고서는 경찰 관련 사항과 그에 대한 조치사항들만 1~2쪽으로 정리하지만, 오후 보고서에는 2011년 10월 24일 자 '주요 사이버 이슈(통합증거 541쪽)'처럼 ① 현안 이슈, ② 분야별 관심 사항(정치, 경제, 사회분야 등), ③ 경찰 관련 사항 ④ 기타 참고 사항으로 크게 구분하여 4~5쪽으로 작성하는데, 주로 관련 기사를 간단히 요약하는 형태다.

다만, ③ 경찰 관련 사항은 보도 요지 외에 '⇨ 해당 기능에서 대응토록 통보'라고 기재한다. 이는 경찰청의 각 기능에서 정확한 진상을 우선 파악하고, 필요 시 그에 따른 필요한 조치 여부를 검토하는 데 참고하라는 취지일뿐, 서울청 '스폴팀'에 댓글을 게재하라는 지시가 아니었다.

정보국에서는 경찰청장에 대한 정기 보고 시간(08:00, 17:00)이 임박해서야 보고서가 완성되기 때문에 경찰 관련 왜곡 보도나 허위 주장 글에 대한 진상을 알 수 없으므로, 해당 기능에서 파악하여 대응하는 것이 정확하고 사무분장의 취지에도 맞는 것이다.

조작된 정의

경찰 이슈에 대한 대응 책임

대변인실은 정보국과 별도로 중앙일간지(17개), 방송사(6개), 종편(4개), 통신사(2개) 등의 언론 기사들을 매일 24시간 모니터링 하거나 속기하여 전국 경찰에 실시간 배포한다.(통합증거 231쪽, 2011.12.21. 대변인실 업무보고)

경찰청의 각 국·과와 지방경찰청에서는 기자의 취재 사실을 알게 되면 '보도예상보고'를 하고, 보도 이후에는 '보도진상보고'를 의무적으로 하기 때문에 관할지방경찰청은 물론이고 경찰청의 대변인실과 해당 국·과에서는 언론보도 내용을 거의 실시간 파악하게 된다.

특히, 대변인실은 2011년 11월에 내부 업무보고에서 '대변인실을 치안관련 온라인 이슈 총괄조정부서(Control Tower)로 하는 전 관서·기능 신속 대응 체제를 구축'한 것을 성과로 내세웠다.(통합증거 233쪽)

---

5. 온라인 모니터링 시스템 운영

□ 운영 성과

  ○ 대변인실을 치안관련 온라인 이슈 총괄·조정부서(Control
     Tower)로 하는, 全 관서·기능 신속 대응체제 구축

경찰 비난 기사의 경우, 내용이 사실이면 감찰 조사 후 징계 등 책임을 묻기도 하고, 허위·과장 보도인 경우에는 언론중재위 제소, 민형사상 고발, 공식 브리핑, 문자 전송, 댓글 대응 등 다양한 수단을 동원하여 대응하는데, 대응 주체는 당연히 진상을 가장 잘 아는 관할 경찰관서와 경찰청의 주무 기능이다. 물론, 모범사례는 포상과 함께 전국 확대 추진이 이루어지기도 한다.

경찰청 대변인실이 작성한 '이슈 위기관리 커뮤니케이션 전략 하달 보고서[46]'(2010년 5월 3일, 검찰증거 1,443쪽), 정보국 작성한 '정보국 국민 신뢰 제고 방안'(2011년 7월 15일, 정보증거 12,936쪽)에도 언론 대응책임은 해당 국·과장과 지방경찰청에 있다고 명시되어 있다.

이와 같은 이유로 경찰청 정보국에서는 2011년 10월 19일 KBS 추적60분 '용산은 반복된다. 벼랑 끝 상가 세입자' 제하 용역폭력[47] 관련 보도에 대해 정보국 차원에서 공식적으로 대응하였으며, 당시 경찰청의 용역폭력대책TF 팀원이었던 생활안전과장 명의로 공식 입장

---

[46] 대변인실은 각종 위기 상황에서 유언비어 등을 조기 차단하고 국민의 신뢰 속에서 신속하게 대처하기 위해 경찰 이슈 위기관리 커뮤니케이션 전략을 마련하여 2010년 4월 28일에 대책회의를 개최했다. 몰래 댓글을 게재하여 자유로운 국민 여론 형성 기능을 방해하는 게 목적이었다면 이 같은 공개적인 회의를 할 수도 없고, 하더라도 언론에 공개될 수밖에 없다.

[47] 용역폭력 관련하여 2011년 2월경 서울관악경찰서 관내에서 용역들의 집단폭력 문제가 발생하여 대책을 수립해야 하는데, 경찰청 내에서 폭력 담당하는 형사과, 허가 주무부서인 생활안전과, 현장 출동 관련 경비과와 정보과 등 여러 기능이 소관 문제로 서로 미루다가 정보심의관인 정용선이 정보가 현장에 가장 빨리 출동하고 현장 중재를 잘 할 수 있다고 판단. 정보국(정보3과)에서 TF(팀장 : 정보심의관)를 만들어 종합대책을 수립하여 전국 경찰에 하달한 뒤 관련 기능 합동으로 일선 경찰서의 이행 여부에 대한 점검도 계속해 왔기 때문에 추적 60분 보도 당시 TF팀원인 과장들이 함께 공식 대응했던 것이다.

을 발표하는 등 사이버 홍보를 했던 것이다.

또한, 수사국 사이버테러대응센터가 작성한 '인터넷상 경찰 이슈 신속 대응 유공자 포상계획'(정보증거 13,531쪽)을 보더라도 수상자로 결정된 정보국 정보2과 사이버정보 담당 경위는 '2011년 2월 20일 다음 아고라의 억울한 누명을 벗겨 달라는 전직 형사의 하소연 게시글 등 2건을 발견하여 해당 부서에 신속 통보, (해당 기능에서) 즉응 조치함으로써 국민 반감이 감소되는 등 경찰 이미지를 제고하였다.'고 되어 있는 것처럼 정보2과는 사이버상에서 경찰 관련 비난 글이나 기사를 검색하여 해당 기능에 통보하는 것이 임무일 뿐, 정보 소관 업무가 아닌 보도 등에 대하여 직접 댓글 대응하거나 댓글 게재를 지시하는 부서가 아니었던 것이다.

2011년 10월 27일 08:00 작성된 경찰청 정보2과의 '주요 사이버 이슈' 보고서(검찰증거 2,402쪽)에 당시 이슈가 되었던 인천 장례식장의 조폭 난동 사건과 관련하여 '본청 감찰·형사, 인천 수사에서 언론의 왜곡 보도에 적극 대응 글을 게재[48]'라고 되어 있을 뿐, 서울경찰청 '스폴팀'에 대해서는 아무런 언급이 없는 것도 그 같은 이유에서다.

---

48) 이 내용도 댓글 게재를 지시했다는 의미가 아니라, 해당 관서나 부서에서 댓글로 사건의 진상과 경찰의 조치사항을 알려주고 있다는 사실을 파악하여 보고하는 것이다.

'별보'가 유죄의 증거?

공소사실에는 특정한 사이버 이슈와 관련한 별도의 정보보고서(이른 바 '별보')가 특정 이슈에 대한 댓글 게재를 지시한 증거라고 제시되었다. 하지만, 이 또한 사실이 아니다.

故 장자연 자필 편지 관련 인터넷 반응(검찰증거 2,500쪽), 국과수 감정 결과 발표 관련 인터넷 반응(검찰증거 2,503쪽) 등 사이버 이슈와 관련한 별보에도 보도 요지와 네티즌들의 반응만 요약했을 뿐이고, 서울경찰청 '스폴팀'에 댓글 대응 등 아무런 조치 지시가 없다. 이런 보고서는 정기 보고 시간에 청장의 돌발 질문에 대비한 보고용으로 작성한 것으로, 청장보고 여부와 무관하게 해당 국장에게 참고하도록 전파했었던 것이다. 법령상 당연히 해야 할 일이고, 하지 않으면 직무태만인 것이다.

아래의 2011년 8월 23일자 정보2과 작성 '마포서, 불법 수사 보도 관련 조치 검토' 보고서[49]에도 보도 내용과 진상을 설명하고 관

---

49) 마포서 형사들이 실적 부담으로 5명 이상을 구속하자고 의논 후 수사 기록을 거짓 작성하여 체포영장 발부받고 상대 회사 직원들을 압수수색에 동원하였으며 압수물 일부를 검사 지휘 없이 환부했다는 내용(2011.8.23., 연합뉴스 https://naver.me/5LuRLxGa).

런자 징계, 정정보도 청구 등의 대응은 보류, 재발방지 대책 강구 등 3가지 조치를 건의하는 내용뿐이고 댓글 지시 등의 내용은 아예 없다.

□ 조치 검토

① < 관련자 징계 > '10. 12월 경위 박██에 대해 허위공문서작성 비위로 불문경고한 바 있으나, 진행중인 재판 결과에 따라 징계 검토

※ 당시 2팀장 경위 한██은 '경고' 조치

- 다만, 경위 박██은 수사관으로서 적법절차 준수·인권 보호에 소홀했던 점이 인정되므로, 非수사부서로 인사조치 검토

② < 언론 대응 > '실적 부담으로 5명 이상을 구속하자고 의논' 등 일부 보도가 사실과 다르나, 수사서류 허위 작성 등 핵심적 내용이 사실로 인정되는 만큼, 정정보도 청구 등 대응 보류

- 현재까지 후속보도 움직임 없으나, 추가로 허위 내용 보도 時 1차 보도 내용과 병합하여 적극 대응

③ < 재발방지 대책 강구 > 수사서류 작성·압수수색 영장 집행 등 일련의 과정에서 나타난 문제점을 정리, 수사부서 대상 사례교양 실시

- 실적을 올리기 위해 무리하게 수사하는 사례 없도록 철저히 교양

2011년 10월 25일 정보2과 작성 '조폭 척결 의지 표명 관련 사이버 동향'(정보증거 11,391쪽)에도 본청 기위다 유○○ 경사의 글에 대해 'RT 등 대응 독려'라고 되어 있다.

이것은 정보국의 지시가 아니라 기위단이나 수사국에서 대응 독려 중이라는 동향을 정보기능에서 파악하여 보고한다는 의미인데

도, 대응을 독려하라고 지시한 것으로 왜곡했다.[50]

2011년 11월 1일 정보2과 작성 '장례식장 비리·조폭사건 관련 일선 분위기'라는 사이버 별보(정보 11,388~11,389쪽)처럼, 조치 사항도 관련자 징계 건의, 진상조사 결과 발표, 향후 언론 대응 기조를 정리하여 판단 자료로 보고한 뒤, 관련 기능에 통보했을 뿐이다.

언론 대응 기조는 '이슈 소멸 시까지는 가급적 언론 노출을 자제, 기사거리 제공을 차단하는 등 당분간 무대응 기조가 바람직'이라고 되어 있을 뿐이다. 도대체 어느 별보가 스폴팀에 댓글을 지시하거나 대응 논조를 하달했다는 것인지 관련 증거가 전혀 없어서 그같이 판단한 이유를 도무지 이해할 수 없다.

결국, 경찰의 언론대응 지시는 앞서 살펴본 대로 '정정보도 청구, 브리핑, 무대응 등' 다양한 수단을 이용한 정상적인 조치를 의미하는 것이지 수사기관과 법원의 판단대로 서울경찰청 '스폴팀'을 통해 익명으로 댓글을 게재하여 여론을 조작하라는 지시가 아니었던 것이다.

---

50) 만약 청장에게까지 보고하고 각 국장에게도 전파되는 별보에 정보2과에서 대응을 직접 독려한 것으로 읽혀진다면, 해당 국장들이 적극적으로 일하지 않고 정보2과에서 지시하여 일하는 것처럼 비쳐지기 때문에 정보2과장에게 전화하여 '네 일이나 똑바로 하라'며 엄포를 놓을 가능성이 높아 그렇게 일할 수도 없고 다른 국에 대한 예의도 아니다. 특히 청장이 잘못된 보도에 대한 대응을 수 차례 강조하는데, 정보2과의 지시가 있어야 비로소 움직인다는 것은 엄격한 계급조직사회에서 말도 되지 않는 일이기도 하다.

조작된 정의

법리보다 처벌이 우선

　사이버정보 활동은 인터넷과 SNS에서 경찰이 비난받거나 논란이 된 이슈와 그에 대한 각급 관서와 관련 부서들의 움직임이나 조치를 파악하여 보고·통보하는 법령에 근거한 정보활동일 뿐, 정부 정책이나 경찰을 일방적으로 옹호하려는 목적이나 의도가 있는 것이 아니다. 더군다나 국민 여론을 조작하거나 자유로운 의사 형성을 방해하려는 활동도 아니었다. 댓글을 게재했던 경찰관들도 국민의 한 사람으로서 허위 보도나 부당한 비난을 바로 잡는다는 생각으로 게재한 것이고, 경찰관이라고 하여 그와 같은 글을 게재하는 것이 금지되어 있다고 볼 수도 없다.

　경찰 관련 허위 보도나 왜곡 주장 글을 발견하면 소관 부서에서 방치하지 말고 다양한 수단(언론중재위 제소, 브리핑, 댓글 게재 등)을 통해 대응해야 한다는 일반적 지시를 전달하거나, 문제 되는 현안 이슈를 검색하여 해당 기능으로 통보해주거나, 그 조치상황을 사후에 보고·전파하는 행위가 정보경찰의 당연한 직무일 뿐 법령상의 한계를 벗어났다거나 나아가 사회상규에 반하는 행위라고 보기도 어렵다.

　경찰관들도 경찰조직의 일원으로서 전체 경찰의 명예와 이미지 실추를 방지하는 데 참여할 포괄적인 임무가 전혀 없다고만 할 수 없는 데다, 타 기능에 문제된 기사를 통보하는 것은 진위여부를 확인하여 잘못된 내용을 바로 잡는 데 참고해 달라는 내부적인 협조 요구나 권유에 해당한다고 볼 수도 있는 것이어서 법령을 위반하였다고 볼 수도 없다.

특히, 2010~2011년도에는 '사이버 논객'이라 불리는 현직 경찰관들이 당시 경찰의 현안이던 수사권 조정과 경찰 처우 개선의 필요성에 대해 자진하여 게재한 글들이 인터넷상에서 봇물을 이루던 시기였고, 당시 분위기로 보아 댓글 게재를 지시받았던 경찰관들은 귀찮게 생각할 수는 있었겠지만, 포괄적인 의미에서의 담당업무가 아니라고 인식하지는 않았을 가능성도 높다.

실제 법정에서 적지 않은 경찰관들이 자발적으로 게재했다고 증언하기도 하였다.

근거 없이 경찰을 비난하는 기사나 왜곡 주장에 대하여 조직구성원으로서 심리적 부담감이나 도의적 책임감에서 댓글을 게재했다면 법령상 의무 없는 일을 하게 한 것이라고 볼 수 있는지도 의문이고, 대법원의 판례에 의하면 이는 직권남용·권리행사방해에 해당하지 않는다.[51]

어쨌든 대법원은 직권남용권리행사방해죄에 대하여 '직권남용'이란 공무원이 일반적 직무권한에 속하는 사항에 관하여 그 권한을 위법·

---

51) 직권남용죄에서 말하는 "의무"란 법률상 의무를 가리키고, 단순한 심리적 의무감 또는 도덕적 의무는 이에 해당하지 아니한다(대법원 1991.12.27. 선고 90도 2800 판결).

부당하게 행사하는 것을 뜻한다[52]면서, 우선, 어떠한 직무가 공무원의 '일반적 직무권한'에 속하는 사항이라고 하기 위해서는 그에 관한 법령상 근거가 필요한데, 법령상 근거는 반드시 명문의 규정만을 요구하는 것이 아니라 명문의 규정이 없더라도 법령과 제도를 종합적, 실질적으로 살펴보아 그것이 해당 공무원의 직무권한에 속한다고 해석되고, 이것이 남용된 경우 상대방으로 하여금 사실상 의무 없는 일을 하게 하거나 권리를 방해하기에 충분한 것이라고 인정되는 경우에는 직권남용죄에서 말하는 일반적 직무권한에 포함된다고 하였다. 사이버상의 댓글 게재가 정보심의관의 일반적 직무권한에 속한다고 볼 수 있는지도 의문인데도 수사기관과 법원은 이를 인정한 것이다.

둘째, 직권의 '남용'에 해당하는가를 판단하는 기준은 구체적인 공무원의 직무행위가 본래 법령에서 그 직권을 부여한 목적에 따라 이루어졌는지, 직무행위가 행해진 상황에서 볼 때 필요성·상당성이 있는 행위인지, 직권 행사가 허용되는 법령상의 요건을 충족했는지 등을 종합하여 판단하여야 한다. 잘못된 정보에 댓글로 진상을 알리라는 지시가 직권을 '남용'한 것인지도 의문이다. 공직자로서 당연한 의무라고 보는 것이 타당할 것이다.

셋째, '의무 없는 일'에 해당하는지는 상대방이 공무원이거나 유관기관의 임직원인 경우에는 그가 한 일이 형식과 내용 등에 있어 직

---

52) 대법원 2020.1.30. 선고 2018도2236, 대법원 2020.2.13. 선고 2019도5186 판결.

무 범위 내에 속하는 사항으로서 법령 그 밖의 관련 규정에 따라 직무수행 과정에서 준수하여야 할 원칙이나 기준, 절차 등을 위반하지 않는다면 특별한 사정이 없는 한 법령상 의무 없는 일을 하게 한 때에 해당한다고 보기 어렵다고 판시한 바 있다. 2010~2011년 당시에는 SNS 발달 초기였고, 공직자들에게 댓글을 게재하라는 대통령의 지시만 있었을 뿐 경찰에 댓글 게재와 관련한 어떠한 원칙이나 기준, 절차도 없었다. 수사기관은 ID나 필명(닉네임)으로 게재한 댓글이나 게시글에 대해 일반인인 것처럼 익명으로 게재한 것이어서 위법하다는 입장이나 경찰관은 반드시 실명으로 글을 게재해야만 한다는 원칙이 있는 것도 아니었다.

나아가, 수사기관과 법원이 형법 제123조에 규정된 '사람으로 하여금 의무 없는 일을 하게 하거나'라는 구성요건의 '의무'를, 후단의 '권리행사를 방해한'이라는 '권리'와 대등한 개념이 아닌 공무원의 '직무상 의무'까지 포함시켜 해석한 것은 죄형법정주의의 확장해석 금지와 명확성의 원칙에 위배되어 헌법에 위반된다고 할 것이다.[53]

또한, 비록 하급심의 판결이기는 하지만, 2019년 1월 3일 서울중앙지법 형사합의 31부는 청와대 전 민정수석의 직권남용·권리행사방해 1심 판결에서 "단순히 직무수행 행위가 위법하다고 평가돼 상급 공무

---

53) 공소사실처럼 경찰청장의 지시를 받았다는 정용선도 직권남용의 피해자로도 볼 수 있는데, 본 사건과 같이 수사기관의 자의적 판단에 의해 경찰청장과 정용선 등이 순차적으로 공모한 범죄라며 피해자를 가해자로 만들 수 있는 것도 헌법 위반으로 보아야 한다.

조작된 정의

원의 지시행위를 직권남용이라 볼 수 없다."고 판결했다. 이어 ▶상사 (상급 공무원)의 직무의 권한 범위 ▶상사의 지시 경위 ▶해당 업무를 한 상사와 부하직원의 위법성 인식 여부와 위법성 정도 ▶직무수행으로 인한 결과 ▶통상적 업무수행의 모습 등을 종합해 직권남용의 성립 여부를 적용해야 한다는 것이다.[54]

---

54) https://news.joins.com/article/23934021(2020.12.1. 03:00, 중앙일보).

경찰 옹호와 경찰 홍보의 차이는?

경찰이 댓글로 진상을 알리던 활동은 문재인 정권이 사이버 공간에서 무분별하게 유포되는 가짜뉴스에 대한 규제 필요성을 느껴 단속 활동을 전개하거나 가짜뉴스 처벌법을 제정하려 했던 움직임과 같은 취지로 이해하여야 한다.

이 같은 사실을 경찰 수사단계에서는 서면으로, 그리고 검찰조사 단계에서는 진술로 설명하고, J 경찰청장 재판에서는 증언까지 하였으나, 수사기관과 법원은 모두 증거로 채택하지 않고 묵살하고 말았다.

J 경찰청장의 1심 공판에서는 예단을 가지고 재판을 하는지 재판장은 증언 도중에 "증인, 지금 증인의 재판을 하는 것이 아닙니다. 묻는 말에만 대답하세요."라고 주의를 주어 나도 모르게 "저는 억울해서 그렇습니다. 너무 억울해서요."라고 말하고, 경찰의 사이버정보 활동에 대해 있는 그대로 모두 설명하고 말았다.

증언이 끝나고 난 뒤 관심 있게 재판을 방청하던 기자 한 분이 다가와 엄지손가락을 추켜세우며, "역시 명불허전입니다."라고 말하고 가셨다.

허위사실로 상대를 공격하거나 가짜뉴스를 유포하는 행위가 아니라 상대방이 먼저 제기한 허위 사실이나 왜곡 주장에 대해 사실관계를 바로 잡으려는 방어적 행위, 그것도 가짜뉴스나 왜곡 주장에 대해 적극적으로 대응하라는 역대 정부 차원의 지시에 따랐던 공직자들의 행위는 우선, 위법에 대한 인식과 인용이 없으므로 범죄의 고의가 없다고 보아야 한다. 둘째, 고의가 인정된다고 하더라도 언론의 오보, 인터넷상 왜곡과 거짓 정보로 인한 사회적 혼란을 사전에 방지하고자 하는 공공의 이익을 위한 활동이어서 위법성 또한 조각되어 범죄가 성립하지 않는다고 보아야 한다.

　경찰이 법집행기관으로서 스스로의 명예를 지키고자 잘못된 보도나 주장에 대하여 진실을 알리거나 자체 정책의 정당성을 적극적으로 홍보하라는 지시, 나아가 경찰의 잘못이 사실이라면 신속히 사과하고 재발 방지 대책을 강구하라는 지시가 직권남용권리행사방해라는데 동의할 수 있는 법률가는 물론이고 일반 국민들이 얼마나 될까? 경찰 옹호와 경찰 홍보의 구별 기준은 과연 무엇인지를 대법원이 대답해야 했으나, 간과하고 말았다.

전직 경찰공무원의 마지막 변론
조작된 정의

제**4**부

—

거짓과 왜곡에 맞선 것이
'범죄'라는 1심 판결

검찰의 공소장을 사실상 그대로 인정한 1심 판결문을 보면서
'판사들이 피고인측의 주상을 살펴보기나 했는지?'라는 의문이
들었다.

피고인으로 격상?

검찰은 2018년 12월 27일 법원에 공소를 제기하였다.

공소장은 본문만 45쪽으로 구성되어 있으며, 공소사실은 기본적으로 구속영장 신청 시 기재된 범죄사실과 크게 다른 내용이 없었다. 범죄일람표만 댓글 3,297건, 트윗글 398건, 위키트리 기사 15건으로 적시하여 구속영장 신청 당시보다 댓글은 568건, 위키트리 기사는 1건 감소하였으나, 트윗글은 198건이나 증가하였다. 증감된 사유나 기준이 무엇인지도 적시되어 있지 않아서 도무지 알 수도 없다.

다만, 배경 사실에 대해서는 아래와 같이 설명하였다.

2008.4.경 미국산 쇠고기 수입 전면 개방을 내용으로 하는 한미 쇠고기 협상이 타결되자 2008.4.29.경 문화방송(MBC) 피디수첩은 '[긴급취재] 미국산 쇠고기, 과연 광우병에서 안전한가?'를 방영했고, 이를 계기로 2008.5.6.경 1,000여 개 정당, 시민단체가 '광우병 위험 미국산 쇠고기 전면 수입을 반대하는 국민대책회의'를 결성하여 관련 집회를 주최했으며, 그 무렵부터 2008.8.경까지 전국 각지에서 미국산 쇠고기 협상 반대 촛불시위가 대규모로 개최되어 이명박 정부의 출범 초기 국정운영에 큰 타격이 되었다.

미국산 쇠고기 수입반대 촛불시위는 종래 특정단체가 주도하던 시위와 달리 다수의 시민들이 인터넷, SNS 등을 통해 정보를 공유하면서 개별적, 자발적으로 참여하고 인터넷과 SNS 등 사이버 공간을 통한 시민들의 의견 개진과 여론 형성이 시위를 지속, 확산시키는데 큰 영향을 미치는 등의 특징을 보였다.[55]

이와 관련, 이명박 대통령이 2008.6.16.경 '인터넷 경제의 미래'에 관한 OECD 장관회의 환영사에서 "인터넷의 힘은 신뢰가 담보되지 않으면 약이 아닌 독이 될 수도 있다"고 언급하고, 한승수 국무총리가 2008.6.17.경 국무회의에서 "사이버 공간에서의 근거 없는 비난이 확산되지 않도록 각 부처가 특별한 관심을 기울여 주기 바란다"라고 지시했으며, 2008.6.24.경 청와대 직제 개편으로 홍보기획관 산하에 인터넷 전담부서인 국민소통비서관을 설치하는 등 정부 전반에 걸쳐 인터넷상의 허위·왜곡 정보 확산 위험성을 강조하고 인터넷상의 여론에 적극 대응해야 한다는 분위기가 형성되었다.

위 공소장 마지막 문장을 보더라도 2008년 6월 이명박 대통령이나 한덕수 국무총리의 지시도 인터넷상의 허위·왜곡 정보 확산에 대응하라는 것이었지 여론을 조작하라거나 댓글공작을 하라는 지시가 아니었음이 명백하다. 무엇보다 댓글 게재 지시가 노무현 대통령 당시부터 있어 왔다고 진술하고 관련 자료끼지 제출했음에도 단 한마디의

---

55) 광우병 촛불시위를 특정 세력이 주도하지 않았고 자발적이었다는 주장은 우리나라 종북좌파들의 실상을 모르는 검사의 자의적 판단일 뿐이다. 2008년 광우병 국민대책회의에 참가한 단체는 2500개가 넘는 것으로 알려졌다. 이들 단체중 195개는 '후쿠시마 오염수 방류저지 공동행동'에도 참여했다(2023.6.4., 주간조선)

언급도 없었다.

또한, 공소사실은 ① 사이버정보를 담당하는 경찰청 정보2과 6계 (추후 5계, 7계)가 서울경찰청에서 작성하여 매일 08:00 서울경찰청장까지 보고하는 '일일 사이버 주요 이슈'라는 보고서를 보고 받은 뒤, '주요 사이버 이슈'라는 보고서로 작성하여 이를 오전 08:00경 정용선 정보 심의관에게 보고하면, ② 피고인 정용선 정보심의관이 다시 이를 오 전 08:00경 경찰청장에게 보고하고 댓글 대응지시를 받아 순차적으 로 서울경찰청 '스폴팀'에 전달하였고, 당일 '스폴팀'에서 댓글 대응한 뒤 다음 날 오전 08:00 서울청 자체 보고서인 '일일 사이버 주요 이 슈'에 대응 결과를 기재하여 경찰청 정보2과로 보고하는 방식으로 범 행이 이뤄졌다는 것이다.

하지만, 압수된 검찰증거 1,408쪽(2011.11.23. 08:00 경찰청 보고서), 검찰증거 1,405쪽(2011.11.24. 06:00 서울청 보고서), 검찰증거 1,404쪽(2011.11.24. 08:00 경찰청 보고서), 검찰증거 1,406쪽(2011.11.25. 06:00 서울청 보고서)의 내용을 비교해 볼 때 경찰청에서 실무자들이 '주요 사이버 이슈' 보고서를 작성하면서 서울경찰청의 보고서를 받아서 이를 반영하였다는 것은 전혀 사실이 아님을 알 수 있다.[56] 이 또한 허구의 범죄사실인 것이다.

---

56) 서울경찰청 2011년 11월 24일 06:00 보고서에 포함된 '합의 안된 강제.. 총리실 중재안에 경찰 격앙'이라는 연합뉴스 기사는 11월 23일 12:11분에 보도되었는데, 공소사실대로라면 11월 24일 08:00 보고서에 포함되어 서울청 '스폴팀'이 11월 24일 09:00 이후 댓글 대응 을 하고 나서 11월 25일 06:00 보고서에 대응 실적을 포함시켰어야 할 것이나, 11월 23일 13:22부터 댓글이 게재(범죄일람표 경찰청-정보 댓글 3150번)된 것으로 보아 정용선의 지 시를 전달받아 게재한 것이라고 볼 수 없다.

아래 서류에서 보는 바와 같이 서울경찰청과 경찰청 보고서에서 인용한 보도의 근거나 주제, 표현 등이 전혀 다르다.[57] 서울경찰청은 서울경찰청대로, 경찰청은 경찰청대로 각각 청장에 대한 보고 시간이 매일 오전 08:00로 동일하기 때문에 별도로 작성해 왔던 것이며, 보고서 작성 소요 시간을 감안할 때, 경찰청 정보2과가 서울경찰청 보고서를 받아 경찰청 보고서에 반영한다는 것은 물리적으로 불가능한 일이다.

<서울경찰청과 경찰청의 사이버 관련 보고서>

서울경찰청(2011.11.24. 06:00)	경찰청(2011.11.24. 08:00)
06:00는 보고서 작성시간 기준	08:00는 청장보고 시간 기준

---

57) 2011년 10월 26일자 서울경찰청의 '일일 사이버 주요 이슈' 보고서(검찰증거 1,871쪽)와 경찰청의 '주요 사이버 이슈' 보고서(검찰증거 1870쪽)를 비교해 봐도 주제, 표현이 전혀 다르다.

이는 2010년도 정보2과 사이버정보 업무 담당자였던 이ㅇㅇ 경위의 항소심 법정 증언과 임ㅇㅇ 경위의 참고인 진술과도 일치한다. 2011년도 정보2과장이었던 L 총경도 2018년 10월 19일 검찰조사에서 "서울청 사이버보고서는 본 적이 없다."라고 진술하였다(검찰증거 1,743쪽). 만약 서울청 보고서를 받아본 후 경찰청 보고서에 반영했다면, 최소한 기사의 출처나 요약한 문구라도 비슷해야 할 텐데 전혀 달랐다는 것은 공소사실이 진실이 아님을 보여주는 대목이다.

2011년도 서울경찰청 정보4계장이었던 Y 경정은 2019년 10월 17일 정용선의 1심 법정에서 "서울경찰청의 '주요 사이버 이슈 및 대응' 보고서를 2011년 5월경 부터 경찰청 정보국에 보고했던 것은 경찰청 정보국의 지시에 의해서가 아니라 경찰청 정보국의 서울경찰청 정보 실적 평가 시 가점을 달라는 취지로 자발적으로 보낸 것이다."고 증언하였다(증인심문조서 38쪽)

Y 경정의 위 증언이 사실이라면, 적어도 경찰청 정보2과가 서울경찰청으로부터 댓글 대응 결과를 참고로 보고 받은 것은 2011년 5월 부터이고, 정보국의 지시로 댓글을 게재하고, 결과를 보고했던 것은 아니라는 뜻이다. 이 증언 내용도 묵살되고 말았다.

조작된 정의

긴장감 없는 법정

  사건은 서울중앙지법 형사합의33부에 배당되었다.

  공소제기 전에 J 경찰청장이 이미 댓글 사건과 관련하여 구속되었기 때문에 재판이 빨리 진행될 줄 알았는데, J 경찰청장의 공범인 필자를 포함하여 경찰청과 서울경찰청의 국장(부장)단 5명의 재판을 분리하는 바람에 1심만 1년 2개월이나 걸렸다.

  형사 재판의 대략적인 순서는 알고 있었지만, 직접 경험해 보기는 처음이었다.

  드라마나 영화에서 보는 것처럼 실체적 진실 발견과 이에 기초한 법리 적용을 위해 치열한 법정 다툼을 거쳐 재판 결과가 도출되는 줄 알았지만, 실제는 그렇지 않았다. 판사들은 재판 진행이 귀찮은 듯했다. 소송 기술이 재판 진행과 결과를 좌우하는 듯한 느낌도 들었다. 사법부에 또다시 실망하는 순간이다.

  재판은 우선, 2019년 2월에 공판준비기일이 정해져서 대략적인 증인신청과 진행 방법을 협의하였고 2개월마다 한 번씩 공판이 열렸다. 정보심의관 재직 당시 함께 근무했던 정보2과 사이버정보 담당 계장 3명과 과장 1명, 그리고 정보국의 정부 정책 지지 댓글 게재 논의가 있었다고 최초로 제보했던 B 총경, 그리고 나의 후임 정보심의관, 당시 서울경찰청 정보4계장 등 7명을 증인으로 신청했는데, K 전 정보2과 정보6계장(2010년)은 태국 인터폴에 근무하고 있다는 이유로 출석을 거부하여 6명만을 대상으로 증인신문이 이루어졌다.

옛 동료였던 증인들은 법정에서 나를 보기가 미안했는지 얼굴 한 번 마주치지 않았다. 나 또한 함께 근무했던 옛 후배들을 법정에서 만나 진실게임을 해야 하는 상황이 참담하기만 했다.

당시까지 모두 현직에 있어서 자칫 잘못 증언했다가는 문재인 정권의 분위기로 보아 위증죄로 처벌받을 우려가 있다고 생각했는지 모두 긴장된 표정이었다. 증인들은 공소사실이 일부 사실과 다른 점도 있다고 진술하였으나, 이미 수사단계에서 진술해 놓은 증언 내용을 거의 그대로 반복했다.[58]

다만, 후임 정보심의관이었던 C 치안감만 내 진술과 거의 일치하는 증언을 하자 재판장이 "그런 식으로 증언하면 증거로 활용하지 않는다. 피고인에게 결코 유리하지 않다."는 취지로 엄포까지 놓았다. 사실대로 증언하는데도 피고인에게 유리한 진술이라고 하여 제지를 하는 것으로 보아 결론을 정해 놓고 하는 재판이라는 생각이 들었다. 한마디로 괘씸했다.

---

58) 이 사건 수사나 증언 과정에서 흥미로운 점은 여경들은 남경들과 달리 거의 사실대로 진술과 증언을 했다는 점이다. 여경들은 경찰수사단계에서 사실대로 진술하다가 수사관으로부터 강하게 압박을 받으면 억울해서 울기도 했고, 모욕감이 들어 사직을 하기도 했다고 전해진다.

조작된 정의

특히, 서울경찰청 '스폴팀'이 창설될 당시 정보4계장이었던 P 경정은 나의 기억과는 상반된 증언을 쏟아냈다. 내가 정보심의관 재직 당시 전화로 본인에게 '스폴팀'에 대해 물어봤으며, 아마도 경찰청장으로부터 댓글과 관련하여 뭔가 지시를 받은 것 같다고 증언하였다. 하지만, 이는 사실과 다른 내용이다.

경찰청의 경무관인 정보심의관이 소관 업무와 관련하여 궁금한 사항이 있으면 서울경찰청 정보관리부장이나 정보과장들에게 직접, 아니면 경찰청의 과·계장을 통해서 확인을 지시하는 것이 일반적인 업무 패턴이지 지방경찰청 계장에게 직접 전화로 확인하지 않는다.

경찰이 계급 조직인 탓도 있지만, 경찰청 국장이나 심의관이 지방경찰청 계장들에게 직접 전화하면 지방경찰청 부장이나 과장들은 자신들이 패싱당했다고 서운하게 생각할 수 있고, 지방경찰청 계장들이 부장이나 과장에게 경찰청으로부터 전화 받은 내용을 다시 보고하고 지방경찰청 차원의 구체적인 지침을 받을 때 지방경찰청 부장이나 과장이 경찰청과 생각이 다르면 자칫 혼선이 생기거나 심지어 갈등으로 이어질 수 있기 때문이다.

P 경정은 "저는 경찰청장한테 직접 전화하고 했었는데, (ㄱ보다 낮은) 경무관과 왜 통화를 못 하느냐?"고 반박하는데, 기가 찼다.[59] 일선

59] 하지만, P 경정은 2018년 6월 5일 경찰특별수사단에서 참고인 조사 시, "청장이 전화를 하면 받는 입장이지, 내가 먼저 전화를 하는 입장은 아니었습니다"라고 진술한 바 있다.(정보증거 10597쪽, 10600쪽)

제4부 거짓과 왜곡에 맞선 것이 '범죄'라는 1심 판결   119

경찰서나 지방경찰청의 경정들은 경찰청의 경무관으로부터 전화 받는 일조차도 부담스러운데, 경정이 자신보다 5계급이나 높은 경찰청장(치안총감)에게 직접 전화를 수시로 한다는 증언은 당시 경찰조직 문화로서는 도무지 납득하기 어려운 증언이다.

P 경정을 처음 접촉한 것은 2011년 1월 P 경정이 경찰청 정보2분실장(정보3과 3계장)을 지원했을 때로 기억한다. 오래전 일이어서 어쩌면 P 경정의 경찰대 동기생을 통해 내 뜻을 전달했는지, 아니면 경찰청 정보심의관실로 불러서 대화했는지는 정확히 기억하기 어렵다.[60]

P 경정에게 '자네가 보직 응모한 정보2분실장은 국회를 담당하기 때문에 청장님이 신뢰하지 않으면 제대로 업무를 수행할 수 없다. 그렇기 때문에 청장님이 퇴임하면 함께 교체되는 것이 관행이어서 매우 불안한 보직이다. 특히 자네는 정보부서 근무 경험도 짧고 경찰청 분실 근무 경험이 아예 없어서 제대로 업무를 수행할 수 있을지 의문도 든다. 경찰청 정보국에서 일하고 싶으면 일단 내근 계장으로 들어와서 일을 배운 뒤 익숙해지면 그때 분실장으로 가도 늦지 않다. 경정 승진 3년 차가 분실장으로 근무하다가 청장 교체와 맞물려 승진도 못 한 채 일선으로 발령나면 총경 승진이 어려워지는 게 현실이다. 그래도 올래?'라는 취지였다.

---

60) 이처럼 기억에 혼선이 생기는 이유는 P 경정이 실제 정보2분실장으로 발령 받았고, P 경정으로부터 매주 1회씩 직접 대면 보고를 받았기 때문이다.

조작된 정의

그럼에도 본인은 '그래도 근무해 보고 싶습니다'라며, 뜻을 굽히지 않았던 것으로 기억한다. 결국 P 경정은 2011년 초 인사에서 정보2분실장으로 들어왔다.

그런데 P 경정은 본인의 보직 발령과 관련된 일들에 대해 법정에서 이를 부인했다. 아마 당시 경찰청 정보2과에 근무하는 계장들과 이 친구의 경찰청 분실장 전입 문제에 대해 이야기를 나눈 적이 있었기 때문에 계장 중 누군가는 P 계장 인사와 관련하여 나와 대화 내용을 기억하는 사람이 있을 것이나, 그 계장을 법정으로 불러 증언까지 하도록 할 수는 없는 노릇이었다. 재판부도 나의 범죄사실 증명과는 직접 관련있는 사항도 아니어서 받아들이지도 않을 것이 뻔했다.

증인신문 과정에서 하도 답답하여 재판장에게 피고인인 내가 직접 신문하겠다고 신청하였더니, 재판장의 표정이 그리 좋아 보이지 않았다. 증인신문은 1심 판결문에 증거로 설시는 되어 있으나, 어떤 진술들을 무슨 사유로 증거로 채택했는지는 알 수 없는 일이다.

2019년 12월 17일 결심공판 하던 날에 변호인은 무죄임을 주장하는 취지의 변론서를 재판부에 제출했다.

증인신문과 변호인의 변론이 끝난 뒤 검사는 경찰 수사 결과에 근거하여 징역 2년을 구형했다. 이어 주어진 최후 진술 기회에 나는 아래와 같이 준비한 서면을 이용하여 진술하였다. 진술이 끝나자 법원의 속기사가 문서를 달라고 하여 건네주었다.

준비 서면

....

존경하는 재판장님!

우선, 퇴직한 공직자가 재임 중의 일로 인해 법정에 서게 된 사실에 대해 참으로 송구스럽게 생각합니다. 하지만, 이 사건과 관련하여 저는 한마디로 너무 억울하고 답답합니다.

현명하신 재판장님께서 변호인 의견서와 수사 기록을 소상히 살펴셔서 저의 누명을 벗겨주시길 간곡히 호소합니다.
저는 수사기관의 조사를 받기 전까지 서울경찰청의 '스폴팀'은 사이버상에서 글쓰기 좋아하는 경찰관들로 구성된 자발적인 홍보동아리 정도로만 막연하게 알고 있었을 뿐이며, 이와 관련하여 서울경찰청 정보관리부장, 과장과 통화하거나 '스폴팀원'들과 접촉한 사실도 없습니다.

경찰청과 서울경찰청은 상하관계이지만, 사실상 대등한 관계처럼 인식하기 때문에 서울경찰청 자체 추진업무에 대해서는 경찰청 지침과 다르지 않는 한 경찰청의 국·과장들도 자세히 알려고 하지 않는 것이 관행입니다.

서울경찰청 업무에 간섭하여 후임 경찰청장이 될지 모르는 서울경찰청장과의 관계가 악화되면 본인 신상에 불이익을 받는 사례가 있었기 때문입니다.

따라서, 서울경찰청에서 자체적으로 운영하던 '스폴팀'에 제가 지시해서 댓글을 달게 하고 결과 보고까지 받았다는 공소사실은

조작된 정의

사실도 아닐뿐더러 저로서는 도저히 수긍할 수 없습니다.

보다 구체적인 사실관계나 법률적 주장은 변호인께서 의견서를 통해 설명드릴 것이기 때문에 저는 수사 과정에 대한 소회와 사실관계의 오류에 대해서만 말씀드리겠습니다.

먼저 수사 과정에 대한 소회입니다.

이 사건 수사와 관련하여 경찰수사단이 중하위직 경찰관들에게 '이 사건의 최종 타겟은 J 경찰청장이다. 너희는 무조건 위에서 시켜서 할 수 없이 했다고 해라. 그래야 직권남용의 피해자로서 처벌을 면한다'고 회유하거나 압박했다는 이야기를 수없이 들었습니다.
저를 피의자 신문했던 조사관은 제가 경찰청 수사국장으로 재임하던 불과 1년 8개월 전까지 저와 함께 근무하던 직속 부하였습니다.

나아가 제 앞에서 전 경찰청장님을 지칭하면서 '○○○가, 또는 ○○○ 씨가'라는 표현을 쓰는 것을 보면서 제가 받는 모욕감은 차치하고서라도 아무리 죄를 지었다고 하더라도 몸 담고 있는 조직의 전직 수장을 나이도 어린 조사관이 함부로 호칭하는 것을 보고 분노가 치밀었지만, 법적 절차를 존중해야 하고 차분히 진상을 설명하면 오해가 풀어지겠지라며 끝까지 조사에 임했었습니다.
이 사건 당시 경찰청 홍보계장이었던 G 총경의 경우, 참고인 조사를 받을 당시에는 현직 구로경찰서장의 신분이었는데, G 총경에 대한 조사를 구로경찰서에서 경찰청 수사단으로 파견 나온 경감에게 지시하자 해당 경감이 수사단 근무를 거부하고 구로경찰서로 복귀한 일을 비롯하여 수많은 경찰관들이 수사 과정과 배경에 많은 의문을 제기하기도 하였습니다.

'스폴팀'이 게재했다는 댓글은 집회시위 관리 등 경찰 활동과 치안정책에 관련된 것들인데도 마치 정부와 여당을 옹호하거나 정부 정책을 지지하는 내용을 게재한 것처럼 댓글공작이란 표현을 동원해가며 언론에 수시로 수사 상황을 흘리는 모습에는 아연실색할 수밖에 없었습니다.

나아가 제가 참담함을 느낀 것은 저에 대한 구속영장 신청서입니다.

저는 경찰대학 동기생 중 선두주자로 승진을 해왔기에 동기생들보다 1~2계급 앞서 승진했으며, 선배들과의 불필요한 승진과 보직 경쟁을 피하기 위해 가급적 승진을 미루었는데도 불구하고, 마치 제가 승진을 위해 댓글 지시를 한 것처럼 되어 있고, 7~8년 전에 발생한 일인데도 불구하고 지난해 제가 자유한국당 충남도지사 예비후보로 활동했던 내용까지 구속을 필요로 하는 사유에 포함시켰습니다.

경찰 수사업무에 종사했던 저로서는 이러한 수사행태에 대해 도저히 납득할 수 없습니다.

둘째, 사실관계에 대한 오류입니다.

저는 서울경찰청이나 경찰청의 누구로부터도 공식적이건 비공식적이건 '스폴팀'의 실체나 운영 상황에 대해 보고받은 사실이

조작된 정의

없습니다.

수사 기록에 있는 서울경찰청의 '스폴팀원'에 대한 교양자료, '스폴팀' 관련 국회 답변 준비자료 등을 보더라도 적어도 서울경찰청에서는 '스폴팀'을 비상근 홍보조직 정도로 대내외에 알려왔던 것으로 보입니다.

경찰청의 지휘체계 상 경찰청장이 정보심의관에게 구체적인 기사에 댓글 게재를 지시하지 않으며, 그러한 지시를 받은 사실도 없습니다.

제가 경찰청장의 지시를 전달하여 '스폴팀'이 댓글을 게재했다면, 언론보도 시간, 경찰청장께 보고서가 전파된 시간, 댓글이 게재된 시간이 순차적으로 이어져야 할 것이나, 거의 모든 댓글이 경찰청장은 물론이고 제가 보고 받기도 전에 게재되기 시작했습니다.

이 사건에서 문제가 된 당시 경찰청 정보2과 작성 '사이버 이슈'라는 보고서 중에서 경찰 관련 사항에 대하여만 화살표(⇨) 표시 후 '해당 기능에서 대응토록 통보'라고 되어 있고, 문서 맨 하단의 전파처에 경찰청 과장 이상으로 표기된 것은 정보국에서 경찰에 대한 비난 기사나 왜곡 주장을 검색해서 경찰청의 과장급 이상 지휘부와 전국 지방청에 알려주었다는 뜻이며, 이는 2008. 8월 이후 계속되어 왔으며, 치안 정보의 수집·작성·배포라는 정보국의 당연한 업무입니다.

정보국의 통보를 받은 부서에서는 경찰 관련 보도나 네티즌의 주장이 사실이라면 당연히 사과 및 재발 방지대책을 마련하고 징계나 형사처벌까지 나아가지만, 잘못된 보도라면 언론중재위 제소, 민형사상 고소, 반론 보도 청구, 공식 브리핑, 출입 기자들에게 구두 또는 문자나 메일로 사실관계 설명, 경찰관서 홈페이지와 글이 게재된 인터넷 사이트에 직접 경찰 입장 게재 등 다양한 조치를 하는 것이고, 그 같은 대응을 할지 말지, 대응을 하더라도 어떤 수단을 활용할 것인지는 해당 내용을 잘 아는 해당 지방경찰청이나 경찰청의 담당 국장과 과장의 책임하에 최종 선택하여 조치하는 것입니다.

그 조치에 대한 책임은 해당 지방경찰청과 경찰청 담당 국장이나 과장이 지는 것이기 때문에, 지금까지 정보국 간부들에게는 내부 징계책임조차 묻지 않았습니다.

오히려 문제 되는 사안이나 상황을 사전에 파악하지 못한 경우, 정보 실패로 간주하여 책임을 물은 사례만 있을 뿐입니다.

만약 공소사실과 같이 정보국에서 청장의 지시를 받아 경찰관 신분을 밝히지 않은 채 경찰관의 개인 아이디로만 댓글을 게재하는 일이 필요했다면, 전국 경찰관 중에서 보고서 작성 능력이 가장 우수한 100여 명이 넘는 본청 정보국 소속 경찰관들을 활용하는 것이 신속하고 효율적이지 여러 단계를 거치기에 시간도 많이 걸리고 통제할 수도 없는 서울경찰청 소속 경찰관들, 그것도 기능과 관서가 제각각인 직원들로 구성된 '스폴팀'을 굳이 활용할 아무런 이유가 없습니다.

2011.10.19. 추적 60분의 '용역 폭력사건' 보도와 관련하여 본 청에서 직접 대응팀을 설치하여 공식적으로 대응했던 것도 서울 경찰청 '스폴팀'을 활용하지 않았다는 반증으로 보아야 합니다.

마지막으로, 경찰청의 보고 체계에 대해 말씀드리겠습니다.
비난 기사를 포함하여 경찰 관련 보도는 매일 아침저녁으로 지정되어 있는 경찰청장에 대한 보고 시간에 대변인실 홍보과장과 담당과장들이 가장 먼저 보도 내용과 조치계획을 보고하고, 청장으로부터 필요한 지침도 받는 것이 1991년 경찰청 창설 이래 오래된 관행입니다.

아침저녁의 경찰청장에 대한 정기 보고 시간에는 45명 안팎의 경찰청 과장들의 보고 순서 중 맨 마지막에 정보심의관이 보고를 합니다. 그래서 정보심의관을 과장급 경무관이라고 부릅니다.

정보심의관은 청장이 중요시하는 대통령이나 대통령비서실장에게 매일 보고되는 정책정보 보고서, 타 부처의 정책동향, 국회의 입법동향, 주요 치안정책 결정에 필요한 일선 여론 등을 우선 보고합니다.

보고 시간도 5~10분 전후인 데다, 사이버 이슈라는 보고서를 가지고 가지만 이미 문제되는 보도 내용에 대해서는 홍보과장과 담당과장들이 경찰청장의 지침까지 받은 상태이고, 정보심의관은 보도 내용에 대한 정확한 팩트와 청장의 의중을 모르기 때문에 시간될 때 보시라는 취지로 보고서만 드릴뿐, 구두보고를 하지 않습니다.

제가 청장 보고를 다녀와서 청장의 지시를 전달했다는 일부 사이버 담당 계장들의 진술은 경찰 관련 기능별 업무와 관련된 시책자료나 참고 보고서를 해당 기능에 전해주라는 지시를 수시로 해왔기 때문에 이와 혼동했거나 '형사책임을 질까' 우려했기 때문으로 보입니다.

또한, 사이버 이슈는 인터넷 보도를 요약하는 기초적인 보고서로서 보고 직전까지 업데이트해야 하기에 시간은 많이 걸리지만, 중요도가 낮아서 정보국에 전입하는 초임 경위들이 작성하는 것이며, 청장의 외부일정, 주말과 휴일에는 작성자들이 청장실에 비대면 전파합니다.

서울경찰청 '스폴팀'에서 작성했다는 사이버 대응 목록의 비고란에 본청으로 표시되어 있는 것이 모두 정보심의관의 지시를 받은 것으로 단정하고 있습니다만, 이 또한 사실과 다릅니다.

3색 신호등을 포함한 여러 현안 관련하여 압수된 대변인실과 보안국 보고서에 의하면, 청장이 일일회의 시 모든 기능에 공식적으로 홍보 지시했던 사항이고, 이는 국장, 과장, 계장에게 순차적으로 전달되는 체계이지 정보심의관이 별도로 지시받는 체계가 아님을 알 수 있습니다.

수사권 조정과 관련한 사항은 수사구조개혁팀에서 본청 각 국의 서무과장과 지방청 수사과장들을 통해 필요한 대응 등 협조를 요구하기 때문에 정보심의관이 개입할 여지도 없습니다.

국회의원의 홈페이지 등에 누가 무엇을 게재했는지를 확인하는 것은 당시 수사권 조정이 현안이었기에 일선 정보관들의 일상적인 정보활동으로 보아야지, 그걸 정보심의관의 지시에 의해 댓글을 게재한 결과 보고라고 단정하는 것은 사실과 다른 추측일 뿐입니다.

주요 집회시위와 관련해서는 청장이 경비대책 회의 시 직접 해당 지방청의 차장과 부장, 과장에게 지시하고, 이와 같은 집회시위 관련 업무는 정보심의관 소관 업무도 아니어서 필요하다면 경찰청의 경비과장, 정보3과장이나 4과장이 직접 경찰청장에게 보고하거나 서울경찰청에 추가 지시할 뿐 정보심의관은 관여하지 않습니다.

존경하는 재판장님!
저는 30여 년간 경찰관으로 근무하면서 세계에서 가장 훌륭한 경찰은 아니라 하더라도 가장 열심히 일하는 경찰관이 되겠다는 생각을 가지고 명절날까지 쉬지 않고 출근하여 누구보다 성실히 일했습니다.

평소 공직자로서 바르고 모범적으로 일하겠다는 생각을 가지고 있어서 문제가 되었던 정보심의관 재직 당시 청와대 비서실의 비합리적인 지시를 거부했다가 인사 조치될 뻔한 위기를 겪기도 하였습니다.

아무쪼록 정확한 사실관계에 기인한 정의로운 판결을 내려주실 것을 간곡히 호소합니다. 이상입니다.

이해할 수 없는 판결

선고가 있던 2020년 2월 18일은 수능시험 발표처럼 긴장되었다. 법원이 나와 변호인의 의견을 인용하여 무죄를 선고해 주기만을 기대했지만, 알 수 없는 일이다.

우리 재판에 앞서 어느 공직자의 뇌물수수사건 선고가 있었는데, 구속 상태에서 재판을 받았기 때문에 교도관들까지 법정 옆에서 대기하는 모습을 보니 긴장감은 더했다.

특히, J 경찰청장이 구속 상태로 재판을 받다가 보석으로 풀려난 뒤, 2020년 2월 14일 1심에서 징역 2년의 실형을 선고받고 법정구속되었기 때문에 유죄판결이 내려질 가능성도 배제할 수 없다고 생각했다.

결국, 법원은 징역 8월에 집행유예 2년을 선고했다. 범죄사실은 2010년 8월 30일부터 2011년 11월 27일까지 서울경찰청 '스폴팀원' 132명을 통해 댓글 3,284개, 트윗글 398개, 위키트리 기사 15개를 게재하도록 했다는 것이다. 서울경찰청 '스폴팀'이 사이버상에서 15개월 동안 3,697개, 즉 1일 평균 8.2개의 댓글 등을 게재한 것이 여론조작

이라는 것이다.[61]

　재판장이나 주심 판사가 5만 3천여 쪽에 이르는 서류를 한 번이라도 제대로 읽어보았는지 묻고 싶었다. '이게 공정한 재판입니까?'라고 소리도 치고 싶었다. 형량 이외에 판결문의 내용은 듣고 싶지도 않았고, 그걸 주절주절 낭독하는 재판장을 바라보며 '젊은 판사들이 자신의 앞날을 고려하지 않을 수 없겠지.'라는 생각만 했다.

　1심 재판의 판결문은 검찰의 공소사실을 거의 그대로 인용한 판결이어서 생략한다. 다만, 양형의 이유에서 "정용선은 댓글 작업 결과를 보고받고 승인하는 역할을 하였던 것으로 보이고, 구체적인 사건에서까지 여론 대응을 지시하는 경우는 많지 않았던 것으로 보이는 점, 그 전·후임 정보심의관도 기소되지 않은 점, 초범인 점은 참작할 만하다."라고 명시적으로 밝혔다.

　변호사님도 어이가 없었는지 판결 결과에 대해 납득하지 못하겠다며 항소해서 억울함을 풀어보자는 말로써 나를 위로하셨으나, 귀에 들어올 리 없다.

　결국 당시 자유한국당 당진시 당협위원장으로 일하면서 21대 총선 출마를 준비하던 필자는 이틀 뒤 열린 공천심사에서 컷오프 되고 만

───────────────

61) 결국 '스폿팀원' 1인당 매월 평균 고작 1.9개의 댓글을 게재하여 여론조작을 했다는 것이다.

다. 당시 상대 당 후보와 여론조사에서 15% 이상 앞서던 상황이라 상실감은 클 수밖에 없었다.

제5부

–

공직자의 댓글은
'헌법' 위반 범죄

서울중앙지법의 1심 판결문 내용이 잘못되었음을 수사와 재판
기록 근거를 제시하며 조목조목 반박하고자 한다.

서울경찰청 '스폴팀'을 통한
댓글 공작?

1. (판결문 9쪽) J 청장이 이미 서울경찰청 정보기능에 구축해 놓은 사이버여론 대응 체제를 계속 활용하기로 마음먹고, 정보심의관인 정용선에게 서울경찰청 정보4계와 협조 관계를 구축하고 기존의 사이버 여론 대응을 계속하도록 지시하였다. 피고인 정용선은 일일 인터넷 이슈 모니터링 업무를 담당하는 사이버반이 설치되어 있는 정보2과 정보6계장 K에게 서울경찰청 정보4계와 협조 하에 사이버 여론 대응을 하도록 지시하였다.

위와 같은 지시에 따라 (중략) 정보6계가 보고 체계에 따라 주요 이슈와 그중 대응이 필요한 이슈 및 대응 논지를 보고하고 정용선과 J 청장이 이를 승인하거나 별도로 국관회의 등을 통해 지시하면 피고인 정용선이 지휘체계에 따라 정보6계장 또는 담당 경찰관을 통해 서울경찰청 정보4계장 또는 담당 경찰관에게 대응하도록 지시하였다.

(I) 정용선은 J 청장으로부터 '서울경찰청 정보4계와 협조 관계를 구축하고 사이버 여론 대응을 하라'는 지시를 받은 사실이 없다.

경찰청 정보2과 정보6계와 서울경찰청 정보4계는 '경찰법'과 '경찰청과 그 소속기관 직제(대통령령)'에 근거하여 J 경찰청장 부임(2010년 8월 30일) 이전인 1991년 8월 1일 경찰청 개청 당시부터 모든 정보업무와 관련하여 이미 보고와 지시 관계가 구축된 상태였기에 서울경찰청 정보4계는 J 경찰청장이나 정용선의 별도 지시가 없더라도 사이버상에서의 경찰 관련 각종 뉴스나 글을 검색하여 첩보 형태로 경찰청 정보6계에 보고하고, 서울경찰청 소관 뉴스 등에 대한 서울경찰청 자체 조치 결과 중 주요한 내용을 경찰청 정보6계에 보고했는데, 이는 국가경찰체제를 유지하고 있는 당시 대한민국 경찰조직에서는 지극히 당연한 일이다. 나아가 서울뿐만 아니라 전국 지방경찰청에 모두 공통된 사항이다.

서울경찰청이 사이버정보를 언제부터 정기적으로 생산하여 서울경찰청장에게 보고했는지는 알 수 없으나, 경찰청에서 '주요 사이버 이슈'라는 사이버정보를 보고하기 시작한 것이 2008년부터라는 사실은 앞서 설명한 바와 같다(통합증거 제7쪽, 2018년 8월 30일 수사 보고).

또한, 전국의 정보관들은 기자들의 취재 움직임을 파악하여 언론에 보도되기 전에 첩보 보고도 하기 때문에 각 지방경찰청 정보과에서는 이들의 첩보 보고를 종합하여 다시 경찰청에 보고하는 업무 시스템을 가지고 있다. 물론, 일선 경찰서 정보관들이 지방경찰청 정보과와 경찰청 정보국으로 동시에 보고할 수 있는 전산시스템(NPIS : National Police Intelligence System)도 함께 운영되고 있었다.

경찰청 정보국은 경찰법 제3조, 경찰관직무집행법 제2조와 경찰청과 그 소속기관 직제(대통령령) 제14조에 근거하여 정부의 국정운영에 필요한 사항을 '정책정보'로, 경찰 내부의 움직임과 치안정책 관련한 각계의 동향을 '치안시책 자료'로 수집·작성·배포(전파. 보고)하는 역할을 수행했었다.

따라서, 경찰청 정보국이 지방경찰청 정보과로부터 경찰청장의 공식적인 지시사항에 대한 조치 결과를 비롯하여 지방경찰청의 내부 동향을 보고 받았다고 하여 이를 사이버상에서의 구체적인 이슈에 대한 댓글로 여론 대응을 지시한 근거로 삼는 것은 사실을 터무니없이 오인한 것이다.

정보기능은 언론과 마찬가지로 제3자의 입장에서 객관적인 경찰의 움직임을 파악하여 보고하는 역할을 수행하는데 이를 '내부정보'로 분류한다. 마치 언론 보도되는 내용들이 모두 기자가 시켜서 발생한 일이 아닌 것과 같은 이치다. 그럼에도 서울경찰청 '스폴팀'에서 댓글을 게재한 것이 모두 다 경찰청장이나 정보심의관의 지시에 의해 이뤄진 것이라는 범죄사실을 구성한 것이다.

특히, 2012년 경찰청 정보국에서 전국 지방경찰청마다 자체적으로 작성하여 지방경찰청장에게 보고 후 경찰청에 보고하는 사이버정보 보고서[62]에 대해서도 적극적으로 정책자료 점수를 부여하겠다고 계

---

62) 서울경찰청은 사이버 정보보고서를 2011년 6월까지는 '일일 사이버 동향 및 대응' 등으로, 2011년 7월 이후에는 '일일 사이버 주요 이슈'로 명명

조작된 정의

획(정보증거 12688쪽, 2011년 11월 21일)했던 것으로 볼 때, 이는 법령과 내부 규칙[63]에 따라 지방경찰청별로 사이버상의 이슈와 조치상황을 당연히 보고해 왔던 것이지 경찰청장이나 정용선의 지시에 의해 서울경찰청만 특별히 그리고 새롭게 보고했던 것이 아닌 데도 서울경찰청 '스폴팀'이 게재한 모든 댓글을 정용선이 지시했다는 증거로 사용하였다.

결국, 당시 국가경찰체제로 일원화되어 있던 대한민국 경찰의 지극히 당연하고 기본적인 조직 구성과 운영 원리는 물론이고, 정보업무의 시스템과 속성을 완전히 무시한 것이다.

특히, 2008년 6월 3일 경찰청 창의혁신과가 작성한 '촛불집회 등 주요 현안 관련 언론 대응 체계화 방안'(검찰증거 2,335~2,336쪽)에 의하면, 대응 필요한 언론보도 및 사이버정보 사항 발굴은 대변인실과 정보2과, 대응 논리 및 답변 정리는 해당 국관에서 하되, 언론 대응은 홍보과와 창의혁신과에서 사이버 논객을 활용하여 인터넷 댓글 및 언론 기고 등을 하도록되어 있는 것으로 볼 때 경찰의 잘못된 기사에 대한 대응은 J 경찰청장 이전부터 시작되었고, 이슈 검색은 정보2과에서 한 것이 맞지만, 필요한 대응은 해당 기능(또는 관서)과 대변인실의 책임 하에 이뤄졌던 것이다.

---

63) 2010~2012년 당시 '경찰공무원승진임용규정(대통령령)'과 '동 시행규칙(행안부령)', '견문수집 및 처리규칙(경찰청 예규)'에 의해 경정 이하 모든 경찰관들은 근무성적평정(50점 만점) 시 첩보제출 점수(3점 만점)를 반영하도록 되어 있었다. 이는 2014년까지 유지되었다.

실제, 압수된 서류에도 J 경찰청장 이전 시기부터 진상을 알리는 댓글을 게재했음이 잘 나타나 있고, 경찰청 특별수사단 작성한 수사 보고(통합증거, 4쪽 이하)에 역대 경찰청장 재임 시기별 댓글 게재 건수 등을 비교해 놓고도 수사기관과 법원은 이를 모두 묵살하고 말았다.

(2) J 경찰청장이 댓글과 관련하여 언제 어디서 무엇을 어떻게 정용선에게 지시했는지 아무런 증거가 없다. 이를 뒷받침할 증거서류도 없다.

J 경찰청장이 정용선에게 구체적인 댓글 대응지시를 했다면 지시사항을 당연히 정보국장에게 보고하고, 4명의 정보국 소속 정보과장들에게도 전달한 뒤, 그 근거를 남겨 매월 또는 분기별 추진상황 보고에 포함되도록 했을 것이나 아무런 증거가 없다.

오히려 J 청장이 경찰청장으로 취임한 이후에도 '스폴팀'이 댓글을 계속 게재하게 된 경위나 배경은 서울경찰청 정보1과장 등 관련자들의 진술에 잘 나타나 있다.

서울경찰청 정보관리부장, 정보1과장, 정보4계장은 자신들의 인사권을 가진 J 청장이 퇴직한 것이 아니라 경찰청장으로 영전했기 때문에 서울경찰청장 재직 당시 사이버상 왜곡된 경찰 관련 기사나 글에 대해 댓글로 경찰 입장을 알리기 위해 새로 조직한 '스폴팀'의 운영을 중단한다는 것은 있을 수 없는 일이어서 계속 운영했다는 것이다.

조작된 정의

J 경찰청장도 2018년 10월 4일 '구속영장 청구에 대한 피의자 주장'이라는 법원 제출 서면에서 '정보심의관으로부터 (사이버정보)보고를 받기는 하였지만, 인터넷 여론조작과 관련하여 보고받은 적도, 지시한 적도 없다. 경찰청장이 공문, 국관회의 등에서 지시한 내용을 다시 개별 국·관을 불러서 지시한다면 15개 국·관을 상대로 일일이 또 다시 지시하여야 하는데, 그렇게 일할 청장은 없을 것이다. 그렇게 일하다가는 경찰청장 업무를 수행할 수 없다.'라고 진술하였다(통합증거 7,037~7,038쪽).

이어, '스폴팀'의 인터넷·SNS 여론조작 활동을 더욱 활성화하고 경찰청 차원에서 관리할 것을 마음먹고, 2010년 8월 30일 경찰청장으로 부임하자마자 경찰청 정보심의관 정용선을 통해 경찰청 정보6계를 '스폴팀'을 동원한 여론 대응지시 보고의 창구가 되도록 하였다는 수사기관들의 추궁에 대하여도 '전혀 그런 사실이 없다. 사이버 대응 활동은 기본적으로 현장을 관할하고 있는 지방경찰청의 업무다.'고 진술(통합증거 7,045쪽)하였다.

2010년도 경찰청 정보2과 사이버 담당 임○○ 경위도 "'스폴팀'에 대해서는 잘 알지 못하였고, 댓글 지시나 결과를 취합한 사실은 없다."고 진술(경찰정보 8,110쪽 이하) 하였고, 같은 업무를 담당하던 이○○ 경위도 정용선의 항소심 공판에서 익명으로 댓글을 달아 정부 정책을 옹호하거나 여론을 조작하라는 지시를 받은 사실이 없다고 분명하게 증언한 바 있다.

당시 정보2과장이던 L 총경은 본인의 2011년도 업무성과기술서에 사이버 대응을 아예 기재도 하지 않았고, J 경찰청장 부임 당시 정보 6계장이었던 K 경정도 J 경찰청장 공판에서 사이버정보 업무는 본인 업무 중의 10%밖에 되지 않았다고 진술한 것처럼 경찰청 차원에서 서울경찰청 '스폴팀'의 활동에 대해서는 관심이 없었다.

실제 2011년 10월 15일 자 서울경찰청 홍보과의 'OCCUPY 시위 온라인대응팀 운영계획서[64]'(통합증거 2,143쪽)에는 서울경찰청 차장이 온라인 대응 TF팀장으로서 총괄하였고, 2011년 10월 18일 서울경찰청의 'SPOL(사이버알리미)팀 Workshop 계획서'(정보증거 4,260쪽 이하)에 의하면 당시 서울경찰청장이 참석하여 20분간 인사말을 한 것으로 보아 '스폴팀' 운영에 대한 모든 책임은 서울경찰청에 있었던 것이다.

(3) 정보심의관은 정보6계가 작성한 '주요 사이버 이슈' 보고서를 1일 2차례 경찰청장에게 보고하지만, 구두보고를 하지 않는 것이 관행이어서 보고 후 청장으로부터 대응할 이슈나 논지를 지시받을 기회도 없다.

경찰청에서 청장에 대한 정기적인 보고와 결재는 과장(45명 내외)들이 하며, 정보심의관[65]은 과장들이 보고할 때 항상 맨 마지막 순서에 정

---

64) 온라인대응 TF팀장인 서울경찰청 차장을 중심으로 정보. 홍보. 수사. 보안. 경비. 폴알림e 등으로 역할 분담되어 대응하는 시스템이다.

65) 정보심의관의 법령상의 업무는 기획정보의 조정에 관하여 정보국장을 보좌하는 것이다. (경찰청과 소속기관 등 직제 14조, 대통령령)

보2과에서 생산한 정보보고서들을 보고 하는데, 경무관 계급인 정보심의관이 청장에게 직접 보고하는것은 정보2과장의 업무가 많아 정보심의관이 대신 보고해 온 오랜 관행일 뿐이다.[66]

정보심의관은 '주요 사이버 이슈' 보고서를 경찰청장에 대한 과장급 정기 보고·결재시간(08:00, 17:00)에 가져가기는 하지만, 다른 중요한 보고서가 많아서 구두로 보고하는 것이 아니라 다른 보고를 모두 마친 뒤, 마지막에 "시간될 때 보십시오." 또는 "사이버 동향입니다."라며 전달하고 나온다. 정보심의관이 구체적인 이슈에 대한 댓글 게재를 지시받을 기회가 없는 것이다.

특히, 휴일이나 청장의 휴가·출장 등 부재 시에는 정보2과 사이버정보 실무자(경위)들을 통해 비서실에 직접 비대면 전파할 정도로 중요한 보고서도 아니다. 이는 정용선 정보심의관 재직 당시 함께 근무했던 사이버정보 담당 경위들의 진술 및 증언과 일치하며, 후임 정보심의관도 정용선의 1심 공판에서 같은 취지로 증언한 바 있다.

또한, 경찰청장에 대한 정기 보고 시간 중 정보심의관에게 배분된

_____

66) 맨 마지막 순서에 보고하기 때문에 자연스럽게 독대보고가 되는 것인데도 정용선에 대한 구속영장 신청서(10쪽)에는 '정보심의관은 최고위급 간부로서 전국의 정보경찰을 실질적으로 장악한다. 경찰청 기획정보 및 사이버정보 업무(정보2과 소관)의 총괄책임자로서 경찰청 내 경무관 계급으로는 유일하게 매일 아침 경찰청장을 독대하여 보고한다. 정보기능을 포함 타 기능에까지 경찰청장의 지휘 철학·방침을 심화·확대·재생산할 수 있는 복합적 지위에 있다'며 법령상 정보국장의 참모에 불과한 정보심의관의 역할을 경찰의 2인 자인 경찰청 차장 수준으로 과장한다.

시간은 통상 5분[67](길어야 7~10분)에 불과하기 때문에 대통령께 보고되는 현안 참고자료(A보고) 등 중요 보고서부터 보고하다 보면 물리적으로 사이버 이슈를 보고할 시간적 여유조차 없다.[68]

그리고, 오전과 오후 두 차례의 과장급 정기 보고 시간마다 항상 맨 먼저 홍보과장과 문제가 되는 보도를 담당하는 과장(사안이 중대하면 국장. 비리 보도는 감찰과장)이 보고하여 필요한 청장의 지침까지 받기 때문에 보도 진상과 조치 계획, 청장의 의중도 잘 모르는 상태에서 정보심의관이 재차 보고할 이유도 없다.[69]

(4) 사이버 이슈 보고서를 경찰청 과장급 이상과 전국 지방경찰청장에게 전파한 것은 업무에 참고하라는 통보일 뿐, 경찰청장이나 정용선이 댓글 대응을 지시한 근거가 아니다.

'주요 사이버 이슈' 보고서는 작성 시간을 기준으로 각계의 이슈들과 경찰 관련 보도 등을 요약한 내용인데, 보고서 중 경찰 관련 보도에 대해서만 '경찰 관련 사항 ⇨ 해당 기능에서 대응토록 통보'라고 기

---

67) J 경찰청장도 1일 대면보고는 과장급 1인당 1~5분이라고 진술(통합증거 7089쪽).

68) 정보2과 과·계장들이 정보심의관이 청장 보고를 위해 가져가는 모든 보고서를 다 설명하며 구두보고를 드리고 지침을 받는 것으로 추측하는 내용과 달리 정보국장까지 보고가 되었더라도 청장의 기분이나 타 기능의 보고 여부에 따라 보고하지 않는 보고서도 많이 있다. 그런 것을 실무자들에게 이야기하지 않는 것은 열심히 작성한 보고서가 속칭 '킬(폐기)'되었다고 하면 보고서를 작성한 직원들의 사기에 영향을 미치기 때문이다.

69) 대부분의 이슈가 청장이 기분 나빠할 수밖에 없는 내용이어서 정보심의관 입장에서 바보가 아닌 이상 이미 정리된 사안에 대해 청장을 다시 기분 나쁘게 만들 이유도 없다.

재한 것은 경찰 관련하여 이슈화되거나 문제된 기사에는 본청 해당 국장이나 과장 책임하에 판단하여 처리할 수 있도록 소관 국·과에 통보하였다는 의미이다.

하지만, 문제된 기사들은 각 기능에서 이미 알고 있거나 필요한 조치를 하고 있는 것들이 대부분이어서 정보2과의 지시 전달에 의해 사이버 대응을 시작했다는 공소사실도 진실이 아니다.

실제 압수된 경찰청 정보2과 작성한 33건의 주요 사이버 이슈 보고서(정보증거 15,219~15,304쪽 / 2011년 10월 24일~11월 24일 사이)에 정부 정책 옹호는 물론이고 '스폴팀'에 댓글 게재를 지시하는 문구는 전혀 없다.

2011년 11월 9일 대변인실에서 작성한 11월 5일 자 '대한문 FTA 반대 집회' 관련 보고서(검찰증거 3,199쪽)에서 '경찰의 서울광장 알박기 봉쇄 논란'이라는 위키트리 기사에 대해 대변인실이 경비기능과 협조, 관련 기사 댓글 대응 및 반박 기사를 게재하고 RT 등 조치했다는 것으로 보아 잘못된 기사에 대한 조치는 해당 기능에서 책임지고 하는 것이지 서울경찰청 정보4계나 '스폴팀'에 지시하는 것이 아님을 재차 확인할 수 있다.

경찰청 대변인실에서 서울경찰청 홍보과를 통해 정보관리부나 경비부에 통보했다고 하너라도 조치는 서울경찰청 경비부 책임하에 판단해서 가장 효율적이고 적절한 수단과 시기를 선택하여 하는 것이다.

'주요 사이버 이슈' 보고서는 언론보도를 요약하는 수준의 초급 정보보고서여서 경찰청 정보국으로 처음 전입하는 20대 연령의 초임 경위들이 담당할 정도로 중요한 보고서도 아니고,[70] 실무자가 해당 기능에서 보도 사실을 파악하고 있는지를 확인하여 알고 있으면 통보했다고 정리하는 방식이다.[71]

(5) 범죄일람표의 댓글 게재 패턴만 분석해 보더라도 정용선의 지시나 지시 전달에 의한 것으로 볼 수 없다는 사실을 금방 확인할 수 있다.

J 경찰청장 당시 정보심의관으로 재직했던 2010년 8월 30일~2011년 11월 27일간 게재된 댓글 3,297(공소장 기준)개 중 언론의 일방적 경찰비난 보도나 왜곡 주장 글에 대하여 댓글을 단 1개만 게재한 글이 1,356개(41.1%)이고, 1개의 기사나 글에 대하여 '스폴팀원' 1인이 2~3개의 글을 게재[72]한 것이 345개이다. 이 같은 도합 1,701개(51.6%)는 누구의 지시보다는 '스폴팀원' 개인이 자발적으로 게재했던 것으로 판단된다. 경찰청장이 지시했는데 기사에 '스폴팀원'을 포함한 경찰관들이 단 1개의 댓글밖에 게재하지 않았다는 것은 어불성설이다.

---

70) 2011년도 정보2과장 L 총경은 자신의 업무성과 보고서에 아예 사이버정보 업무에 대해 기재하지 않을 정도로 큰 의미를 두지 않았고, 담당 계장들은 모니터링하여 해당 기능에서 대응할 수 있도록 알림기능을 수행하거나 다른 국의 TF팀원으로 참여하여 의견을 개진했다는 것이 전부이다.

71) 2011년 정보7계장이었던 K 경정도 수사 과정에서 2011년 11월 24일 08:00 보고된 주요 사이버 이슈 보고서(1,353쪽)에 대하여 '모니터링 및 사이버 홍보 예정'이라고 쓴 것은 반복적으로 쓰는 통상의 표현에 불과하고 사실과 다른 내용이 있으면 홍보하겠다는 의미라고 진술.

72) 글자 수의 제한이 있어서 연속하여 게재하거나, 포털 '네이버'와 '다음'에서 동일한 기사에 각각 게재.

특히, 전체 3,297개 중 632개(19.2%)는 남대문서 태평로지구대 K 경감이 작성한 것인데, K 경감은 J 경찰청장의 1심 공판에서 누구의 지시에 의해서가 아니라 자발적으로 작성한 것이라고 증언한 바 있다[73].

(6) 결국, 서울경찰청 '스폴팀'은 정용선과 무관하게 2010년 2월부터 서울경찰청 자체적으로 사이버 대응 활동을 해왔으며, J 청장이 2010년 8월 30일 경찰청장으로 승진한 뒤에도 종전처럼 계속 활동했던 것이지, '스폴팀'의 실체도 정확히 모르고 있었던 정용선의 지시를 받아 활동한 것이 아니다.

서울경찰청 정보관리부 정보1과 정보4계가 사이버 첩보를 수집하고, 사이버상의 경찰 관련 비난 글 등에 대하여 서울경찰청 자체적으로 판단하여 조치한 뒤, 경찰조직의 보고 체계에 따라 경찰청 정보국 정보2과 정보6계로 보고한 것일 뿐이다.

서울뿐 아니라 나머지 지방경찰청에서 사이버상에서 수집한 첩보를 정보 보고 형태로 경찰청 정보2과로 보고하는 것은 법령상 당연한 일이고, 정보기능의 일상적인 업무 패턴이기도 하다.

---

73) 남대문서 K 경감은 J 경찰청장의 1심 공판에서 '상급자들의 댓글 지시를 받은 사실이 없다. 시청 앞에 있는 태평로 지구대에 근무하고 있었기 때문에 시위가 발생하면 시민불편을 해소하고 질서유지를 위한 경찰업무를 수행한다는 취지에서 아~ 이것을 바로 알려야겠다는 생각이 들면 글을 게시했다.'고 증언(증인신문조서 5~10쪽). 특히, 정보활동을 하던 1984년 4월 9일에 서강대 학생들에게 납치되어 3일간 끌려다니며 죽을 뻔했다가 경찰병원에 9개월이나 입원한 일이 있었기 때문에 사실 왜곡을 참을 수 없어서 누구로부터 직접 지시받고 댓글을 게재한 적은 단 한 번도 없었다고 증언.

또한, 지방경찰청의 정보보고서는 경위·경감급 실무자들만 읽고('열람'이라고 표현), 이들이 경찰청 보고서 스타일대로 재작성하여 계장과 과장의 검토를 받은 뒤 보고 및 전파하기 때문에 특별한 경우가 아니면 계장들도 잘 읽지 않는 것이 경찰청 정보국의 관행이다.

그럼에도 1심 판결에서는 서울경찰청의 정보보고서('생자료'라고 칭함)를 정용선과 J 경찰청장에게까지 보고했다고 판단하였는데, 이는 정보국의 업무 현실과 전혀 다른 잘못된 판단이다. 정보심의관은 하루에 읽어야 할 정보국 생산 보고서만 500쪽이 넘기 때문에 지방경찰청 정보보고서까지 일일이 들여다볼 여력도 없다.[74]

또한 정용선이 정보심의관을 이임한 뒤, 정보국에서 작성한 2012년도 업무계획서에 의하면, '사이버경보(Alarm) 태세 강화(정보증거 12688쪽)' 과제에 사이버 컨트롤타워 기능을 수행하겠다는 것이 포함되어 있는 것으로 보아 당연히 정용선이 정보심의관 재직 중이던 2011년 11월까지는 적어도 컨트롤타워 역할을 하지 않았음을 알 수 있다.[75]

---

74) 특히, 경찰청장 이상에게 보고되는 정보국 생산 문서 중 주요 문서(1일 평균 50쪽 이상)는 오·탈자 뿐 아니라 띄어쓰기나 부호까지 일일이 신경 쓰며 정독할 수밖에 없어 시간도 많이 걸린다.
75) 대변인실의 2011년 11월 21일 자 업무보고(통합증거 233쪽)에 의하면, 경찰의 사이버 컨트롤타워 기능을 대변인실이 수행해왔다고 되어 있다.

조작된 정의

정부정책 또는 경찰에
우호적 여론 조성?

2. 정용선은 사이버정보 업무를 담당하던 정보6계장(이후 5계장, 7계장)에게 인터넷상의 주요 이슈에 대하여 경찰관들에게 일반인이 정부 정책 또는 경찰을 옹호하는 것처럼 댓글 등을 달아 정부 정책 또는 경찰에 우호적인 여론을 조성[76] 하도록 지시하였다.

(1) 압수된 증거물, 참고인, 증인 진술 어디에도 J 경찰청장이나 정용선이 정부 정책을 옹호하는 댓글을 게재하여 우호적인 여론을 조성하도록 지시했다는 근거는 찾아볼 수 없다.

- 정보5계장 ████도 경찰 관련 이슈에 대해서만 대응하였다고 확인
  (대응이라 함은 통상적으로 보도내용을 담당 기능에 확인시켜준다는 의미임)

[증인 ██ 공판진술조서 25면]

문 증인이 서울지방경찰청 정보4계에 SPOL팀을 동원하여 경찰 업무 외에 특정 정치인이나 정당에 대하여 비난 글을 올리라거나 정부시책을 옹호 또는 반대하는 댓글을 게재하라고 위에서 지시를 받거나 정보4계에 지시한 사실이 있나요.

답 없습니다. 경찰관 이슈에 대해서만 대응했습니다.

---

76) 경찰에서 정부 옹호(정치관여)적 행위라고 구속영장까지 신청했던 범죄사실들을 검찰이 공소장에서는 정부 정책 또는 경찰 옹호라고 변경한 것도 범죄성립 여부에 의문이 든다.

보안국의 경우, 정부 정책 옹호 댓글 지시를 받았다는 경찰관은 2011년에 보안사이버수사대에 근무했던 K 전 대장뿐인데, K 전 대장은 참고인 단계에서 부인하다가 피의자[77] 조사받는 과정부터 정부 정책 옹호 지시를 받았다고 시인한 것으로 보아 처벌을 면하기 위해 사실과 다르게 자백한 것으로 보이며, 나머지 보안국 직원들은 정부 정책 옹호 댓글 게재를 지시받았다고 진술이나 증언한 사람은 아무도 없다.

대변인실 소속 경찰관들도 정부 정책 옹호를 지시받았다고 진술과 증언한 사실이 없다.

J 경찰청장의 18차례 공식 발언 중 정부 정책 옹호 등 지시 사실은 확인되지 않았고, 정부 정책을 옹호하는 댓글 게재를 지시했다는 근거도 전혀 없다.

(2) '정부 정책 옹호 지시'가 거론된 경위

'경찰의 정부 정책 옹호 댓글 게재'는 보안국 진상조사총괄팀장이던 A 총경이 팀원과 상의 없이 단독으로 작성한 2018년 '3월 12일 자 진상보고서'에 최초로 등장한다.

---

77) 참여연대는 K 전 보안사이버수사대장도 2018년 3월 14일 J 경찰청장 등과 함께 검찰에 고발.

조작된 정의

A 총경이 2018년 2월 23일 K 전 보안사이버수사대장과 통화할 때 들었다는 '보안국, 수사국, 정보국의 정부 정책 지지 댓글 지시'는 진상조사 단계에서 조사대상도 아니었고 진상조사팀원들이 조사를 통해 확인한 바도 없다.

　발언의 당사자로 지목된 K 전 보안사이버수사대장도 2월 26일 진상조사팀의 참고인 조사[78]에서 이를 부인했는데 A 총경은 2월 27일에 이 조서를 직접 읽어보았다면서도 추가 조사 등 아무런 확인 없이 일방적으로 3월 12일 자 진상보고서에 기재하였고, 이후 A 총경은 3월 12일 브리핑 자료까지 단독으로 만들어 경찰청에서 공식 브리핑까지 하였다.

　이에 각 언론은 '이명박 정부 당시 경찰이 조직적으로 정부 정책을 지지하는 댓글을 게재한 것으로 확인됐다. 과거 군 사이버사령부가 정부를 비판한 악플러를 색출하기 위해 진행한 블랙펜 작전에 경찰의 개입이 있었다는 사실을 확인했다고 12일 밝혔다.'[79]고 보도하였지만, 경찰의 블랙펜 개입은 전혀 사실무근이고, 이후 검찰도 혐의없음으로

78] K 선 대장은 "경찰 활동을 적극적으로 홍보하고 잘못된 것은 신속하게 대응하자는 취지로 전 국관이 공감대가 있었던 것이며, 외부에서의 강요라든가 비정상적 목적을 가지고 한 것이 아니고 인터넷상에서 유통되는 왜곡된 정보 등을 통해 국민이 오해할 수 있는 것들을 해소시킬 수 있는 대응을 하는 차원이지 특정 여론을 조작한다든가 이슈에 대한 시선을 돌리게 한다든가 하는 부정한 목적으로 한 것이 아니었다."(보안증거 3,599쪽)고 진술.

79] MB시절 경찰도 정부 정책지지 댓글… "상관이 지시."(2018.3.12., 국민일보) http://naver.me/GYuRXOGR / "여론 대응 지침 내려왔다"…실행 증언도 확보(2018. 3. 12., MBC) http://naver.me/GNBIXlhe 등이 보도.

종결하고 만다.

기자가 잘못 보도하였다면 경찰청 특별수사단이 당연히 바로 잡아야 했음에도 이를 방치함으로써, 결국 경찰이 정부 정책 옹호 댓글을 게시하도록 했거나, 軍 블랙펜 작전에 불법 개입한 것처럼 여론을 호도하는 결과를 초래하였다. 문재인 정권에 잘 보이기 위해 고의적으로 진상을 외면한 것으로 의심되는 대목이다.

(3) 일방적인 경찰 옹호 여부

경찰청 정보2과는 경찰 관련 비난 보도나 허위·왜곡 주장 글(가짜뉴스)을 검색하여 '주요 사이버 이슈'라는 보고서로 작성하여 관련 기능과 지방경찰청에 통보함으로써 필요한 조치를 검토할 수 있도록 알람(Alarm) 역할을 한 것이다. 물론 앞서 설명한대로 경찰청 각 기능에서는 보도내용을 대부분 파악하고 필요한 대응 조치를 이미 하고 있었다.

경찰청 정보2과가 작성한 모든 보고서에도 경찰 관련 이슈들로 한정되어 있고, 각 기능의 대응도 공식 대응을 주문하고 있다.

2011년 11월 14일 자 경찰청 정보2과 작성 'SNS 소통 강화를 위한 발전 방향 검토(정보증거 13,008쪽)[80]'보고서에는 '치안 현안 등에 대한 SNS 대응이 빨라졌다. 중대한 팩트 왜곡의 경우 경찰관서별 공식 SNS 계

---

80) 이 보고서 작성 이유는 온라인소통계 신설 이후 각 기능에 대한 대변인실의 과도한 대응 요구에 반발하는 일선의 여론이 있어서 작성한 것이다.

정을 통해 대응하고, 경미한 것은 사실관계를 안내·링크하는 선에서 수위 조절해야 한다.'라고 되어 있어 경찰 이슈에 대한 공식적 대응을 강조하고 있다.

심지어 수사기관이 2011년도 서울경찰청 '스폴팀'의 '주요 이슈 및 활동 내역(통합증거 304~311쪽)'중 비고란에 '본청'이라고 기재되어있는 것을 정보국의 지시라는 근거로 판단했는데, 전체 44건의 이슈중에도 경찰업무와 관련 없는 이슈[81]는 단 1건도 없다.

2011년 7월 서울경찰청 정보1과에서 작성한 'SPOL 활동 현황'(정보증거 4,244쪽)에 의하면 '법적 테두리 안에서 활동해 줄 것과 허위·왜곡된 여론에 비방글 대신 설득력 있고 논리적인 대응 필요가 있다.'고 되어 있는 것으로 보아 불법적인 활동을 하려던 것이 아니었음을 알 수 있다.

2011년 11월 경찰청 정보7계장이었던 K 경정도 정용선의 1심 법정에서 정용선으로부터 불법적 수단이나 내용으로 댓글을 게재하라는 지시를 단 한 번도 받은 사실이 없다고 증언하였다.

[증언 █████ 공판신문조서 28면]
답 제가 피고인 정용선한테 불법적인 수단이라든가 불법적인 내용이라든가 국민들이 많을 때 우리가 이야기하는 비속어를 쓰는 것처럼 네티즌이 하는 식으로 댓글을 달으라는 지시는 단 한 번도 받은 적이 없었습니다.

---

81) 제목의 키워드가 경찰, 수사, 집회, 수사권, 공권력 투입, 사법처리, 연행, 신호등, 형사 등이다.

2018년 2월 구성된 보안국 진상조사총괄팀장이던 A 총경이 특별
수사단 구성을 건의[82]한 직접적 계기가 됐던 '경찰청 지휘부의 정부
정책 옹호 댓글 게재 논의' 발언의 당사자인 B 총경(2018년 경찰청 보안1과장)
도 정용선의 1심 법정에서 경찰 관련 허위 보도나 왜곡 보도에 대해
진상을 알리던 일이었을 뿐, 비난 여론을 희석하거나 호도하라는 것
은 아니라고 증언하였다.

결국 J 경찰청장이나 정용선이 일방적인 경찰 옹호를 지시하였다는
수사 결과와 법원의 판결은 잘못된 것이다.

(4) 검사가 정부 정책 옹호로 분류한 댓글 분석

검찰은 2021년 6월 15일 정부 정책 옹호 댓글을 선별하여 법원에
제출했다.

---

82) A 총경은 3월 12일 팀원들과 상의없이 단독으로 작성한 진상보고서에 '2011년에 경찰청 정
보국에서 정부 정책에 대한 댓글작업 시행여부에 대한 논의가 있었으나, 당시 과·계장 등의
반대로 실행하지 않았다는 사실확인(관련자 진술)'이라고 기재한 뒤, 본청의 정부 정책 지지
댓글작업에 대한 특별수사단을 구성할 것을 건의하여 수사가 시작되었으나, 발언의 당사자
인 B 총경은 정용선의 1심공판에서 영웅심리에서 과장하여 발언한 것이라고 증언

조작된 정의

J 경찰청장 재직(2010년 8월 30일~2012년 4월 17일) 당시 작성되었다고 기소된 댓글·트위터·위키트리(이하 '댓글 등') 글 12,893개 중 640개(전체 댓글 27만 1836개의 0.2%, 기소된 12,893개의 4.3%)가 정부 정책을 옹호한 것이라며, 이를 근거로 정부 정책 옹호 지시라는 범죄사실로 둔갑시켰다.[83]

하지만, 경찰관이 게재했던 글의 내용 중 일부 문제 소지 있는 '댓글 등'만 선별한 뒤, 이를 근거로 정부 정책 옹호 지시를 했다는 범죄사실을 거꾸로 구성한 것으로 보인다.

경찰청장이 13만 경찰에게 정부 정책 옹호 '댓글 등' 작성을 지시했는데 20개월간 640개(월평균 33개, 1일 평균 1개)만 작성했고, 그것도 '스폴팀원'의 절반도 게재하지 않았다는 것은 계급조직에서는 도저히 있을 수 없는 억지에 불과하다.

정용선도 J 경찰청장과 함께 근무(2010년 8월 30일~2011년 11월 27일)했던 15개월 동안 85개의 정부 정책 옹호 댓글을 게재하도록 청장의 지시를 전달하거나 직접 지시했다고 기소되었는데, 정용선이 서울청 '스폴팀원'에게 15개월 동안 정부 정책 옹호 지시를 하거나 청장의 지시를 전달했는데, 스폴팀원 132명 중 19명(14.4%)만 85개의 댓글을 게재했다면 정상적인 조직으로 볼 수 없다.

---

83) 경찰은 수사단계에서 ① 특정 정당·정치인 반대(또는 옹호), ② 대통령 지지, ③ 정부 정책 옹호 행위로 분류했으나, 검찰은 공소장에서 국정원이나 군 사이버사령부 수사 결과와 유사하게 '경찰업무 무관 정부 옹호(정치관여)적 행위'로 분류하였다.

글의 내용도 일반인의 건전한 상식에 비춰볼 때 과연 정부 정책 옹호 행위로 볼 수 있을지 의문이다.

종로경찰서장 폭행 피해 사건의 경우, 정용선이 정보심의관 이임 이후 발생한 사건인데도 정용선의 범죄사실에 포함시키는가 하면, 정치인의 허위 주장에 대한 진상을 알리는 반박 글마저 상대가 정치인이라는 이유로 정부 정책 옹호로 둔갑시켰다.

종로서장 사건은 2011년 11월 26일 FTA 반대 시위대가 당시 박 서장을 폭행했던 것인데, 12월 5일 민주당 이종걸 의원 등은 '종로서장 폭행 사건은 자작극'[84] 이라며, J 청장과 종로서장을 검찰에 고발했던 사건이다.

이에 대해 경찰관들이 자자극이 아니라고 게재한 댓글이 정치인에 대한 댓글이기에 정치 관여 행위이고, 정부 옹호 행위라고 분류한 것처럼 경찰 활동에 대한 야당 의원들의 허위 주장이나 근거 없는 폄훼에 댓글로 진상을 알린 행위마저 모두 정부를 옹호한 댓글공작 및 여론조작 범죄로 둔갑시켰다.

---

84) 민주당, "종로서장 폭행사건은 자작극"(2011.12.5., 미디어오늘) https://n.news.naver.com/article/006/0000053669.
민주 "종로서장 시위대 폭행 주장은 자작극" 고발키로(2011.12.5., 머니투데이)
https://news.mt.co.kr/mtview.php?no=2011120511508262151&outlink=1&ref=https%3A%2F%2Fsearch.naver.com

(5) J 경찰청장의 사이버 대응 관련 발언은 판결 내용과 같이 경찰의 일방적인 가치를 국민에게 주입하려는 것도 아니고, 정부 정책과 경찰을 일방적으로 옹호하여 우호적 여론을 조성하라는 것도 아니었다.

경찰의 잘못에 대해서는 신속하게 사과하고 개선하되, 허위·왜곡된 정보가 있으면 이에 대한 진상을 알려 과도하게 비난받지 않도록 하자는 것이었다.

특히, J 경찰청장의 여론을 등에 업은 집회시위 관리를 마치 여론 조작하라는 것처럼 오판하고 있으나, 2011년 8월 5일 '8.15 범국민대회 경비대책회의 시 지시 내용'(정보증거 13,604쪽)을 살펴보면, 여론을 등에 업고 집회시위를 관리하라는 의미가 무엇인지를 정확히 알 수 있다.

이 자리에서 J 청장은 "집회시위는 헌법상 국민의 기본권이므로 시위대를 무조건 나쁜 사람, 응징의 대상으로만 생각하면 국민의 지탄을 받게 된다. 과거 수년 전 폭력시위 전력이 있다고 해서 기계적으로 금지 통고하거나 주요 도로라고 교통량이나 참가인원 등을 고려하지 않고 무조건 금지 통고하면 중도 입장의 국민들도 등을 돌리게 된다. 금지 통고를 하더라도 경찰에 우호적인 언론 이외에 중도 입장에 있는 언론사들도 금지 통고에 수긍할 수 있는 분위기 조성이 필요하다. 집회신고 접수단계부터 여론의 지지를 받는다는 식으로 접근하라."고 지시한 바 있다. 결국 집회시위 관리도 경찰 편의대로 자의적으로 하지 말고, 집회시위 신고 접수단계부터 국민의 기본권과 국민 여론을 우선하여 관리하라는 뜻이다.

2010년 11월 30일 대변인실의 '폴알림e 구축계획서'(정보증거 380쪽)에도 그 임무가 '치안 시책 및 선행·미담 사례 등을 온라인상 홍보하고, 주요 이슈 발생 시 사실관계를 신속하고 투명하게 설명하기 위한 것이다.'고 기재되어 있는 것으로 볼 때, 여론 조작 목적이 아니라 정확한 사실관계를 국민에게 알리고자 했던 일이다.

조작된 정의

정용선과 '스폴팀'은 어떤 관계?

3. 정용선은 서울경찰청 정보4계장의 지시를 받아 댓글을 작성했
던 '스폴팀'에 대해 알고 있었다.

**(1) 정용선은 물론 경찰청 정보국은 서울경찰청으로부터 '스폴
팀'에 대한 보고를 받은 사실이 없었기 때문에 '스폴팀'의 실체에 대
해서는 이번 사건에 대한 수사 과정에서 알게 되었다.**

서울경찰청 정보관리부장(정보증거 12,548쪽), 정보1과장(2011년 정보관리부장)
도 정용선에게 '스폴팀'에 대해 설명하거나 보고한 사실이 없다고 진술
하였다.

또한, '스폴팀'의 실체에 대해 서울경찰청 내부에조차 제대로 공개
하지 않았다. 2010년 2월 19일 서울경찰청 정보4계장이 '스폴팀원'들
에게 보낸 설명자료[85], 2010년 9월경 서울경찰청 국정감사 시 국회의

---

85) (검찰증거 1841쪽) '경찰이 잘못한 사실을 왜곡하자는 것이 아니라 잘못한 사실도 없는데
왜곡 과장된 기사 등으로 비난받는 경우가 없도록 하자는 것.'

원의 예상 질의에 대한 답변 준비서류[86], 2011년 6월 10일 서울청의 '한대련 반값 등록금 관련 여론대응팀 운영계획서[87]', 2011년 10~11월 서울경찰청 정보4계 성과보고서[88], 심지어 2011년 11월 11일 취임한 신임 서울경찰청장에 대한 정보4계 업무보고서[89]까지 모두 '스폴팀'에 대해 '허위·왜곡된 주장 등 잘못된 정보에 자발적으로 댓글을 게재하는 직원들'이라고 설명 또는 보고하였다.

따라서, 가사 정용선이 서울경찰청에 '스폴팀'이 무엇인지 물었다고 하더라도 위와 같이 보고했을 가능성이 높아 정용선이 실체를 파악할 수도 없었다고 보는 것이 논리적이다.

한편, 2010년도 서울청 정보1과장에 이어 2011년도 서울청 정보관리부장이던 K 치안감은 2023년 5월 1일 정용선과의 통화 시 "정 청장님과 스폴팀이 무슨 상관 있간디?"라면서 정용선은 스폴팀과는 아무런 관계가 없다고 발언하였다.(녹취록 보관중)

---

86) (검찰증거 1318~1319쪽) '스폴팀'은 경찰 관련 허위 왜곡된 주장에 대해 잘못된 정보를 정정하는 댓글을 게시하는 식으로 자발적으로 인터넷에 글을 올리는 90여 명의 직원들로 구성되어 있다.

87) (경찰정보 04252쪽) 여론대응팀 운영은 경찰 관련 허위·왜곡된 주장이나 잘못된 경찰 비난성 언론보도 등에 즉시 대응 체제를 구축, 불법 상황 발생 시 경찰 입장과 사실관계를 사이버상에 실시간 전파함으로써 허위·왜곡된 정보를 차단하여 치안 부담을 완화하기 위한 것이다.

88) (경찰정보 04474쪽) 지방청 및 경찰서 기정요원 등으로 동호회를 구성하여 사이버상 왜곡된 여론에 자율적으로 대응했다.

89) (경찰정보 04496쪽) 허위·왜곡된 주장이나 잘못된 언론보도에 대해 경찰 입장과 사실관계를 적극 알려줌으로써 치안 부담을 완화키 위해 운영한다.

경찰청 정보과에서 사이버정보업무를 담당하던 과·계장들도 아래와 같이 수사과정에서 실체를 알게 되었다고 증언하였다.

- **경찰청 정보국 정보2과의 계장** ███ ████ ████은 이 사건 당시 서울지방경찰청 정보4계가 SPOL팀을 관리하면서 댓글 대응 논지를 전파한다는 사실을 몰랐고 수사 개시 후 알게 되었다고 진술

> [증인 ███ 증인신문조서 30쪽]
> 문   증인은 정보4계에서 SPOL팀원들에게 댓글게시를 요청하는 문자메세지를 보내고 결과보고를 독촉하거나 평가까지 했던 사실에 대해서 알고 있었는가요.
> 답   그 부분은 지도 과년에 경찰수사 단계에서 '서울청에서 샘플을 만들어서 지시를 했다. 또 평가 기준을 만들어서 했다'라는 부분을 알고 있었냐고 게시됐기 때문에 알게 되었지. 저는 그 부분에 대해서는 전혀 몰랐습니다.
> 문   수사를 받으면서 알게 되었다는 것이지요.
> 답   예.

J 경찰청장이 경찰청장으로 부임한 2010년 8월 30일 이후 서울경찰청 SPOL팀에 대한 3차례의 오·만찬이 있었지만, 정용선은 한 번도 참석한 사실이 없는데, 만약 J 청장이 정용선을 통해 '스폴팀'을 관리했다면 정용선을 참석시키는 것은 너무나 당연한 일일 것이다.(통합증거 319쪽)

(2) '스폴팀'은 서울청 정보관리부에서 직장 운영했던 비상근 조직이었다.

2010년도 서울경찰청 H 정보관리부장은 2018년 7월 23일 경찰조사에서 "사이버상에서의 대응은 경찰이 정당한 활동에도 불구하고 비난을 받으면 정확한 사실을 알린다는 의미다. 광우병 사태 이후로 전 기능에서 다 해왔다. 정용선 정보심의관으로부터 대응지시 받은 사실이 절대로 없다."라고 진술하였다.(정보증거 12509쪽)

2011년도 서울경찰청 K 정보관리부장도 2018년 7월 18일 경찰조사에서 "J 경찰청장 부임 이후 서울청 정보4계의 업무 내지 '스폴팀' 대응에 특별한 변경이 없었다. 댓글 대응을 계속한 이유는 일단 조직이 되어 있으니까⋯ 경찰청장이 서울청장 재직 시절에 만들어 둔 것인데 누가 없애라고 할 수 있겠느냐?. 경찰청장이 서울청장 시절 만들었는데 그만하라고 할 수 있겠느냐?"고 진술한 바 있고, "정용선으로부터 '스폴팀'이나 정보4계의 활동에 대해 보고해 달라거나 설명을 요청받은 일이 없다."라고 진술하였다.(정보증거 12222, 12225, 12229쪽 등)

2010년도 서울경찰청 정보4계장 P 경정은 2018년 6월 5일 경찰조사 시 "청장님께서 옷을 벗으셨으면 모르지만, 본청장님으로 가셨지 않습니까? 아마 J 청장님과 K 과장님의 관계로 비춰볼 때 본청에서 댓글을 지시했다면 J 청장님이 K 과장에게 직접 지시하셨을 수도 있습니다."라고 진술하였다.(정보증거 10630쪽)

2011년도 서울경찰청 정보4계장 Y 경정은 2018년 10월 15일 검찰조사에서 "매일 정보관리부장에게 넣어 드리는 언론 기사의 출력물이 상당하였는데 부장이 출력한 기사를 시간 날 때마다 본 후 수시로 인터폰으로 불러 '이런 기사가 나왔는데⋯. 대응해라'는 식으로 지시하였습니다."라고 진술하였다.(검찰증거 606쪽)

J 청장의 1심 법정에서는 "증인은 검찰에서 대부분 정보관리부장이 대응 이슈 선정을 하였고, 부장이 증인에게 직접 특정 이슈에 대해서 스폴팀을 동원하여 대응하라고 지시하였다고 하였는데, 부장이 직접

본청 지휘부로부터 특정 이슈에 대하여 대응하라는 연락을 받고 증인에게 대응지시를 하는 경우는 없었나요?"라는 검사의 질문에 "부장님이 계실 동안에는 본청에서 이런 것이 있으니까 대응하라고 지시받은 적은 없다."라고 증언하였다. 또한, 2019년 10월 17일 정용선의 1심 재판에서도 "정용선으로부터 댓글 대응 지시를 받은 사실이 없다."고 진술하였다.(증인심문조서 4쪽)

서울경찰청 정보4계 임○○도 J 경찰청장의 1심 법정에서 "대응할 이슈의 95% 이상을 저를 포함한 서울경찰청 정보4계 실무자들이 선정했다."고 증언한 바 있다.

2010년 경찰청 정보국 사이버 담당이었던 L 경위도 경찰조사에서 "스폴팀'에 대해서는 잘 알지 못하였고, 댓글 지시나 결과를 취합한 사실은 없다."라고 진술하였다.

(3) 검찰 제시 증거들이 오히려 정용선은 '스폴팀'과 무관함을 알려준다.

'정보국 상시모니터링체계 후속 조치(정보증거 00283~00289 / 검찰증거 1329~1331)'[90] 문서는 2011년 1월 14일 정부1과 임○○ 경위가 작성해서

---

90) 이 문서는 정보국에서 경찰관련 이슈들을 검색하여 '주요 사이버 이슈' 보고서에 포함시켜 경찰청 각 국·과장들에게 통보했던 내용들을 해당 국이나 과에서 어떻게 조치했는지를 파악하여 보내달라는 경찰청 기획과의 요청에 의해 경찰청 정보국 정보1과에서 작성하여 발송한 문서다. 이처럼 경찰청장의 지시사항 관리는 각 국은 서무과(정보국은 정보1과)에서 담당하고, 경찰청 전체적인 관리는 경찰청 기획과에서 담당하며 추진상황도 매월 말 파악하여 경찰청장까지 보고했었다.

기획과와 정보6계 사이버 담당인 L 경위에게 통보한 문서다. 이 서류를 살펴보더라도 정보국에서는 경찰 내·외부 인터넷망에서 경찰 관련 보도나 경찰관들의 불만 요인들을 검색하여 경찰청의 해당 기능으로 통보한 것은 사실이지만, 서울청 '스폴팀'에 댓글 대응을 지시했다거나 그 결과를 보고받았다는 근거는 없다.

특히, 이 문서에 기재된 것처럼 정보국에서 경찰청의 각 국에 통보한 사이버 이슈 10개에 대한 조치는 해당 기능에서 자체적으로 판단하여 필요한 조치를 하였거나, 대응 필요성이 없어서 아예 아무런 조치를 하지 않은 것도 있어서 대응 여부나 대응 시에도 어떤 수단을 선택할 것인지는 해당 국·과장의 책임하에 이뤄졌음을 알 수 있다.

그런데, 경찰청 특별수사단은 위 10개 이슈별로 게재된 댓글(경찰정보 00285~00315쪽)을 증거로 제시하면서 댓글 게재자들의 신원이 '스폴팀원' 인지부터 먼저 확인한 것이 아니라, 경찰에 우호적인 내용의 댓글들만 선별한 뒤, 이들 댓글을 '스폴팀원들'이 작성한 것처럼 제시하였다.

검찰은 이러한 확인 결과가 오히려 정용선의 범죄사실을 증명하는 데 걸림돌이 된다고 판단했는지 검찰증거 기록에서는 댓글 게재자와 내용을 제외하고 법원에 제출하였다.[91]

---

91) 이는 경찰정보 00285쪽 이하 서류와 검찰증거 1,329쪽 이하 서류의 5쪽부터 비교해 보면 확인이 가능하다.

경찰수사단이 제시한 10개 이슈

① 첫 번째 사례(2011년 1월 3일)는 특별수사단의 수사보고서에 '2013년 도에 야후 뉴스 웹사이트가 폐쇄되어 확인 불가'로 기재되어 있는데, 실제 해당 기사는 사이버상에서 아예 삭제된 상태여서 '스폴팀원'을 비롯한 경찰관들이 댓글을 게재했는지 확인이 불가능하다.

② 두 번째, '수사비 집행지침 관련 불만 여론(2011년 1월 13일)'은 정보2과가 경찰 내부망에 제기된 수사경찰관들의 불만 여론을 통보[92]했더니, 수사국 담당자가 자체적으로 댓글로 해명했다는 것일뿐, '스폴팀'은 물론 누구에게도 댓글 대응을 지시했다는 내용은 없어서 정용선의 '스폴팀'에 대한 댓글 지시 근거로 볼 수 없다. 스폴팀원들의 댓글 게재 여부도 확인되지 않는다.

③ 세 번째 '성폭행 사망 여대생의 모친 편파수사 주장(2011년 1월 11일)' 관련 글은 1월 11일 11:05에 경찰청 수사국장과 감찰과장이 공동명의로, 16:54에는 서울경찰청 명의로 철저한 수사방침을 공식 게재했던 사례다. 서류상으로는 수사국장이 게재한 재수사 방침 글에 120개의 댓글로 대응했다고 기재되어 있는데(정보증거 00285쪽), 수사국장이 글에 게재된 댓글 게시자와 공소장 별지 범죄일람표상 '스폴팀'원들의 ID와 필명(닉네임)을 비교해본 결과, '스폴팀'원은 단 1명도 발견되지 않아서

---

92) 이는 주요 사이버 이슈 보고서에 포함되어 각 국장과 과장에게 전파했다는 의미.

'스폴팀'에 대한 댓글 지시를 하지 않았음을 알 수 있다. 수사국 직원들이 자체적으로 댓글을 게재했던 것으로 추정된다.[93]

④ 네 번째, '혈액암 의경 모, 구타피해(2011년 1월 3일)' 글을 경비국에 통보했더니, 경비과장이 답글 조치하고, 댓글 125개를 대응(경찰정보 00299쪽)했다고 기록되어있다. 그런데, 경찰수사 기록에는 경찰에 우호적인 내용의 댓글 22개를 '스폴팀'이 게재한 것처럼 명시하고 있으나, '스폴팀원'의 댓글은 단 1개[94]에 불과하다. 이 보도는 1월 2일 11:48 뉴시스가 최초 보도한 것인데, 그날은 일요일이어서 경찰청장이나 정용선이 출근도 하지 않았기 때문에 정용선의 지시로 보기도 어렵다. 글의 내용도 경찰 옹호를 위한 것인지, 사망 의경의 어머니를 위로하기 위한 것인지 불분명하다. 이런 글이 여론조작 범죄라고 보는 것이 상식적인지도 의문이다.

⑤ 다섯 번째, '경찰후원금 비난 기사(2010년 12월 28일)'는 경비국에 통보했다고만 되어 있을 뿐, 경비국에서 아무런 조치도 하지 않았다. 이처럼 각 국에서 이슈를 통보받더라도 대응할지 말지, 대응하는 경우 구

---

93) 이처럼 수사국에서도 댓글로 진상을 알리는 대응 필요성이 있으면, 수사국 자체적으로 대응했을 뿐, 스폴팀을 활용하지 않았던 것으로 보인다.

94) '까르페디엠'은 서울강북경찰서 조00의 필명(닉네임)으로, 공소장 별지 범죄일람표 409번 (2011.1.3. 17:50)의 글 '삼가 고인의 명복을 빕니다. 어떤 연유에서건 갑작스럽게 아들을 잃으신 어머니의 마음이 어떨까 생각하니 가슴이 미어지네요.. 또한 어머니의 글에 대해 이렇게 곧바로 경찰청 경비과장이란 분이 직접 나서서 투명하게 과정을 밝히려고 하는 것도 바람직하다고 생각됩니다. 혹시라도 가혹행위가 있었는지 철저히 규명하고, 이에 대한 억울함을 꼭 풀어주실거라 믿습니다'라는 내용.

체적 조치 수단은 담당국장이 최종 결정하는 것일 뿐, 정용선이 '스폴팀'에 댓글 대응을 지시했다는 것은 사실이 아님을 알 수 있다.

⑥ 여섯 번째, '청장 인터뷰 비난 여론(2010년 12월 26일)' 관련하여 경찰에 우호적인 댓글이라며 4개를 제시(경찰정보 00301)했으나, ID나 필명(닉네임) 모두 '스폴팀원'이 아니어서 정용선의 지시 가능성은 없다(이하 생략).

만약 정보국이나 정보심의관이 서울청 '스폴팀'에 댓글 대응을 지시했었더라면, 서울경찰청 '스폴팀'의 댓글 대응 실적까지 파악하여 기획과로 통보하는 것은 너무나 당연한 일일 것이나, '스폴팀'의 실적을 파악도 하지 않은 것은 본청에서는 '스폴팀'의 존재 자체도 모르고 있었다는 반증이다.

(4) 정용선이 '스폴팀'에 댓글을 지시했다는 논리도 성립하지 않는다.

범죄일람표를 확인해 보면, 언론보도, 정용선 댓글 지시, 스폴팀 댓글 게재의 일련의 행위가 시간의 흐름과 맞아야 할 것이나, 이와 일치되는 사례가 거의 없다.

공소사실과 1심 법원은 경찰청 정보2과에서 08:00 주요 사이버 이슈 보고서를 경찰지휘부와 전국 지방청에 전파하면 '스폴팀'이 당일 댓글을 게재하고, 다음날 서울청에서 작성한 '일일 사이버 주요 이슈 보고서'를 통해 결과 보고받은 것으로 판단하였으나, 이 또한 허위 사실이다. 앞서 살펴본대로 경찰청과 서울경찰청의 당일과 다음날 보고서를 비교해보면 보고서의 내용이 전혀 다르다는 것을 알 수 있다.

결국, 서울경찰청 '스폴팀'은 정용선과 무관하게 2010년 2월부터 서울청 자체적으로 사이버 대응 활동을 해왔고, J 청장이 2010년 8월 30일 경찰청장으로 부임한 뒤에도 중단할 수 없었기에 계속 활동했던 것일 뿐, '스폴팀'의 실체도 모르던 정용선의 지시를 받아 활동한 것이 아니다.

정용선이 '스폴팀'의 실체나 운영 상황을 알고, 이를 활용했었더라면, 앞서 설명한 대로 2011년 10월 19일 KBS 추적60분의 '용역폭력' 보도 시 굳이 담당과장의 공식적인 댓글 대응을 지시했을 아무런 이유가 없다.

만약 '스폴팀'을 알고 있었고 '스폴팀'을 통해 댓글을 게재하라는 청장의 지시를 받았다면, 정용선이 '청장 지시에 의한 본청 과·계장 실무교육'(2010년 12월 9일, 검찰증거 2,444쪽) 시 당연히 경찰청 정보2과나 서울경찰청 '스폴팀'에 협조하여 도움을 받으라고 지시했을 것이나, 그 같은 내용이 없는 것도 정용선이 '스폴팀'을 모르거나 '스폴팀'을 통해 댓글 대응을 하지 않았다는 반증이다.

조작된 정의

대응할 이슈와 논지를 전달했다는 증거?

4. 정보6계가 경찰청의 보고 체계에 따라 피고인 정용선과 J 청장에게 인터넷상의 주요 이슈와 그 중 대응이 필요한 이슈 및 대응 논지를 보고하면, 피고인 정용선과 J 청장이 이를 승인하거나, 별도로 J 청장이 대응할 필요가 있다고 판단한 이슈가 있을 경우 이를 일일국관회의 등을 통해 지시하였다.

(1) 경찰청 정보2과는 '주요 사이버 이슈' 보고서를 작성할 때 보도 내용을 요약하거나 본청 해당 기능과 관할지방경찰청의 조치 사항을 정리하지만 대응할 이슈, 특히 대응 논지를 기록한 사실은 전혀 없다(정보증거 15,219쪽 이하 참조).

사이버의 특성상 전국에서 누구나 동시에 경찰 관련 기사나 글을 볼 수 있고, 경찰청의 기능별로 언론보도 예상보고와 진상보고, 또는 관서장의 상급관서장에 대한 지휘보고와 참모보고 등을 통해 자체적인 판단에 의해 필요한 조치를 했던 것이지, 정보국에서 일일이 모든 걸 지시하는 시스템이 아니고 그같이 지시할 수도 없다. 정보국을 통해 대응지시를 할 경우, 오히려 대응 시간만 늦어져 잘못된 보도나 주장이 확산되어 기정 사실화 되기 때문에 비효율적일 수밖에 없다.

정보국에서 사이버 정보를 종합하는 것은 각 기능에서 사이버 이슈들을 묵살하거나 미처 확인하지 못한 경우가 없도록 하기 위해 중복 보고 체계를 둔 의미와 경찰 고위직들이 참고해야 할 각계의 움직임과 경찰 관련 이슈들을 종합하여 전국 경찰 지휘부에게 참고 정보로 제공한다는 의미이다.

특히, 경찰청은 각 부서마다 소관 업무에 대해 자체적으로 사이버상 경찰 관련 글을 모니터링하여 필요한 조치를 했던 것이지[95], 정보국의 통보나 경찰청장의 지시에 의해 비로소 대응하는 것이 아니고 그렇게 되면 해당 국·과장들은 무능하거나 업무에 무관심한 사람으로 비쳐지고 질책을 받을 수밖에 없기 때문에 그같이 근무할 수도 없는 것이다.

나아가 정용선과 J 경찰청장이 '스폴팀'의 댓글 대응계획을 승인한 사례도 없다. 다만, 경찰 관련 허위·왜곡 또는 비난 보도가 있을 경우, 관행적으로 정보2과 실무자들이 담당 부서 실무자들에게 전화하여 보도 사실을 파악하고 있는지를 확인했던 것이고, 이는 2006년 2월 이후 계속된 업무 관행이었다.[96]

---

95) 수사국의 '사이버여론 인터넷대응팀 재정비 결과보고서(날자 미상, 보안증거 3838쪽)' '인터넷상 경찰이슈 대응역량 강화 방안(2011.2.9. 정보증거 13531쪽), 보안국의 '안보관련 인터넷상 왜곡정보 대응방안(2011.4.18., 보안증거 3839쪽) 등이 근거다.

96) 해당 부서에서 미처 파악하지 못한 보도가 정보2과 작성한 '주요 사이버 이슈' 보고서에 포함될 경우, 해당 국장이나 과장이 자칫 질책받을 수 있어서 이를 배려하기 위한 조치. 실제 정용선이 정보2과장 근무중이던 2008년에 사전에 알려주지 않았다며 생활안전국장으로부터 항의를 받기도 하였다.

조작된 정의

(2) 정보2과 작성한 별보가 대응 지시나 논조를 하달하는 것이 아닌데도 서울경찰청에 대응 논지를 전달했던 것으로 오해하였다.

2011년 3월 7일 작성된 장자연 관련 인터넷 반응 보고서(검찰증거 2,500~2,506쪽)를 비롯한 각종 사이버 동향을 정리한 별보도 사이버상에서의 분위기를 종합한 것에 불과한데도 마치 대응지시나 논조를 전달한 증거라는 허위의 범죄사실을 구성했다.

(3) 지방경찰청 지휘부의 경찰청장에 대한 주요 집회시위대책 보고 시 청장의 지시를 정보심의관이 '스폴팀'에 별도로 전달하는 시스템도 아니다.

통상 지방경찰청의 경찰청장에 대한 보고회의 때 경찰청장은 해당 지방경찰청 차장을 비롯한 부장·과장 등 지휘부에 직접 지시를 한다. 이후 대책회의 주관 기능인 경비국에서 경찰청장의 지시사항을 정리하여 해당 지방경찰청으로 문서로 하달한다.

실제 '스폴팀'의 대응 목록 비고란에 경찰청에서 지시했다는 의미리는 '본청' 표시가 경비대책 회의까지 개최했던 대형 집회시위 전후 시기에는 단 1건도 없다. 대형 집회시위와 관련한 지시는 해당 지방경찰청 지휘부에 직접 지시하였던 것이고, 해당 지방경찰청도 대책 보고서에 여론대응팀 운영계획을 사전에 포함시켜 보고하는 것이

관례였다.[97]

이 점으로 볼 때 본청 지시라는 것은 정보국의 지시가 아니라, 경찰청의 해당 국이나 과에서 서울경찰청 관련 부나 과로 지시하면 해당 부나 과에서 정보4계 스폴팀으로 협조를 구했을 가능성이 높은 것인데, 이 부분에 대해서는 조사하지 않아서 확인할 방법이 없다.

구체적인 사례로 2011년 6월 10일 서울경찰청 정보3계에서 하달한 '한대련 반값 등록금 관련 여론대응팀 운영계획서(정보증거 4,252쪽)'를 보면, 근거는 경찰청 '6.10 촛불집회 경비 대책 회의 시' 경찰청장 지시라고 되어 있고, '여론대응팀 운영은 경찰 관련 허위·왜곡된 주장이나 잘못된 경찰 비난성 보도 등에 즉시 대응 체제를 구축, 불법 상황 발생 시 경찰 입장과 사실관계를 사이버상에 실시간 전파함으로써 허위·왜곡된 정보를 차단하여 치안 부담을 완화하기 위한 것'이라고 되어 있다.

그렇기에 '스폴팀'의 '2011년도 주요 이슈 및 활동 내역 목록(통합증거 304~311쪽)'에 2011년 6월 10일 이후 반값 등록금이나 촛불집회 관련하여 경찰청의 지시로 댓글을 대응했다는 기록은 아예 없는 것이다.

---

97) 정용선이 재판 준비 과정에서 경찰청 경비국에 정보공개 청구했으나, 보존기한이 지났다며 자료를 제공하지 않아 회신받지 못하였다. 하지만, 앞서 살펴본 2022년 4월 13일 자 '민주노총과 전농 집회 관련 대책서'에 나타나 있다.(91쪽 참고)

조작된 정의

이는 2011년 4월 26일 개최한 '5.1 노동절 집회 관련 경비대책 보고 회의'(통합목록 320쪽), 2011년 8월 26일 서울에서 개최한 '제4차 버스 시위 경비대책 보고회의'(통합목록 326쪽)에서 J 경찰청장의 '스폴팀' 운영 지시가 있었으나, 실제 2011년도 '스폴팀'의 활동 목록상 해당 집회시위 전후 시기에는 비고란에 '본청' 표시된 기록이 없는 것과 같은 사유다.

2011년 7월 29일 부산경찰청의 '한진중공업 관련 3차 버스시위 경비 대책 보고회의'(화상)에서는 서울경찰청이 아니라 부산경찰청에 직접 여론대응팀 운영을 지시한다(정보증거 13591쪽). 특히 한진중공업 관련해서는 경찰청 대변인실에서 2시간마다 사이버 여론을 보고할 정도로 책임 관리했었을 뿐 정보국에서 지시한 사실이 없다.(검찰증거 2086~2090쪽)

2011년 10월 6일 경찰청 정보2과의 '5차 버스 시위 관련 업무지시(정보증거 4,283쪽)'에 10월 8~9일간 지방청별 사이버상 첩보 수집 요원 1명씩을 지정하라는 지시를 했으나, '스폴팀'을 언급하거나 댓글 대응하라는 지시는 없다. 이는 정보2과에서 사이버정보 업무와 관련하여 사이버 첩보 수집은 총괄했지만, '스폴팀'을 염두에 두거나 직접 지휘하여 댓글 게재를 지시하지 않았던 것이 명백함을 나타내는 증거다.

(4) 정용선이 대응해야 할 이슈나 논지를 정해주었다는 것도 사실과 다르다.

경찰청 정보2과 작성한 주요 사이버 이슈나 별보에 대응 이슈를 지정하거나 대응할 논지를 하달한 기록이나 근거는 전혀 없다.

다만, 2010~2011년도 서울경찰청 정보관리부 정보4계장들은 서울경찰청에서는 '스폴팀'원들에게 자체적으로 댓글 대응 이슈와 대응 논지를 전달했다고 진술했으며, 그 같은 내용이 압수기록[98]에서도 확인된다.

경찰청에서는 정용선이 정보심의관을 떠난 뒤 서울경찰청 정보관리부장이던 K 경무관이 치안감 승진과 함께 정보국장으로 부임하여 단순히 사이버 이슈를 각 기능과 전국 지방경찰청장에게 전파하는 이외에 대응 논조 정리 등 별보 작성 지시가 추가로 있었기 때문에 실무자들이 정용선이 정보심의관 재직 시에도 대응 이슈나 논지를 정해줬던 것으로 오해하고 있는 듯하다(검찰증거 1,428쪽, 1,432쪽 이하, 각 2012.1.2.~3. 작성).

---

98) 이는 K 치안감이 서울경찰청 정보1과장과 정보관리부장 재직 당시 작성했던 '천안함 침몰 사고 관련 여론 대응자료'(2010.3.2. 검찰증거 1287쪽), '법질서 파괴세력 관련 여론대응자료'(검찰증거 1290쪽), 광우병 파동 재 이슈화 대비 대응자료(검찰증거 1334쪽) 등 여러 사례에서 발견되나, 정용선이 정보심의관 재직 당시에는 경찰청에서 이와 같은 대응자료나 논조 같은 것이 없었으며, 대응 지시한 사실도 없다.

조작된 정의

(5) 2011년 10월경 서울경찰청에서 작성한 '정보4계 평가 상향 계획 문건'(통합증거 688쪽)도 본청의 지시에 따른 대응 후 이를 경찰청에 결과 보고한 근거라고 하나 전혀 사실과 다르다.

이 보고서는 2011년도 서울경찰청 정보4계장 Y 경정의 지시로 L 경감이 작성했다고 진술하나, 당시 경찰청에서 사이버정보를 담당하던 정보5계장은 받은 사실이 없다고 진술하는 것으로 보아 경찰청에 보고했을 가능성은 낮다.

오히려 경찰청의 각 기능에서 서울경찰청 해당 기능으로 대응지시를 하면 서울경찰청에서는 '스폴팀'에 전달하여 대응했을 가능성을 보여주는 보고서다.[99] 이는 2011년 11월 5일 정보2과 작성한 '뉴미디어 홍보역량 강화방안 검토(검찰 1379쪽)' 보고서에 경찰청 → 지방청 → '스폴팀'이라는 표현을 보면 알 수 있다. 특히, 2011년도 서울경찰청 정보4계장 Y도 2019년 10월 17일 정용선의 1심 공판에서 "경찰청 대변인실의 부탁으로 서울경찰청 홍보과에서 서울경찰청 정보4계로 대응을 요청하기도 했다."고 증언(증인신문조서 39쪽)한 것으로 보아 경찰청을 단순히 '정보국'으로, 서울청을 '정보관리부(또는 정보4계)'로 해석한 것은 잘못이다.

---

99) 보고서에서 성과평가 대상으로 추가해 달라는 3가지 항목을 자세히 살펴보면 첫번째 항목은 서울청 주요 집회시위 시 자체적으로 사이버 대응한 내용을 경찰청에 보고할 경우 정보 2과 5계의 성과평가에 반영해 달라는 것이지 서울청 집회시위와 관련한 경찰청 정보2과의 지시에 대응한 결과 보고 시 이를 성과평가에 반영해달라는 것이라고 볼 수 없고, 나머지 2가지 항목은 집회시위가 아닌 일반 경찰업무와 관련하여 본청의 기능별 지시(협조)나 서울청 자체적으로 대응한 경우까지 평가에 반영해 달라는 것이어서 성과평가 상향계획 보고서를 경찰청 정보국의 댓글 대응을 지시했던 근거라고 보기 어렵다.

사이버 여론 대응 사례?

5. 협조 관계를 통한 사이버 여론 대응 사례(한미 FTA 반대 집회)

2011.11월경 한미 FTA 국회 비준을 전후하여 반대 집회가 확산되어 이슈가 되고, 2011.11.4. 포털 사이트 네이버의 뉴스란에 '한미 FTA 촛불집회 여의도서 개최' 연합신문 기사, 2011.11.14. 포털 사이트 다음의 뉴스란에 '시민단체-고막 찢는 물대포 진압 중단하라' 뉴시스 기사 등이 게시되는 등 여론이 악화되자, J 경찰청장과 피고인 정용선은 앞서 본 사이버 여론 대응체계에 따라 사이버 여론 대응을 지시하였고, SPOL팀 소속 경찰관들은 위 지시에 따라 경찰관 신분을 드러내지 않고 일반인이 의견을 제시하는 것처럼 인터넷에 '한미 FTA는 넘어야 할 산. 한미 FTA는 반드시 세계화로 나아가는 반드시 넘어야 할 산입니다. 왜 반대만 하여 국익을 해치려 하시는지 이해가 안 됩니다. 광우병 반대했던 또라이들이 또 한미 FTA를 반대하여 나라 망신시킬 것인가요? 이제 모두가 국가를 위하고 국익을 위해 하나로 뭉칩시다. 그리고 세계 속의 한국으로 거듭 납시다. 대한민국 영원한 나라 동방의 등불 대한민국 만세~~' '고막이 몇 번이나 찢어졌다고 고막 찢는 물대포라고 하는가… 장사하면서 내 심장은 수십 번 찢어졌다. 니들 때문에 장사가 안되서. 허구헌날 도로나 쳐 막지말고, 제발 좀 어느 정도 테두리 좀 지켜주라. 제발' 등과 같은 댓글을 작성 · 게시하였다.

(1) 사이버 여론 대응을 했다고 적시한 사례들을 살펴보더라도 정용선의 지시나 지시 전달 가능성은 없다.

① '한미 FTA 촛불집회 여의도서 개최' 연합신문 기사 [100]

2011년 11월 4일 포털 사이트 '네이버'에 등재된 위 뉴스에 대응을 지시하여 댓글을 게재했다고 하나, 위 연합뉴스 기사는 11월 4일 19:42 보도된 것인데 댓글은 '스폴팀원' 김○○이 11월 4일 21:43에 게재한 1개(범죄일람표 댓글 2,945번) [101]뿐이어서 경찰청장이나 정용선의 지시에 의해 게재했다고 볼 수 없다. 적어도 경찰청장이나 정용선의 지시에 의해 댓글이 게재되었다면 다음 날인 11월 5일 08:30 이후에나 게재되어야 정상이다. 글의 내용도 공소장처럼 경찰업무 무관 정부 옹호(정치 관여)적 행위인지 의문이다.

② '시민단체-고막 찢는 물대포 진압 중단하라'는 뉴시스 기사

이 기사에 '스폴팀' 댓글이 15개 확인되나, 이 기사는 2011년 11월 14일 12:53 보도된 기사로서 수서경찰서 이○○의 11월 14일 14:45 최

---

100) 연합신문은 '연합뉴스'의 잘못된 기재로 보인다.

101) 남대문서 태평로지구대장이던 K 경감이 게재한 댓글은 "한미 FTA는 넘어야 할 산 한미 FTA는 반드시 세계화로 나아가는 반드시 넘어야 할 산입니다. 왜 반대만 하여 국익을 해치려 하시는지 이해가 안 됩니다. 또라이들이 또 한미 FTA를 반대하여 나라 망신시킬 것인가요?? 이제 모두가 국가를 위하고 국익을 위해 한마음으로 똘똘 뭉쳐 이 어려움을 극복해야 할 것입니다. 우리 모두 국익을 위해 하나로 뭉칩시다. 그리고 세계 속의 한국으로 거듭납시다. 대한민국 영원한 나라 동방의 등불 대한민국 만세~~"이다. K 경감은 정용선이 정보심의관 재직 중 게재했다는 정부정책옹호 댓글의 40%(85개 중 34개)를 작성했는데 J 경찰청장의 1심 법정에서 "누구의 지시가 아니라 스스로 작성했다"고 증언했다.

초 댓글(범죄일람표 댓글 3,038번[102])을 시작으로 정용선이 보고받기 이전인 11월 14일 17:00 이전까지 이미 13개의 댓글이 게재된 것으로 경찰청장이나 정용선의 지시에 의해 게재되었다고 볼 수 없다.

정용선이나 J 경찰청장은 빨라야 17:00 전후하여 보고를 받기 때문에 보도 사실을 알지도 못하는데 댓글 게재부터 지시했다는 것은 어불성설이다.

경찰청의 11월 15일 08:00 '주요 사이버 이슈' 보고서(정보증거 15,257쪽)에는 정보, 홍보, 경비 기능에서 협의 후 대변인실 온라인소통계에서 '경찰은 합법집회라면 언제든지 돕겠습니다.' 제하 글을 통해 '불법시위에 대한 물포 사용은 적법하다는 해명과 함께 성숙한 집회를 당부하는 공식 대응을 했다.'고 되어 있다.

댓글 내용도 대부분 불법 폭력시위를 하지 말고 합법적이고 평화적인 집회시위의 필요성을 당부하는 글인데, 집회시위 관리 빙자 정부정책 옹호 행위로 분류한 것도 의문이다.

보도 내용도 2011년 11월 10일 한미 FTA 저지 범국민운동본부 측의 국회 진입 시도 과정에서 경찰이 물대포를 사용한 데 대해 시민단

---

102) 이○○ 게재 글은 "집회시위는 헌법에서 보장하고 있는 권리로 합법적이고 평화적으로 진행한다면, 경찰에서도 원만한 진행을 위해 도움을 주지 않을까여? 도로를 점거하고, 수 차례 해산명령에도 불구하고… 시민들에게 불편을 주니깐, 어쩔 수 없는 거지."

체가 과잉 진압이라며 반발한다는 것으로 경찰 진압 작전의 정당성에 대한 논란일 뿐 엄밀히 말하면 FTA 정책과 관련도 없다.

그럼에도 수사기관과 법원이 FTA 정책이나 경찰을 옹호하는 댓글로 판단하고 대표적인 사례로까지 제시한 것은 매우 큰 오류다.

댓글 내용 중 일부 부적절한 내용은 '스폴팀원' 개인들의 돌출 행동이나 감정을 절제하지 못해 쓴 것으로 보아야지 지시에 의해 게재한 것이라고 볼 수 없고 그 같은 지시를 내릴 간부도 없다.

(2) 한미 FTA 반대 집회와 관련한 경비대책 보고회의 시 J 경찰청장이 정용선에게 사이버 여론 대응을 지시한 사례가 없고, 압수 증거상으로도 경찰청 정보국의 지시가 확인된 근거도 전혀 없다.

(3) 서울경찰청 정보4계 작성 '스폴팀'의 '주요 이슈 및 활동내역'(통합증거 304~311쪽) 목록에도 경찰청에서 지시한 근거라는 '본청' 표시는 아예 없다.

스폴팀은 FTA와 관련하여 2011년 11월 1~30일간 ① 한미 FTA 저지 시위대 경찰과 충돌..24명 연행(11.4. MBN 등. 댓글 4개), ② FTA 반대 행진에 물대포 급습..그박까지 찢어졌다(11.11. 한겨레. 댓글 8개), ③ 한미 FTA 비준 반대 집회 어린이 동원 비판 트윗글 게재(11.17. 트위터 글 1개) 등 3가지 이슈에 '댓글 등' 13개를 게재했는데, 이는 경찰청의 지시 없이 서울경찰청 자체적으로 게재한 것이다.

'스폴팀'의 댓글 중 집회시위와 관련한 대응은 해당 정부 정책에 대한 찬반 입장에서 글을 게재한 것이 아니라, 집회시위 과정에서의 가짜뉴스에 대한 진상을 알리거나 불법 시위상황을 공개하여 경찰 진압 작전의 정당성을 알리려는 목적이다. 객관적 입장에서 정부 정책 옹호라고 볼 수 없는 내용을 억지로 포함시킨 것이다.

(4) 또한, FTA 집회시위와 관련하여 정보2과가 작성한 사이버 정보보고서(별보)에도 서울경찰청 '스폴팀'에 댓글 대응을 지시했다는 근거는 없다.[103]

2011년 11월 8일 경찰청 정보2과 작성한 '정보7계 업무계획서(안)(검찰 증거 1399~1400쪽)'에 의하면, '정보2과는 11월 3일부터 FTA 집회시위와 관련하여 사이버 동향을 별보로 정리(1~2장) 후 정보3과에 전파(매일 1회, 21:00 기준)하는 일을 수행했고, 이는 사실상 3과 보조업무에 불과하다.'고 기재되어 있는 것으로 볼 때 이들 보고서를 서울경찰청에는 하달조차 하지 않은 것이다.

---

103) 이러한 내용으로 볼 때, FTA 불법 집회시위와 관련하여 댓글로 대응이 필요했다면 집회시위 업무를 담당하던 경찰청 정보3과에서 서울경찰청 정보1과로 하달했었을 가능성도 있었다고 보아야 한다.

사이버 여론 대응 활성화 조치?

6. 사이버 여론 대응 활성화를 위한 조치

J 경찰청장은 2010.9.15. 및 2010.12.16. SPOL팀원들에 대한 오찬, 2011.6.15. SPOL팀원들 및 대변인실 산하 새로 구성된 사이버여론대응팀인 '폴알림e'소속 경찰관들에 대한 오찬을 통해 SPOL팀을 격려하였고, 피고인 김○○은 위 각 오찬에 참석하였다.

J 경찰청장은 2011.10.4. 경찰청 일일회의에서 달라진 인터넷 커뮤니케이션 환경에 능동적으로 대처할 것을 지시했고, 피고인 정용선은 같은 내용을 정보5계장에게 지시하였다. 정보5계장은 '뉴미디어 홍보 역량 강화 방안 검토' 문건을 작성하여 이를 피고인 정용선과 경찰청장에게 보고하였는데, 그 내용은 뉴미디어에 대한 인식 부족으로 사이버 여론 대응 시스템이 미흡하여 경찰 관련 의혹, 부정적 여론에 대한 사이버 여론 대응 시스템을 재정비할 필요가 있고, 정보2과에 사이버정보계를 신설하는 방안을 검토하여야 한다는 것이었다.

피고인 정용선은 위 문건에 따라 2011.11월경 정보5계의 사이버정보 업무 담당 인원을 증원하여 정보7계로 독립시키고 정보5계가 담당하던 인터넷상의 주요 이슈에 대한 모니터링 및 서울경찰청 정보4계와의 협조 관계를 통한 사이버 여론 대응 업무를 정보7계가 담당하도록 하였다.

(1) J 경찰청장이 부임한 2010년 8월 30일 이후 SPOL팀에 대한 3차례의 오·만찬이 있었지만, 정용선은 단 한 번도 참석한 사실이 없다.

2010년 9월 15일 오찬과 12월 16일 만찬 등 두 차례 행사는 J 경찰청장과 서울경찰청 정보관리부장과 정보1과장, '스폴팀원'들만 참석했었기 때문에 경찰청 정보국은 물론이고 정용선은 행사 개최 사실 자체를 알지 못하였다(검찰증거 174쪽). 만약 J 경찰청장이 정용선을 통해 서울경찰청 '스폴팀'을 관리했었다면, 정용선을 참석시키는 것은 너무나 당연한 일 아닌가?

(2) 2011년 10월 5일 정보2과 작성 '뉴미디어 홍보역량 강화방안 검토'보고서(검찰증거 1379쪽)는 사이버상에서의 댓글 대응을 강화하기 위한 보고서가 아니라, 뉴미디어 등장 이후 오프라인 매체에 치중하던 기존 경찰 홍보 수단을 동영상 등 뉴미디어를 활용하는 방식으로 전환해야 한다는 것이 핵심 골자다.

이는 2011년 10월 4일 일일회의 시 경찰청장(정보증거 13,623쪽)의 '인터넷 커뮤니케이션에 능동적으로 대처하라'는 지시[104]에 의해 작성된 것

---

104) 경찰의 홍보패러다임을 근본적으로 전환해야 함. 인터넷·SNS 영향력 확대와 같은 달라진 커뮤니케이션 환경에 맞게 국민의 귀와 마음을 열 수 있는 전략적인 홍보가 필요함. 사이버경찰청이 많은 네티즌들이 방문하고 경찰 관련 이슈에 서로 의견을 개진하는 공론의 장이 되도록 해야 함. 사이버경찰청을 통해 국민들에게 실생활에 유용한 정보와 서비스를 제공하여 국민들이 많이 이용할 수 있도록 유도(이하 생략).

으로, 달라진 커뮤니케이션 환경에 맞게 국민의 귀와 마음을 열 수 있는 전략적인 홍보를 해야 한다는 차원에서 작성한 것이지 사이버상 여론 대응을 위해 작성한 것도 아니다.

이를 경찰청장이 지시하게 된 배경은 당일 08:00 과장급 정기 보고 때 정보2과에서 보고한 '新홍보 트렌드, 경찰 홍보에 적극 활용(정용선 개인 보관 문서)' 보고서를 보고받고 지시한 것으로 보이는데, 보고서에는 민간기업 및 해외의 뉴미디어 홍보사례 검토를 통해 앞으로 경찰 홍보에도 글 대신에 영상과 이미지를 적극 활용하자는 제언인 것이지 사이버상 댓글 대응을 위한 내용이나 목적도 아니었다.

新홍보 트렌드, 경찰 홍보에 적극 활용

□ 홍보 방식, 과거의 틀에서 탈피하며 쌍방향 소통으로 변화

ㅇ 최근 SNS가 급격히 확대되면서 기업은 물론 정부 부문에서도 기존의 소극·정적인 정책 홍보방식에 한계를 느끼며 대안책 마련에 고심

 - 연예인 등을 활용한 과거의 홍보방식은 일회성 홍보 이벤트에 머물며, 국민의 감성에 진정성 있게 다가가지 못한다는 지적

  ※ 공의 홍보대사도 억대 모델료 (9.9 경향) / 이순재는 1억…기막힌 모델료(9.9 매경)

ㅇ 특히, 외교통상부는 정부부처 가운데 처음으로 각 과·국과 개인의 SNS를 한눈에 볼 수 있는 '소셜 허브'를 만들어 부처 내외 소통에 활용

  ※ '위키트리'에 의뢰, 내부 컨텐츠 집약·SNS 확산을 극대화할 수 있는 사이트 (MOFAT STORY)를 구축하고 지난달 30일 이를 전담 관리하는 뉴미디어 팀 출범

 - 10.4 부처별 직제상 대변인실 기능에 소셜 미디어 총괄 및 점검 평가 기능을 추가하는 안이 국무회의를 통과, 온라인 대변인의 법적 근거 마련

□ 감성 자극에 효과적인 영상·이미지 적극 활용

ㅇ 기업의 경우 매출 극대화를 위해 광고에 많은 비용을 투자하며 광고기법 등이 계속 변화하고 있으나, 최종 목적은 '관심 유발'

  ※ P&G, 2010 벤쿠버 올림픽 기간동안 '엄마 마케팅'으로 전체 고객의 80%를 차지하는 주부들을 겨냥하면서 세계 생활용품 1위 기업으로 등극

  ※ '간 때문이야' 우루사 광고, 소비자들에게 친숙한 축구선수 차두리를 캐스팅, 따라 부르기 쉬운 노랫말로 '11년 상반기 소비자가 뽑은 '최고의 광고'로 선정

특히 '뉴미디어 홍보역량 강화방안 검토'보고서 3쪽(검찰증거 1381쪽) 하단 '이슈의 성격과 확산 정도를 감안, 사실공개, 반박, 해명, 사과 등 선별적으로 대응 / 대외적으로는 대변인실이 주도하되, 정보기능의 판단을 존중'이라고 기재된 것으로 보아 당시 정보2과 정보6계의 업무는 이슈 검색, 통보가 원칙임을 알 수 있다. 또한, 4쪽을 보면 '홍보·주무 기능은 경찰내부·언론 대응, 정보기능은 주무 기능의 진상 보고를 근거로 BH(대통령비서실)와 총리실 등 전파' 역할을 부여함으로써, 정보기능은 서울청 스폴팀 등에 댓글 대응을 지시하지 않았음을 알 수 있다.

(3) 정보7계 신설(통합증거 1,390쪽)을 댓글 대응을 위한 목적이라고 판단하고 있으나, 정보국 내부적으로는 부족한 정보2과 직원을 증원[105]하기 위한 의도였다.

2011년 10월 14일 정보2과 작성한 '정보국 사이버정보 역량 강화 방안'(검찰증거 1,890쪽)에 의하면 정보7계 신설과 관련하여 '종전 단순히 이슈 검색·수집·전파하는 역할에서 벗어나 정보 분석 및 대응 방법·수위 등을 판단, 대변인실과 해당 기능에 제공한다.'고 되어 있어서 정보2과의 역할은 종전에 이슈를 검색하여 전파하는 것이 기본 역할이고, 정보7계가 신설된다고 하더라도 사이버 여론 추이를 토대로 어떻

---

105) 정보2과는 전입하더라도 3개월 정도의 자체 수습기간이 있어야 보고서를 작성할 수 있다. 정보7계 C 경감은 경찰 특별수사단의 참고인 조사에서 '직원들의 보고서에 대한 부담도 상당한데 경찰조직 내에서 가장 우수한 자원들이라서 해마다 승진시험에 많이 합격하게 되고, 그렇게 되면 많은 인력이 대거 교체되기 때문에 정기인사 시기인 1월 말~2월까지 사전에 인력을 확보하여 수습할 수 있도록 하는 차원에서 인력을 추가로 확보한 것이다. 7계 신설 이후 사이버정보 업무가 크게 달라진 게 없다.'라고 진술.

조작된 정의

게 대응하는 것이 좋은지를 판단한 정보국의 의견을 대변인실과 해당 기능에 참고로 제공하겠다는 것으로 되어 있다.

또한 경찰 관련 사이버 여론을 분석하여 경찰 시책 자료에 반영하고, 국가의 법령과 제도개선이 필요한 사항을 발굴하여 청와대에 정책정보로 보고하려는 것이었다.

이것만 보더라도 정용선이 정보심의관 재직 당시 정보2과 6계(사이버계)의 역할은 사이버상 경찰 관련 기사나 글에 대해 수집, 전파하는 역할에 머물렀지, 서울경찰청 '스폴팀'에 댓글 대응을 지시하여 여론을 조작하라고 한 사실이 없음이 명백하다.

본청의 다른 기능에서도 정보2과 작성 '주요 사이버 이슈 보고서'에 포함된 이슈에 대해 대부분 보고서 전파 전에 필요한 조치를 한 뒤, 그 결과를 청장에게 직접 보고하는 것이 대부분이었고, 그 결과를 정보2과로 통보할 의무가 없어서 정보2과가 이를 체계적으로 관리할 수도 없고 관리한 사실도 없다.

(4) 정보국 내의 임시 조직 신설[106]**은 정보국장과 경무인사기획관의 책임하에 추진하는 것인데도 경찰청 정보국 내에서 '스폴팀'에 대한 모든 책임을 정보심의관인 정용선에게 묻기 위해 억지로 정용선의 지시로 정보7계가 신설된 것처럼 범죄사실을 구성하였다.**

---

106) 정보7계는 정원이 반영된 정식 직제가 아닌 현원으로만 운영하는 임시 직제이므로 기획조정관이 아닌 경무인사기획관 소관 업무.

무죄를 입증할 증거가
유죄의 증거라고?

7. 소결론

K 치안감, 정용선은 H 치안감, J 경찰청장과 공모하여 SPOL팀 소속 경찰관들에게 경찰관임을 드러내지 않은 채, 마치 일반인들이 정부 정책 또는 경찰을 옹호하는 의견을 제시하는 것처럼 댓글 등을 달아 정부 정책 또는 경찰에 우호적인 여론을 조성하도록 지시하여, 위 경찰관들로 하여금 인터넷에 'G20 관련 음향장비 도입 논란 및 G20 정상회의 홍보', 'KEC 노조위원장에 대한 무리한 체포영장 집행 논란', '종암경찰서 경찰관 성희롱 발언 논란, 성북경찰서 가혹행위 논란, 전의경 구타 가혹행위 논란, 역삼동 20대 여성 변사 논란, 장자연 사건 재수사 논란, 검찰의 함바비리 수사와 수사권 조정, 삼색신호등 도입, 총기 사용 매뉴얼 개정, 유성기업 공권력 투입 논란, 반값 등록금 집회, 제주 강정마을 해군기지 건설 반대 집회, 한미 FTA 반대 집회 이슈 등에 관하여 다음과 같이 댓글, 트윗글, 위키트리 기사를 작성·게시하게 하였다.

(1) 공모 사실이 없음은 앞서 밝힌 바와 같고, 경찰이 경찰 관련 언론기사나 글을 검색하여 해당 기능에서 반박 브리핑, 보도자료 배포, 댓글 등 다양한 수단으로 조치 했던 것은 허위·왜곡 정보나

조작된 정의

가짜뉴스로부터 경찰 이미지 나아가 국가 공권력의 위상 실추를 방지하기 위한 정당한 목적이었다.

2011년 7월 작성한 것으로 추정되는 서울경찰청 작성 'SPOL 활동 현황'(정보증거 4,244쪽. 서울경찰청)에 의하면, '법적 테두리 안에서 활동해 줄 것과 허위·왜곡된 여론에 비방 글 대신 설득력 있고 논리적인 대응 필요가 있다.'라고 되어 있는 것도 댓글 게재 목적이나 취지가 진상을 알리기 위한 것이지 정부 정책이나 경찰에 일방적으로 우호적 여론을 조성하기 위한 목적이 아님을 알 수 있다.

(2) 판결문 소결론에서 인용한 16건의 사례 중에서 정부정책을 옹호할 목적으로 댓글을 게재한 사례는 단 1건도 없다.

이들 사례는 경찰활동이나 치안정책의 부당함을 지적하는 보도에 대한 해명, 불법집회시위에 대한 법 집행의 정당성 설명, 경찰에 대한 오해나 잘못된 비난에 대해 진상을 알리는 내용뿐이다.

보도부터 댓글 게재에 이르는 순차적인 시간 등 증거들을 비교해 볼 때 정용선이 스스로 또는 J 청장의 지시를 전달하여 게재되었다고 여길만한 댓글도 없다.

우선, 2010년도에 댓글을 게재하도록 지시했다는 5개의 사례는 정용선이나 경찰청의 지시에 의해 작성했다고 볼만한 객관적인 증거가 없다. 2011년 댓글 게재한 나머지 11개 사례는 '스폴팀'의 '주요 이슈 및 활동 내역(통합증거 304~311쪽)상 비고란에 정보국이 아닌 '본청'이라는 표시가 되어 있다는 것이 근거일 뿐이다.

(3) 판결문에 인용된 16건의 댓글 게재 사례

① 지향성 음향장비

경찰이 G20(2010년 11월 8일~13일)을 앞두고 폭력시위대와 경찰 간의 물리적 충돌을 방지하기 위해 도입하려 했던 일명 '음향 대포[107]'인데, 일부 언론에서 안전성에 의문을 제기하였다. 이에 경비국에서 기자들과 직접 시연, 진상 설명 등을 통해 계속 도입을 추진했으나, 반발 여론으로 인해 결국 중단되었다.

연합뉴스가 2010년 9월 28일 05:34 '경찰 안전성 미검증 진압장비 사용 확대 추진'이라고 최초로 보도하였으므로, 홍보과에서는 적어도 9월 28일 07:00 이전에 담당 부서인 경비국장과 경비과장에게 기사를 전파[108]한 데 이어 같은 날 08:00 청장 일일보고 때 경비국·과장과 함께 관련 대책을 보고하고, 경비과 중심으로 필요한 조치를 시작했을 가능성이 높다.

관련 취재가 늦어도 9월 27일에는 시작되었을 것이기 때문에 9월

---

107) 폭력시위대의 경찰력에 대한 접근을 막기 위해 고음을 송출하는 장비여서 양측의 물리적 충돌을 막는 데 활용할 예정이었다.

108) 경찰청 대변인실 산하 홍보과에서는 24시간 주요 방송과 언론보도를 실시간 모니터링하여 관련 기능과 해당 지방청, 청장까지 전파(보고)한다. 2011년도에는 30개 언론사(방송 10, 통신 2, 신문 14, 인터넷 4)가 모니터링 대상이었다(통합증거 231쪽).

27일 저녁까지 언론보도 예상 보고가 되었을 가능성도 높고, 9월 28일 08:00 경찰청장에게 향후 조치계획을 보고했을 것이라는 판단은 무리가 아니다.[109]

어쨌든 9월 28일 연합뉴스 최초 보도 이후 당일 오전에만 12건의 기사가 보도된 것으로 볼 때, 경비과를 대상으로 기자들의 취재가 계속되었을 것이고, 15:00에는 민주노동당의 반대 성명까지 발표되었으므로, 당연히 경비국장과 과장이 추가로 보도되는 기사를 모니터링하면서 필요한 조치를 했을 것으로 판단된다.

'스폴팀'이 게재한 최초 댓글은 'G20 대비 경찰이 도입 추진하는 음향대포는?' 이라는 뉴시스의 9월 28일 18:17 기사에 9월 29일 08:06 서울관악경찰서의 오○○이 게재한 것인데, 이는 음향대포 관련 기사 중 16번째로 늦게 보도된 기사이고,[110] 두 번째 댓글은 9월 29일 10:55 '국민이 마루타인가 음향대포 도입 비난 거세' 제하의 '아이뉴스24' 보도에 대해 9월 29일 11:43 게재된 것이어서 보도 시간과 댓글 게재 시간을 감안할 때 정용선의 지시나 지시 전달 가능성은 전혀 없다. 만약 경찰청장이나 정용선의 지시에 의해 댓글이 게재되었다면 9월 28일 오전부터 시작되었어야 정상이다.

---

109) 경비국의 지향성음향장비 관련 보도 진상보고 및 후속조치 등 관련 서류를 확인만했더라도 정보국과는 관련이 없음을 알 수 있었을 것이다.
110) 만약 '스폴팀'에 대응 지시를 했는데, 최초 기사가 아닌 16번째 기사에 댓글을 게재한 것도 이해할 수 없고, 경비국 입장에서는 신속한 진상 설명 등 조치가 필요했을 텐데 최초 보도 다음 날부터 비난 여론에 대응하기 시작했다는 것도 납득하기 어려운 점이다.

② G20 정상회의 홍보

G20 정상회의(2010년 11월 11일~12일)가 아시아에서 개최된 것도 처음일 뿐 아니라 당시 25개국 정상이 대한민국을 동시에 방문한 것은 단군 이래 처음이라고 할 만큼 우리나라의 국격 제고를 위해 매우 중요한 행사였다. 정부를 비롯한 수많은 기관·단체의 다양한 공익광고가 지속 게재되고 있었다.

일부 '스폴팀원'들이 게재한 댓글은 행사 기간에라도 폭력시위를 자제하여 안전하고 질서있는 G20 행사로 만들자는 내용이다. 25명이나 되는 외국 정상들을 위한 경호경비에 전국에서 수많은 경찰관들이 동원되는 만큼 폭력시위가 발생할 경우, 경찰력 운용 차질로 치안상의 허점도 예방해야 할 필요가 높았다.

'스폴팀원' 중 G20 관련하여 최초로 글을 게재한 것은 남대문서 태평로지구대 K 경감(범죄일람표 경찰청–정보–댓글 91번, 2010년 10월 1일 11:47)으로 'G20의 성공적 개최를 위해 반대 집회시위를 하기보다는 힘을 모아야 한다.'는 내용이고, 댓글이 아닌 '다음 아고라' 사이트에 직접 게시글(본문)을 게재한 것이다.

이처럼 K 경감이 2010년 10월 1일~11월 9일(40일)간 G20 관련하여 모두 16개의 글을 게재하였다. 하지만, 이중 12개는 댓글이 아니라 다음 아고라 사이트에 G20의 성공을 기원하는 게시 글(본문)을 단독으로 게재한 것이다. 나머지는 G20 홍보포스터를 훼손한 대학 강사를

조작된 정의

비판하는 댓글 2개, G20 기간에 폭파협박 장난신고를 자제해야 한다는 댓글 2개여서 엄밀히 말해 이들 4개는 G20 정책을 지지하는 글이라고 보기도 어렵다. 이러한 16개의 게시글과 댓글은 K 경감 개인적 성향에 의한 글이지 경찰청장이나 정용선의 지시에 의해 게재한 것이라고 볼 수도 없다[111].

또한, 2010년 11월 7일 13:21 서울경찰청 홍보과 P 경사가 다음 아고라 사이트에 게재한 '경찰관의 소망 "G20 앞두고 폭력시위 자제해 주세요."'라는 글에 대하여 11월 8일 13:52부터 게재한 '스폴팀원'의 댓글 5개가 정부 정책 옹호 행위라는 것이나, P 경사의 글은 경찰관이라는 신분을 밝혔고, ID도 '폴리스 피알'인데다 이전 게시글을 보더라도 글쓴이가 경찰관임을 누구든지 쉽게 알 수 있다.

P 경사의 글에 위 5개를 포함하여 '스폴팀원' 6명이 11월 8일 12:57~16:39 사이에 모두 7개의 댓글[112]을 게재했는데, 이는 서울경

---

111) K 경감은 J 청장 1심 공판에서 '본인이 '스폴팀원'인 것도 잘 몰랐고, G20 관련 댓글 게재를 지시받은 사실도 없으며 경찰 관련 왜곡이나 근거 없는 비난에 화가 나서 자발적으로 댓글을 게재했다'는 취지로 증언한 바 있다. 각주66) 참조

112) 범죄일람표 273 노원서 박ㅇㅇ(2010.11.8. 13:53) '우리나라뿐만 아니라 선진국에서도 불법 폭력시위는 인정하지 않는 것으로 알고 있는데, 유독 우리나라만 폭력시위를 하려고 하는지 이해가 안 가네요. 우리나라가 후진국도 아닌데 불법 폭력시위를 하려는 사람들은 민주주의 시민이 아니라서 그런가??? 자고로 불법 폭력시위는 어떠한 일이 있어도 용서가 안 된다고 생각합니다. 빨리 추방합시다.'라고 기재.

범죄일람표 274 노원서 박ㅇㅇ(2010.11.8. 13:58) 'G20 정상회의뿐만, 어떤 시위를 하더라도 불법 폭력시위는 용납해서는 안 될 것입니다. 국민의 한 사람으로서 법이 무너지면 우리처럼 선량한 사람들은 피해만 입을 것입니다. 대한민국 법이 살아 있다는 것을 보여주기 위해서는 불법 폭력시위자들을 끝까지 추적해서 꼭 잡아 법으로 심판해야 합니다.'라고 기재.

찰청 홍보과에서 '스폴팀'에 자체적으로 협조를 구한 것으로 판단된다. 물론 P 경사도 '스폴팀원'이었다.

P 경사의 글이나 댓글의 내용도 'G20의 성공적 개최를 위해 노력하자거나 불법 폭력시위를 하지 말자.'는 것이어서 신분을 밝힌 글과 경찰관 개개인이 자신들의 필명(닉네임)을 활용하여 게재한 댓글이 정상적인 홍보활동이 아니라 익명으로 정부 정책을 옹호했다는 범죄가 되는지 의문이다.

국가기관의 공식 입장을 공직자 개인의 ID로 리트윗하는 것을 장려하던 시기였음을 참고할 필요도 있다.[113]

③ KEC 노조위원장에 대한 무리한 체포영장 집행 논란

경찰이 2010년 10월 30일 경북 구미시 소재 KEC 공장을 점거 농성 중이던 노조지부장 김○○에 대해 체포영장을 집행하려고 하자 분신을 시도했던 사건이다.

정부 정책과 아무런 관련이 없고, 노조 측에서 경찰의 법집행을 비난한 것이어서 이에 대한 법집행의 정당성과 필요성을 설명했던

---

113) 기획재정부는 2011년 11월 7일 총리 주재 회의에 제출한 '한미 FTA 온라인 동향 및 대응방안' 보고서(통합증거 2,050쪽)에서 '허위사실 및 악성 트윗에 대한 대응 시 타 부처가 공식 해명한 트윗에 대해서도 해당 부처나 개인의 트위터 계정을 통해 리트윗하여 확산을 유도해 달라'고 당부했다. 또한, 기재부뿐 아니라 외교부도 개별 직원들의 트위터를 통해 반박 글을 게시중이라고 되어 있고, 모든 부처의 SNS 매체를 이용하여 대응 강화 필요성을 제기하였다. (통합증거 2045쪽)

조작된 정의

사례이지 경찰을 옹호하거나 우호적 여론 조성을 위한 것도 아니다.

경찰 수사 기록에는 KEC 노조위원장 분신과 관련하여 정용선의 지시를 받아 '스폴팀'이 댓글을 게재했다(2010년 10월 31일 다음 아고라)고 혐의 사실에 포함시키면서 그 근거로 "노동자 분신으로 내몬 경북경찰청장 파면하고 경찰청장 사퇴하라!" 제하 진보신당의 논평(범죄일람표 댓글 167번)을 제시하였다.

김○○ KEC 노조지부장이 분신을 시도한 것은 2010년 10월 30일 21:50경이고, 진보신당의 논평이 네이버에 보도된 것은 다음 날인 10월 31일 13:20이어서 정용선이 사이버 댓글 대응지시를 하려면 적어도 10월 31일 18:00 이후가 되어야 할 것이나, 10월 31일 15:25분에 최초로 강서경찰서 정보관이 게재(범죄일람표 댓글 167번)한 것으로 보아 정용선의 지시로 '스폴팀'이 게재했던 댓글이라고 볼 수 없다.[114]

특히, 2010년 10월 31일은 일요일이어서 정용선이 경찰청장에게 보고는 물론 출근도 하지 않는 날이다. 더욱이 경북청 등 타 지방경찰청에서 발생한 사건에 대해 서울경찰청에 통보한 사례도 없다.

---

114) 2010년 서울경찰청 정보4계장 P 경정은 2018년 10월 17일 검찰 진술에서 구미 KEC 노조위원장 분신사건 관련, 관할도 아닌데 서울청 '스폴팀'에서 댓글 게재한 경위에 대하여 "경찰청장이 정보1과장 K 총경에게 지시하거나 경찰청 정보6계장 K 경정이 서울청 정보4계에 요청하여 대응한 것으로 보인다. 지시받아 작성한 것이다."라고 추측성 진술(검찰증거 1255)을 하였고, 수사기관은 이를 근거로 정용선이 경찰청 정보4계장에게 지시한 것으로 만들었다.

서울경찰청에서 KEC 노조위원장 분신 사건에 대하여 댓글을 게재한 것은 KEC 노조위원장이 10월 31일 오전 화상 전문병원인 서울 한강성심병원으로 후송되었고, 10월 31일 14:00에 당시 야 3당과 민주노총위원장의 기자회견[115]이 한강성심병원 앞에서 있었기에 서울경찰청에서 정보 파악이 되어 자체적으로 대응한 것으로 보인다.

공소장에서 글의 내용도 집회 시위관리 빙자 정부 정책 옹호로 분류했는데, 노사 간의 갈등일 뿐 도대체 어떠한 정부 정책을 옹호했다는 것인지 의문이다.

④ 종암경찰서 경찰관 성희롱 발언 논란

어느 네티즌이 "자신의 어머니가 다니던 공장에서 관리자에게 성추행을 당해 종암경찰서를 찾았는데, 담당 형사가 '그깟 엉덩이 한 번 대주면 어때서 그러냐'고 비웃었다."는 내용을 2010년 11월 6일 00:51 '다음 아고라' 사이트에 게재하여 논란이 되자 종암경찰서장이 서울경찰청에 수사 의뢰 했던 사건이다.

2010년 11월 30일 대변인실의 '폴알림e 구축계획서'(통합증거 380쪽)에 의하면 종암서 사례를 폴알림e와 공동 대응했던 사례라고 밝혔다. 이 보고서에는 대변인실이 '다음 아고라' 사이트에서 '종암서 성추행 피해자를 경찰이 성희롱했다'는 내용의 글을 파악하고, 당일 해당 경찰서

---

115) 민노총·야당, KEC지부장 분신 진상조사요구 (2010.10.31. 15:50 연합뉴스) http://naver.me/5y4dV0YB.

에 통보하여 경찰서장이 공식 답글을 게재했다고 되어 있다. 사실이 이렇다면, 서울경찰청 홍보과에서 '스폴팀'에 댓글 협조를 요청했을 가능성도 매우 높다.

또한, 경찰서장이 직접 공식 입장을 발표할 정도의 경찰관의 비위는 대외보안 유지 때문에 홍보, 감찰, 수사 기능이 협의하여 공동 대응하는 시스템이어서 진상도 모르는 정보기능에서 개입할 여지도 전혀 없다.

⑤ 성북경찰서 가혹행위 논란

'2010년 3월 13일 성북경찰서 형사가 자백을 받으려 가혹행위 했다.' 는 피해자측 주장에 대하여 서울경찰청 수사과에서 수사 착수한 사실을 2010년 12월 15일 서울경찰청 청문감사관실이 출입기자들에게 설명하여 12월 15일 20:05 연합뉴스부터 보도된 사건이다.

경찰 스스로 언론에 공개한 사안이면 서울경찰청장 지휘하에 자체적으로 기능별로 필요한 준비를 하여 대응했을 것으로 판단된다. 통상 청문, 홍보, 형사 기능으로 사전에 경찰청까지 보고 후 필요한 조치가 이뤄졌을 것으로 보여 정보국이 개입할 여지가 전혀 없다.

서울경찰청에서 '스폴팀'을 운영하고 있다는 사실을 서울경찰청장부터 모두가 잘 알고 있던 사실인데, 이를 경찰청에 보고해서 경찰청장의 지시를 받아 '스폴팀'에 전달했다는 것도 터무니없는 주장이 아닐수 없다.

⑥ 전의경 구타 가혹 행위 논란

의무경찰 입대 후 선임병들의 가혹 행위로 인해 급성 혈액암으로 사망한 자신의 아들을 국가유공자로 인정해 달라는 내용의 글이 인터넷 사이트에 게재(2010년 12월 31일)되었다.

2011년 1월 2일(일), 11:48경 뉴시스에 최초 보도된 후 '스폴팀원' 김○○이 12:28부터 철저한 진상조사 필요성을 제기하는 글을 연이어 2개(범죄일람표 댓글 397~398번)[116] 게재한 것을 비롯, 경찰청 경비과장이 같은 날 14:48, 19:06분을 시작으로 경찰청 전의경계장, 충남경찰청장과 작전전경계장 등이 공식 입장을 게재하였다.

당일은 일요일이어서 J 청장과 정용선 모두 출근하지 않아서 정용선에게 지시할 가능성도 없고, 경찰청 경비국장이나 경비과장 책임하에 필요한 조치들이 이뤄진 것으로 보인다.

정용선의 지시에 의해 댓글을 게재하기 시작했다면 18:00 이후에나 가능하다. 특히, 이와 같은 주요 통신사의 보도는 대변인실에서 실시간 해당 기능(일요일은 각 국별 분직 근무자)으로 전파하여 필요한 조치가 이뤄졌다.

---

116) 범죄일람표 댓글 397번에서 '먼저 고인에 대한 안타까운 심정을 금할 수 없습니다. (중략) 감찰이나 시민과 함께 진상조사단을 꾸려 정확히 조사하는 것도 바람직하지 않을까 하는 소견입니다'라고 게재.

⑦ 역삼동 20대 여성 변사 논란

2011년 1월 7일 15:35경 포털 사이트 '다음'의 아고라 토론방에서 '성폭행에 저항하다 죽은 어린 여대생의 사연과 현실'이라는 제목으로 피해자 어머니가 억울함을 호소하는 내용의 글이 게재되었다.

1월 11일 11:05경 경찰청 수사국장과 감찰과장 공동명의로, 16:54경에는 서울경찰청 형사과에서 '다음 아고라' 사이트와 경찰청 홈페이지 등에 철저한 수사방침을 약속하는 글을 게재했던 사건이다.[117]

경찰 수사 기록에는 '다음 아고라' 사이트에 '성폭행 저항한 딸 사망 재수사 촉구' 글이 게재된 것과 관련(1월 12~13일) 경찰청장과 정용선의 지시로 '스폴팀'이 77개의 댓글을 게재했다는 것이나, 2011년 1월 11일 16:54경 서울경찰청 형사과의 공식 입장 글에 1월 12일 13:05~13:53간 노원서 박○○ 혼자만 6개의 댓글을 게재(범죄일람표 댓글 485~490번)한 것으로[118] 보아 경찰청장이나 정용선의 지시 가능성은 없다.

또한, 피해자 어머니가 '다음 아고라' 청원방에 2011년 2월 2일 '아침에 웃으며 나갔다 싸늘한 주검으로 돌아온 우리 딸'이라는 제목으

---

117) '다음 아고라' 사이트는 언론이 아니기 때문에 댓글이나 조회 횟수가 많은 주요 이슈만 확인 가능할 뿐이어서 최초 게시글이 이슈화되는 데까지 시간이 걸리고, 이에 따라 알게되는 시기도 늦어지게 마련이다.

118) 댓글은 '고인의 명복을 빈다. 서울경찰청 형사과에서 진실을 꼭 밝혀준다고 하니 믿음이 간다. 서울경찰청 형사과에서 최선을 다해주길 믿겠다. 이번에도 진실이 꼭 밝혀지길 바란다. 가족들이 청와대, 수방사, 대검, 경찰청, 인권위 등 모든 수사기관과 법원에 탄원서를 제출했는데 아직도 조사조차 진행하지 않고 있다고 하니, 어처구니 없다.'는 내용이다.

로 재차 문제를 제기하는 글을 게재하자, 2월 6일 13:20 서울지방경찰청에서 '다음 아고라'에 사인 규명을 약속하는 공식 입장(서울지방경찰청에서 알려드립니다)을 발표하였고, 같은 날 16:53 뉴시스[119] 등에서 이 같은 사실을 보도하였다.

검찰증거 1610쪽   검찰증거 1616쪽

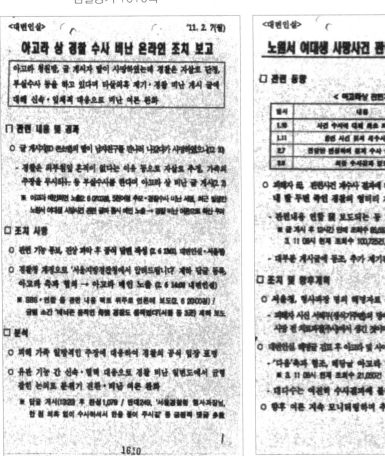

119) '역삼동 20대 女 변사사건' 경찰 사인규명 약속(2011.2.6. 16:52) https://naver.me/GTnGz2TT

        조작된 정의

특히, 대변인실에서 두 차례 작성한 보고서에 의하면 이 사건에 대한 총괄적인 대응을 대변인실에서 했었음을 알 수 있다.

⑧ 장자연 사건 재수사 논란

SBS가 2011년 3월 6일 저녁 8시 뉴스를 통해 2년 전에 극단적 선택을 했던 장자연 씨의 자필 편지 50통이 발견되었다고 톱뉴스로 3꼭지나 단독 보도한 이후 3월 6일 자정까지 4시간 만에 각 언론사에서 59차례나 보도할 정도로 사회적 관심이 높았던 주요 뉴스였다.

보도된 자필 편지에 대한 경찰 수사 결과, 교도소에서 수감 중이던 왕진진(본명 전ㅇㅇ)에 의한 편지 조작 사건으로 결론이 났고, 이를 믿고 보도했던 SBS는 3월 16일 사과방송에 이어 보도국장과 사회부장이 3월 18일 자로 경질되었다.

SBS 최초 보도 이후 여타 언론의 팩트 위주 보도가 계속되다가 3월 6일 22:37 노컷뉴스가 '경찰, 공개된 장자연 씨 자필 편지 진위 여부 확인 중' 제하의 기사를 통해 경기경찰청의 공식 입장을 보도한다.

이후, 경찰이 진위 여부 등 확인 중이라는 보도가 잇따르는 것으로 볼 때, 보도 직후 경찰청 수사국과 경기경찰청 사이에 '진상 파악 후 재수사 착수 검토' 등 대략의 방침을 마련하여 경찰청장에게 구두로 보고하고 지침을 받았으며, 최소한 3월 7일 08:00 정기 보고 시에는 경찰청 홍보과장과 형사과장이(중요 사안이라 국장들이 직접 보고 가능성) 정보심의관 보고에 앞서 경찰청장에게 관련 보고를 마무리했을 사안이어서 경찰청장이 보도내용 외에 사건의 진상을 모르는 정보심의관에게 어떠한 조치를 지시할 가능성은 전혀 없다.

또한, 3월 7일 16:09 분당서 강력5팀장 명의 공식 입장 발표에 이어, 3월 7일 16:53 당시 분당경찰서장이 '분당경찰서장입니다.' 제하 공식 입장을 발표한 것으로 볼 때, 늦어도 3월 7일 15:00경 방송사의 편지 입수 경위와 편지 내용을 확인한 뒤, 구체적인 조치 계획이 결정된 것으로 추정된다.

그럼에도 강서경찰서 황○○가 연합뉴스의 '경찰, SBS입수 고(故) 장자연 자필 편지 진위 파악(3.6. 23:51)' 보도에 대하여 3월 7일 10:14 최초 댓글[120]을 게재(공소장 범죄일람표 댓글의 730번)한 것은 본인 스스로의 판단에 의한 자발적인 댓글일 가능성이 높다.

두 번째로 관련 글을 쓴 서울경찰청 정보과 서○○은 댓글이 아니라 '경찰이 재수사 나섰다는 기사가 났네요.'라는 제목으로 연합뉴스 기사(2010년 3월 7일 10:16)를 그대로 옮긴 것이다(3월 7일 10:37).

3월 6일 야간부터 사이버상에서 크게 이슈가 된 사건이고, 3월 7일 분당경찰서장이 공식 입장을 발표한 사안인데도 불구하고 3월 7일

---

120) 댓글의 내용도 '편지 가지고 장난치지 마세요^^ 사건 당시에는 경찰 수사를 못 믿고 편지를 거부하였다가 뒤늦게 적극적인 압수수색이 없었다는 말은 말이 앞뒤가 맞지 않아 보여요. 뒤늦게 편지를 공개해서 다시 물의를 야기하는 이유는 뭔지… 혹시 편지 가지고 장난치지 않는 건 아닌지 의심스럽기까지 합니다(강서경찰서 황○○).

에서야 '스폴팀'이 게재한 댓글이 모두 4개(그나마 2건은 황○○ 작성)뿐이라는 사실도 청장이나 정용선의 지시에 의해 이뤄졌을 가능성은 없다. 수사국(형사과)과 감사관실(감찰과)은 보안 문제로 수사관련 사항에 대해서는 정보기능에 알려주지도 않고 정보도 알려고 하지 않는 것이 오랜 관행이다.

정보기능에서는 별보(검찰증거 2500~2506쪽)만 작성하여 정보심의관의 청장보고 시 질문에 대비했었다. 실제 정보2과 작성한 별보를 보더라도 언론보도 내용만 요약되어 있을 뿐, '스폴팀'에 대응지시 등 어떠한 조치 내용이 없다.

⑨ 검찰의 함바비리 수사

전·현직 경찰 수뇌부가 연루된 이른바 '함바비리' 사건과 관련해 구속영장 신청서에는 야후 뉴스의 '함바비리 자진 신고'(2011년 1월 13일) 기사에 정용선이 서울경찰청 '스폴팀'에 댓글을 게재하도록 지시하였다고 적시하였다.

하지만, 야후 뉴스에 함바비리 자진 신고 관련하여 보도된 기사가 아예 없고, 영장청구서 별지인 '범죄일람표 정보-2 목록'과 공소장 별지 '범죄일람표(경찰청-정보-댓글) 목록'에도 야후 뉴스 관련 댓글이 게재된 사실이 없으며, '스폴팀'의 2011년 활동 목록상에도 본청의 지시를 받았다는 비고란에 '본청' 표시가 아예 없는 것으로 보아 정용선이나 경찰청 차원의 지시 가능성은 전혀 없다.

전직 경찰청장이 피의자인 함바비리 정도의 사건은 감찰과와 수사 기능에서 홍보과와 함께 보고하고 지침을 받을 중요한 사안이지, 진상도 모르는 정보심의관에게 댓글 게재를 지시할 정도의 가벼운 사안도 아니다.

⑩ 수사권 조정

2010년 3월 16일 출범한 국회 사법제도개혁특별위원회(사개특위)에서는 경찰과 검찰의 수사권 조정에 대해서도 논의해 왔기에 '스폴팀'이 경찰 수사권을 지지하는 입장의 댓글을 게재했다고 하더라도 경찰 입장을 홍보했다는 판단은 모르지만, 일방적인 경찰 옹호 행위라고 볼 수는 없다.

사개특위(2011.4.16.~4.18/ 5.15~5.17/ 5.24~5.26) 관련 댓글들을 정용선이 서울경찰청 '스폴팀'에 지시한 것이라고 공소사실에 포함시켰으나, 4월 16~18일간은 공소장 별지 범죄일람표 '경찰청–정보–댓글 목록' 상에 사개특위나 수사권 조정과 관련한 보도나 댓글이 전혀 없다.

5월 15~17일간은 사개특위 기간 연장과 관련하여 수사권 조정을 요구하는 내용의 댓글이 17개, 5월 24~26일간에는 사개특위의 '검사에 대한 경찰의 복종의무 조항 폐지'와 관련한 댓글이 5개가 있다. 하지만, 5월 15일은 일요일이어서 경찰청장이나 정용선이 출근도 하지 않는데 댓글 대응지시를 했다는 것은 납득할 수 없다.

조작된 정의

'검·경 수사권 조정'은 경찰청 수사구조개혁팀에서 관련기관의 움직임이나 입장을 파악하여 수시로 전국 경찰에 자발적인 홍보를 협조하고 있었기 때문에[121] 자칫 주도권이나 공적 다툼하는 모양새로 비쳐질 수 있어서 정보경찰이 나설 입장도 아닌 것이다.[122]

또한, 2011년 6월 2일 수사구조개혁팀에서 '수사권 조정관련 MBC 100분 토론에 휴대폰 문자투표가 있는데, 본인 폰으로 한 표, 가족 폰으로 한 표 더 던져 달라.'는 메신저를 보냈던 근거가 남아 있다.(정보증거 05799쪽)

<수사구조개혁팀 전파 문서>

경찰 수사권 관련 최근 논의사항을 알려드립니다.

　　　제목: 경찰 수사권 관련 최근 논의사항을 알려드립니다
　　　보낸 사람: 수사구조개혁팀문<100101247@portal.go.kr>
　　　날짜: 2011-06-14 오전 12:32
　　　받는 사람: 100051202@portal.go.kr

　　　수사구조개혁팀입니다.

　　　최근까지의 수사권 법제화와 관련한 국회, 총리실 조정 논의에 대해 간략히 정리한 내용을 보내
　　　드립니다.(붙임 자료는 대외 배포 금지)

○ 본청 · 지방청 · 경찰서 지휘관의 개별 국회대응, 트윗 등 SNS · 의원
　　홈페이지를 통한 경찰관 개인의견 표명 등으로 10일 채 남지 않은
　　기간 '후회없는 경찰 역사의 산 증인'이 된다는 생각으로 역량 집중

- 2 -
05798

---

121) 수사구조개혁팀에서 트윗 등 SNS·의원 홈페이지를 통한 경찰관 개인 의견 표명 등 협조를 당부한 근거가 남아 있다.(2011.6.13. 정보증거 05749쪽)
122) 실제 J 경찰청장 1심 재판에서 2011년 당시 수사구조개혁팀장 황00 경무관과 이00 총경은 수사구조개혁팀 주도로 자발적으로 대응했다고 증언한 바 있다.

2011년 6월 14일 대변인실 작성한 '수사권 조정 뉴미디어홍보계 활동사항 보고(검찰증거 1608쪽)'에 의하면 수사구조개혁팀장(경무관) 건의로 수사구조개혁팀 경감을 팀장으로 하는 경찰청 각 기능별 경위급이 팀원인 홍보TF까지 구성하여 활동한 것으로 나타나 있어 정보심의관의 지시에 의해서가 아니라 수사구조개혁팀 차원에서 전국 경찰에 위키트리 기사 작성, 공식 입장 표명 등 필요한 조치가 이뤄졌음을 확인할 수 있다.

2011년 5월 11일 정보국장 주재 전국 지방청 정보과장 회의 시 당부사항(정보증거 11,381쪽)에도 수사권 관련하여 댓글 게재 등 홍보 지시 사실은 아예 없는 것으로 보아 정보국에서는 수사국에서 추진하는 업무에 대해 별도의 지시를 하지 않았음이 명백하다.

조작된 정의

⑪ 삼색 신호등 도입

삼색 신호등은 종전 4개(녹색, 좌회전 화살표, 황색, 적색)로 구성된 신호등을 국제 표준에 맞춰 3개(적색, 황색, 녹색)로 바꾸려고 계획했던 사안으로 2011년 3월 1일 강원 원주, 3월 28일 광주광역시 등에서 시범 운영하기 시작하였다.

서울경찰청에서 2011년 4월 20부터 서울 시내에서도 시범 운영한다는 계획을 4월 18일 언론에 공개하여 보도되기 시작한 것이다.

4월 18일부터 팩트 위주로 보도하다가 4월 21일 자 국민일보(9면, 인터넷 기사는 4월 20일)와 중앙일보(1면 톱)를 시작으로 각각 부정적인 내용이 보도되기 시작하였다.

그렇다면 이 또한 늦어도 4월 21일 08:00 경찰청장 일일보고 때 경찰청의 교통운영과(국장이 직접 보고할 사안)와 홍보과에서 진상과 대책을 당연히 보고하고 후속 조치를 이어나갈 사안이다.

4월 19일 13:58 인터넷 포털 '다음 아고라'에 경찰청 교통국에서 게재한 '바뀌는 신호등이 혼란스럽고, 예산만 낭비한다구요?' 글에 대하여 스폴팀원들은 4일 후인 4월 23일 23:38에 최초 댓글을 게재한 데 이어 4월 22일 00:19 게재 글에 4월 22일 10:15에 최초 댓글이 각각 1개씩만 게재된 것으로 보아 정용선의 지시로 볼 수도 없다.

삼색 신호등은 당시 서울경찰청 교통지도부에서 경찰청에서 지시했던 일정보다 앞당겨 시범운영을 시작하면서 홍보 부족 문제로 인해 논란이 발생했기 때문에 경찰청과 똑같은 언론 대응체계를 가지고 있는 서울경찰청 차원에서 당연히 경찰청 교통국과 조율하면서 기자들에게 진상을 알리는 노력이 있었다.

경찰의 치안정책과 관련된 논란에 대한 진상과 필요성을 알린 일을 정부 정책 옹호라거나 일방적인 경찰 옹호 활동이라고 볼 수 없다.

당시 경찰청 교통기획과장이던 N 총경은 정용선의 항소심 재판진행 중이던 2021년 10월경 정용선을 만나 교통국에서 서울경찰청과 경찰청 각 국의 서무과를 통해 삼색신호등의 필요성에 대해 적극적인 홍보 협조를 요청했었다고 발언한 바 있다.

⑫ 총기 사용 매뉴얼 개정

2011년 10월 21일 인천 장례식장에서 조폭 난동사건으로 인해 조폭에 대한 강력한 대응을 요구하는 국민 여론에 따라 총기 사용 매뉴얼 개정 필요성이 제기되던 시기였다. 이 시기(2011년 10월 21~28일)에 정용선은 미국 출장 중이어서 경찰청장의 지시를 전달하거나 직접 지시했을 가능성은 전혀 없다.

서울경찰청 '스폴팀'의 활동 내역(통합증거 304~311쪽)에도 본청의 지시로 총기 사용 매뉴얼에 대해 댓글을 게재했다는 근거라는 '본청' 표시는 없다.

⑬ 유성기업 공권력 투입 논란

유성기업 노조가 2011년 5월 18일 파업을 결의하자 사측이 당일 직장폐쇄 조치하였으나, 노조원들이 공장을 불법 점거하여 생산하지 못하도록 업무를 방해함에 따라 경찰이 5월 24일 공권력을 투입하여 불법행위 노조원들을 연행했던 사건이다.

'스폴팀'이 댓글을 게재하였다고 하더라도 정부 정책 옹호라고 볼 수 없고, 경찰의 법 집행에 대한 근거 없는 비난에 대해 진상을 알렸던 일이다.

유성기업에 대한 공권력 투입은 5월 24일 16:00경이며, 댓글은 같은 날 16:11 연합뉴스 기사에 17:00 성동서 스폴팀원부터 게재하였는데, 보고 시간과 지시 시간의 선후 관계를 감안해 볼 때 정용선의 지시나 경찰청장의 지시 전달에 의해 게재된 댓글로 볼 수 없다.

유성기업은 충남 아산에 소재하고 있어서 서울경찰청에 댓글 대응을 지시할 아무런 이유가 없는데도 서울경찰청 '스폴팀'에 지시했다는 공소사실 또한 논리적으로 맞지 않는다. '스폴팀'의 2011년도 활동 목록(통합증거 307~311쪽)상에는 80개의 글을 게재했다고 하나, 공소장 별지 범죄일람표(경찰청-정보-댓글)상에는 24개[123] 뿐이다.

---

123) 범죄일람표상 '스폴팀'이 게재했다는 댓글 24개도 정용선이 경찰청장에 대한 사이버 이슈 보고 이전에 이미 18개나 게재되었고, 게재자도 최ㅇㅇ 5개, 권ㅇㅇ 4개 등 10명이 게재한 것이다.

⑭ 반값 등록금 집회

반값 등록금 요구 집회는 이명박 정부의 반값 등록금 공약 이행을 촉구하는 집회로 2011년 4월 2일부터 본격적으로 시작되었다.

2011년 6월 10일 서울경찰청 정보3계에서 하달한 '한대련 반값 등록금 관련 여론대응팀 운영계획서[124](정보증거 4252쪽)'에 '여론대응팀 운영은 경찰 관련 허위·왜곡된 주장이나 잘못된 경찰 비난성 언론보도 등에 즉시 대응 체제를 구축, 불법 상황 발생 시 경찰 입장과 사실관계를 사이버상에 실시간 전파함으로써 허위·왜곡된 정보를 차단하여 치안 부담을 완화하기 위한 것'이라고 명시되어 있다.

'스폴팀'의 주요 이슈 및 활동 내역 목록(통합증거 304~311쪽)에도 6월 10일 이후 본청 지시로 댓글을 게재했다는 사례는 찾아볼 수 없다.

특히, 반값 등록금과 관련해서는 서울경찰청 차장을 비롯한 지휘부가 경찰청에 들어와서 경찰청장에게 경비대책 보고를 했는데, 그 자리에서 직접 서울경찰청 지휘부에 여론 대응을 지시(정보증거 4252쪽[125])한 사안이어서 정용선이 별도 지시하거나 개입할 여지도 없다.

---

124) 한대련 관련 여론대응팀 운영계획을 수립한 근거는 경찰청장 주재 촛불집회 경비대책 회의 시 J 경찰청장의 지시로 되어 있다. 이처럼 경찰청장 주재 경비대책 보고회의 시 경찰청장 지시사항은 정보심의관이 아니라 해당 지방청 차장과 관련 부장, 과장들이 지시를 직접 전달받아 시행계획을 수립하여 시행하는 것이다.

125) 서울경찰청 정보1과 작성 '한대련, 반값 등록금 이행촉구 집회관련 여론대응팀 운영계획서'에 의하면 관련 근거가 '6.10 촛불집회 경비 대책 회의 시 경찰청장 지시'이다.

조작된 정의

서울경찰청 '스폴팀'의 댓글은 정부 정책인 반값 등록금 공약 자체에 대한 찬반 의사를 표현하는 댓글이 아니라 집회 참가자들의 불법 행위와 관련된 글이어서 정부 정책 옹호 행위라고 볼 수도 없다.

⑮ 제주 강정마을 해군기지 건설반대 집회

제주 해군기지 건설과 관련한 반대 집회에 대응했다는 제목으로 보아 정부 정책 옹호를 위한 댓글이 아니라, 집회 과정의 불법행위에 관련된 댓글임을 알 수 있다.

대변인실에서 제주도에 홍보 인력을 파견하는 등 대변인실 주도로 비난 기사에 대응했던 사안이다(통합증거 1,483~1,485쪽, 2011.8.25.~26. 경찰청 대변인실).

정용선과 J 경찰청장이 함께 근무하던 기간(2010.8.31.~2011.11.25.) 중 제주 해군기지와 관련하여 서울경찰청 '스폴팀원'들이 작성한 댓글은 공소장 별지 범죄일람표(경찰청-정보-댓글)상 2011년 8월 22일~10월 5일(43일)간 모두 40개인데, 이중 은평경찰서 서○○이 22개, 강서경찰서 황○○ 6개, 관악경찰서 박○○ 5개, 남대문경찰서 김○○ 3개 등으로 당시 언론에서 이슈화되었던 내용이어서 서울경찰청의 지시 없이 자발적으로 작성했던 것으로 추정된다.

특히, 서울경찰청 정보4계에서 작성한 '스폴팀'의 '주요 이슈 및 활동 내역'(통합증거 304~311쪽)상 2011년 8월 1일~11월 30일간 제주 해군기지 건설 관련한 대응 기록은 아예 없는 것으로 보아 J 경찰청장과 정용선은 물론 경찰청 차원의 지시는 아예 없었다고 보아야 한다.

⑯ 한미 FTA 반대 집회

한미 FTA 반대 집회 과정의 불법행위에 대하여 경찰이 법 집행의 당위성을 알리거나 왜곡된 정보에 대해 진상을 알렸던 일이다.

수사 기록에는 2011년 11월 8일 경찰청 보안2과 작성한 '계장님 부재 중 업무지시 및 조치보고서(통합증거 126쪽)'에 "경찰청장이 한미 FTA비준과 관련하여 진보정권 때인 노무현 정부 때 시작한 것을 반대하고 있으니 말이 안 된다는 취지의 홍보를 하라."고 지시했다는 메모를 근거로 경찰청장의 정치적 의도에 의한 댓글 대응지시는 실현되었다고 할 수 있다며 反FTA 집회 관련 댓글을 정부 정책 옹호라고 단정하였다.

공소장에 첨부된 범죄일람표(경찰청–정보–댓글)인 서울경찰청 '스폴팀'의 댓글 내역 중 청장의 지시가 있었던 2011년 11월 8일부터 정용선이 이임한 11월 26일간 한미 FTA 관련 댓글은 모두 106개이고, 댓글 내용도 시위대의 불법집회시위에 대한 법집행을 비난하는 글에 대하여 정당성을 알리거나,[126] 진압경찰이 여학생을 성추행했다는 허위 주장에 대한 진상을 알리거나,[127] 폭력행사를 자제하고 준법 집회 시위를 촉구하는 글이 대부분이다.

---

126) 2011년 11월 8일 02:34. '11.7 여의도 이명박 정권에 부역하는 순사들'이라는 '다음 아고라 사이트 글에 대하여 불법행위에 대한 경찰 법집행의 불가피성을 설명하는 내용으로 22개를 게재하였다.

127) 2011년 11월 10일 01:24 '미친 수컷 견찰놈의 여학생 성추행 장면'이라는 다음 아고라 사이트에 대하여 이미 경찰이 사실이 아니라고 해명 자료를 냈는데도 또다시 동일한 내용을 게재한 것임을 알리는 내용으로 모두 21개를 게재하였다.

조작된 정의

노무현 정부 때 시작했다는 언급은 7개(3,068번,[128] 3,132번,[129] 3,134~3,138번[130])인데, 모두 종로경찰서 수사과 박○○ 혼자서 작성한 글이고, 경찰청장의 발언이 있은 지 8일(1개)과 14일(6개)이 지난 뒤 작성한 것이어서 경찰청장의 지시를 정용선이 전달했다는 주장은 터무니없다.

2011년 10월 27일부터 TV방송 시작된 기획재정부와 FTA 국내대책위원회 명의의 '한미 FTA 비준 지원 공익광고[131]'를 보면 '노무현 대통령이 시작한 일 이명박 대통령이 마무리하겠습니다.'로 되어 있었기 때문에 이 같은 광고나 보도를 접한 '스폴팀원'이 개인적인 생각을 정리해서 댓글을 게재한 것으로 보아야지 청장 지시에 의해서 정치적 의도로 작성한 댓글이라고 보기 어렵다.[132]

'스폴팀'의 활동 내역(통합증거 304~311쪽) 목록에도 경찰청에서 지시한 표시라는 '본청' 표시가 없고, 압수된 정보2과 작성한 '주요 사이버 이슈' 보고서(정보증거 15,219~15,304쪽)에도 아무런 근거가 없다.

---

128) 2011년 11월 16일 종로서 수사과 박○○가 '민주당이 집권 시절 FTA 협정하지 않았나? 이제 와서 뭐 반대니 뭐니 국민을 위한 정치를 해주시길 바란다'고 게재.

129) 2011년 11월 22일 종로서 수사과 박○○가 '노무현 대통령께서 생전에 이루지 못한 일을 이제 이루었습니다. 왜 이리 힘들어야 하는지'라고 게재.

130) 3,132, 3,134~3,138번 등 6개의 댓글은 종로경찰서 수사과 박○○가 2011년 11월 22일 1/:12~17:37간 모두 작성한 글이고, 3,138번은 '노무현 대통령의 업적을 왜 한나라당이 통과시키게 하느냐. 왜 노무현 대통령의 업적을 한나라당이 가로채는가'라고 기재하여 특정 정당을 비호하거나 비난한 것인지도 의문이다.

131) 기획재정부가 2011년 10월 27일 공개한 한미 FTA 비준 지원 공익광고 https://youtu.be/H-sYixhgsfk

132) 종로경찰서 수사과 박○○도 J 청장 1심 공판에서 지시에 의해서가 아니라 본인 생각대로 게재했다는 취지로 증언하였다.

오히려 대변인실이 2011년 11월 1일 작성한 'FTA 반대 집회 성추행 주장 관련 온라인 조치'(검찰증거 1,629~1,630쪽), 'FTA 관련 온라인 홍보 및 이슈 대응 조치'(검찰증거 1,631~1,634쪽) 보고서에 의하면, 대변인실 주도로 경찰청과 지방경찰청 홍보 기능을 통해 댓글 대응한 사례라고 기재되어 있다. 이는 정부차원에서 각 부처 대변인실에 홍보 지시를 했을 것으로 판단된다.

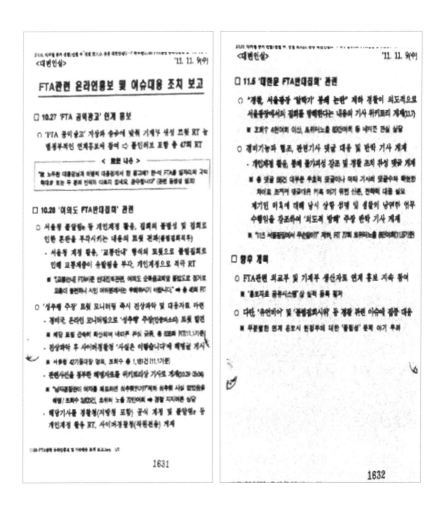

익명으로 여론 조작?

8. '스폴팀원'들이 마치 일반인인 것처럼 가장하여 익명으로 글을 게재하도록 함으로써 여론을 조작하였다.

(1) '스폴팀원'들이 ID나 필명(닉네임)으로 글을 쓴 것은 당시의 일반적이고 보편적인 현상일 뿐이지 지시에 의해 고의로 신분을 감추고 익명으로 쓴 것이 아니다.

ID나 필명(이하 'ID 등')으로 글을 게재하는 행위를 일반인인 것처럼 가장하여 익명으로 게재한 것이라고 볼 수도 없다.

아래는 "'다음 아고라' 사이트에 4대강 비판 글을 게재한 분이 경찰의 수사를 받고 억울함에 극단적 선택을 했다는데 경찰이 인터넷 사찰도 하느냐?"고 항의하는 불상자의 글에 대하여 서울경찰청 스폴팀원이 2010년 10월 27일 반박 글을 게재한 것이다. 글을 게재한 경찰관은 '폴리스 피알'이라는 ID를 쓰기 때문에 본인의 실명이 아닌 필명(닉네임)으로 글을 게재한 것임을 알 수 있다.

"4대강 비판글, 경찰조사는 사실과 다릅니다" [4]

폴리스저널

"4대강 비판글, 경찰조사는 사실과 다릅니다"

오늘(27일) 언론에 보도된 일부 내용에 대해 사실과 다르게 허위 사실이 더해서 인터넷에 무분별하게 확산되고 있어 안타까운 마음에 경찰관 한 개인의 입장에서 글을 게재합니다.

현재 인터넷에 게재되는 글을 보면 '4대강 비판'글을 쓴 분이 경찰 조사를 받고 목숨을 끊었다는 내용과 함께 '경찰이 인터넷 사찰을 했다'는 허위사실까지 각종 포털사이트 게시판 들에 게재되고 있습니다. 그런데 이는 사실과 전혀 달라 올바른 내용을 전해드립니다.

먼저 이번 사건은 수서경찰서에서 처음부터 수사를 진행했던 사건이 아닙니다. 다시 말해 최초 '인지'한 사건이 아니라는 것입니다.

최초 이번 사건은 지난 8월에 66세의 할아버지가 경기도 OO경찰서를 직접 방문해 고소장을 접수하면서 시작됐다고합니다.

당시 고소장에는 "자신이 심한 욕설과 함께 모욕을 당하고 있으니 이를 처벌해 달라"는 내용이었다고합니다. 욕설은 제가 듣기에도 심한듯합니다. 사실 누구나 자신에게 그렇게 욕을 하고 자신의 명예를 실추시키는 것에 대해서 고소한 자체를 뭐라 할 수는 없는듯합니다. 그러다보니 고소를 하신 할아버지 입장도 충분히 이해가 됩니다.

또한, 당시 고위직들은 대부분 SNS에 가입하지 않은 것은 물론이고, 개인 ID 조차 없는 경우가 많아서 직원들의 ID나 필명(닉네임)으로 입장을 내는 것이 일상적이었기 때문에 ID로 글을 게재하는 것이 익명으로 게재하는 것이어서 불법이라는 인식과 인용도 없었다. 즉 형법상 '고의'가 없었다.

조작된 정의

아랫글은 2010년 11월 7일 종암경찰서장의 입장을 '여유낭만'이라는 ID를 사용하는 경찰관이 '다음 아고라' 사이트에 본문글로 게재한 내용이다.

또한 경찰이 폐기했다는 95.5%(27만 1836개)의 압수 댓글 대부분은 경찰관들의 실명으로 작성된 것으로 추정할 수 있다. 이는 공소제기 되기도 전에 압수한 증거물을 폐기한 사유가 불분명하기 때문이다.

아래와 같이 본인 이름 대신 '얼큰이'라는 ID를 사용하고, 소속과 직책을 밝힌 뒤 글을 게재했는데, '얼큰이'가 인천중부서 청문감사관인지 아니면 소속 직원인지 알 수는 없다.

안산상록경찰서 청문감사관입니다.

먼저, 지난 3월에 발생한 따님 사건에 대하여 진심으로 유감스럽게 생각합니다.
현재까지 자체적으로 확인한바,
당시 따님은 피해 사실을 부모님께 알리지 않고 혼자 해결하려고 고민했던 것 같습니다.
그러던 중 알고 지내는 언니에게 이 사실을 말하였고,
그 언니는 자신이 알고 지내는 형사에게 찾아가 상담을 해보자고 하여 안산상록경찰서를 방문하였습니다.

2007년 7월 이후에는 인터넷 실명제가 시행되고 있어서 인터넷 포털사 '다음'이나 '네이버' 등 하루 10만 명 이상 이용자가 있는 사이트에 가입하려면 실명으로 가입해야만 했던 시기이다.[133] 포털사들은 이용자 감소를 우려하여 가입은 실명으로 하도록 했지만, 글을 작성할 경우에는 본인의 실명 대신 등록한 'ID 등'을 이용하여 글을 쓸 수 있도록 하였고, 지금까지 이는 사이버공간에서의 일반적인 현상이다.

2011년 11월 7일 기획재정부의 '한미 FTA 온라인 동향 및 대응방안' 보고서(통합증거 2,050쪽)에도 '허위사실 및 악성 트윗에 대한 대응 시 타 부처가 공식적으로 해명한 트윗에 대해서도 해당 부처나 개인의 트위터 계정을 통해 리트윗하여 확산을 유도해 달라.'는 당부가 있었던 것으로 보아 당시에 사이버대응팀을 구성하여 거짓 정보에 대응했

133] 하지만, 2012년 8월 12일 헌재의 위헌 결정으로 인터넷 실명제는 폐지된다(2010헌마47).

조작된 정의

던 것은 부처를 막론하고 정부 내 지극히 일반적인 현상임을 알 수 있다.[134]

<기획재정부 한미 FTA 대응방안 보고서>

□ 단순한 1회성 답변 달기에만 그치는 것이 아니라, 리트윗을 통해 답변이 확산될 수 있도록 조치하는 것이 중요

○ 타 부처가 공식적으로 해명한 트윗에 대해서도 해당부처나 개인의 트위터 계정을 통해 리트윗하여 확산을 유도

Ⅲ SNS 및 온라인 상에서 즉시 대응

① 직원 중심 「온라인 대응팀」 구성·운영(각 부처, 즉시~)

○ 인터넷 및 SNS 중심으로 확산되는 한·미 FTA 12개 괴담 중심, 논리 사전 공유 및 신속 대응체제 강화

☞ 확산 속도를 감안, 상황 인지 후 최소 1시간 내 대응체제 구축
(문화부 상황인지 → 한미 FTA 대책본부 대응 총괄)

☞ 인터넷 동향이 익일 언론 순환보도되는 추이, 악의적 루머 등에 대한 논리 대응자료는 언론에 즉시 배포·설명

---

134) 서울경찰청 정보관리부가 작성한 2010년 4월 5일 자 보고서에 당시 행정안전부 자치행정과 여론계에서도 서울경찰청 스폴팀과 동일한 형태의 언론대응팀을 운영하고 있다고 기재되어 있고, 당시 기획재정부 보고서에는 한미 FTA관련 부처별 SNS 대응실적을 매일 17시까지 기재부로 제출할 것을 협조 요구한 바 있다.(통합증거 2048쪽)

(2) 스마트폰 보급과 함께 SNS 발달 등 사이버 환경의 변화로 인해 사이버상에서 가짜뉴스 등에 대해서는 기존 언론중재위 제소, 형사고발 등의 법적 절차보다는 포털사의 블라인드 처리나 댓글 등 사실적인 수단을 활용하여 경찰의 입장을 신속히 알리는 것이 실효성이 있을 수밖에 없다.

공식적인 입장을 홈페이지나 공식 계정에 올리기 위해서는 관련 부서의 결재 등 절차를 거쳐야 하기에 번거롭고 시간도 많이 걸리는 단점이 있어서 각 관서의 문제 된 업무를 담당하는 책임자나 실무자들이 본인 'ID 등'으로 경찰의 입장을 직접 게재하였던 것이다.

결국 기관의 공식 사이트나 계정으로 입장을 표하는 것을 공식 대응, 기타 경찰관들이 개인 'ID 등'을 이용하여 글을 게재하는 것을 비공식 대응이라고 부른 것이며, 당시 경찰관들이 사이버상에서 댓글을 게재하는 경우에 본인의 신분이나 실명을 밝혀야 하는지에 대해서는 법령과 내부 지침상 아무런 규정이 없었을 뿐더러 누구도 관심을 두지 않았던 것이다.

(3) 경찰청이나 정보국에서도 포털사에 글을 게재하는 경우 '실명으로 하라. ID나 필명(닉네임)으로 하라. 신분을 감추고 일반인인 것처럼 하라.'는 지시를 한 사실도 없고, 경찰뿐 아니라 당시에는 인터넷 이용자 대부분이 'ID 등'으로 글을 쓰는 것을 당연시하던 분위기여서 이를 전혀 문제로 인식하지 않았던 것이다.

조작된 정의

사이버정보 업무와 관련하여 보고서상에서 비공식적 대응이 언급된 것은 2011년 11월 22일 대변인실 주관 전국 온라인커뮤니케이터 워크숍(검찰증거 246쪽)이 최초 사례였을 만큼 경찰관들이 경찰관 신분을 밝히지 않고 본인의 'ID 등'으로 글을 게재하는 것을 익명이라고 생각하지도 않았다.[135] 적어도 당시에는 ID를 추적하더라도 누구인지 모르는 것을 익명으로 여겼다.

나아가 서울경찰청 '스폴팀'의 운영 실태도 모르던 정용선이 ID나 필명(닉네임)으로 신분을 밝히지 않고 댓글을 게재했는지를 알 수도 없는 상태였다.[136]

(4) 정용선이 '청장 지시에 의한 본청 과·계장 실무교육'(2010년 12월 9일, 검찰증거 2,444쪽) 시 경찰 내부망에 본청 과·계장들에게 직접 댓글을 게재하라고 지시한 것을 수사기관과 법원은 익명 대응지시라고 오해했다.

경찰 내부망은 일반인들이 이용하는 인터넷망과는 분리되어 있고,

---

135) 당시 워크숍에서 경찰청 홍보실 권○○은 '경찰의 신분을 밝히고 대응하는 것도 좋지만 비공식적 대응도 필요한 것 같습니다'라고 발언하자, 경찰청장이 '웬만하면 신분을 밝히는 것이 좋겠지만 그러한 비공식적 대응도 필요하다면 해야 한다'고 답변한 것으로 볼 때 이때까지 비공식 대응지시를 한 사실은 없다고 보아야 한다.

136) 다만, 서울경찰청 정보관리부는 작성일자 미상(FTA가 거론된 것으로 보아 2011년 11월로 추정)의 '치안 이슈 관련 비공식 대응 검토 보고서(통합증거 2150쪽)'에서 직원 가족 ID나 매체별 ID를 달리하여 집 또는 PC방 등에서 기사, 댓글, 트위터 글 집중 게재 필요성을 제안하지만, 이에 따라 실현되었는지 여부는 알 수 없다.

게재되는 글의 내용도 경찰조직 운영과 관련된 경찰관들의 애로 및 건의 사항이 주로 게재되는 곳이며, 본청 계장급인 경정 이상 경찰관들은 글을 게재하면 소속과 직책이 자동으로 표기되는 전산시스템이어서 별도로 실명으로 댓글을 게재하라고 언급할 아무런 이유가 없다. 경감 이하의 경우에도 사전에 정확한 개인정보를 이용하여 등록한 본인 ID로 로그인해야 접속 가능한 시스템이다.

이러한 지시는 경찰청의 과장이나 계장이 일선 경찰관들의 불편이나 불만 사항을 방치하지 말고 신속하게 답변하여 지휘부가 불필요한 비난을 받지 않도록 적극적으로 업무를 챙겨달라는 취지일 뿐이고, 일반 국민이 누구나 사용할 수 있는 인터넷 사이트에 게재되는 언론보도나 일반 국민의 개별적인 글에 대한 대응과는 아무런 관련도 없다.[137] 즉 '여론조작'이나 '자유로운 여론형성 방해', '댓글공작'과는 전혀 상관없는 일이다.

---

137) 공소사실에는 이를 익명으로 댓글을 게재하여 여론을 조작하라고 지시한 증거라고 하였으나 3가지 측면에서 오해한 것이다. ① '경찰 내부망에 하루에 3번 정도 들어가서 직원들의 의견과 분위기를 파악하고 잘못 알려진 내용이 있으면 직접 글을 달아 설명해야 한다'는 것은 경찰 내부망에서 본청 계장 이상은 부서와 직책, 실명이 자동적으로 현출되는 프로그램이어서 익명 댓글 게재 지시라고 볼 수 없다.
  ② '언론보도 시 잘못된 것을 시인하고 개선책을 내놓아야 한다. 변명하다 실기하면 더 비난을 당하게 된다.'는 것은 공식적인 정상 대응을 주문한 것으로 보아야지 이를 익명으로 댓글을 달라는 내용으로 볼 수 없다.
  ③ '경찰에 대한 유언비어 등이 뜨면 즉시 대응해야 한다. 전파력이 크기 때문에 신속히 대응하지 않으면 대처가 어렵다'는 것은 객관적인 진상을 신속하게 알리라는 취지이지 익명으로 댓글 게재를 지시하여 여론을 조작하는 것이라고 볼 수 없다. 천안함에서 살펴본 바와 같이 수사기관과 법원이 '대응'을 무조건 댓글 게재라고 해석하는 것도 문제다.

(5) 수사기관과 법원은 이 같은 필요성과 현실을 무시하고 경찰관들이 개인 ID나 필명(닉네임)으로 댓글을 게재한 것을 '경찰관들이 신분을 감추고 일반 국민인 것처럼 가장하여 익명으로 댓글을 게재한 여론 조작 범죄'라는 전제하에 수사와 재판을 진행함으로써 혼선이 야기되었을 뿐이다.

결국, 경찰관서 공식 명의나 계정 이외에 경찰관들이 개인 'ID 등'으로 게시한 글 중에서 경찰관 신분을 밝히지 않거나 경찰관임을 쉽게 알 수 없는 글만을 선별(4.5%)하고, 이를 익명으로 글을 게재하도록 지시한 증거로 내세우면서 여론조작 범죄로 기소한[138] 것이다.

나아가 '스폴팀원' 명단에 포함되어 있다는 이유만으로 이들이 작성한 모든 댓글을 지시에 의한 것인지 개인이 자발적으로 작성한 것인지에 대한 개별적이고 구체적인 확인도 없이 모두 일괄하여 지시에 의해 작성한 댓글이라고 단정하여 기소하는 잘못을 범하였다. 공무원도 국민의 한 사람으로서 지시가 없다고 하더라도 기사나 글을 보면서 자신의 입장을 얼마든지 표현할 수 있는 표현의 자유가 있다고 보아야 하는 것이다.

---

138) 참고로 J 경찰청장 1심 재판부는 검사가 경찰관 신분을 밝힌 글에 대하여서는 공소를 취소하였다.

(6) 결국, 사이버상에서의 경찰에 대한 허위보도나 왜곡된 주장에 대해 경찰관들이 진실을 알리던 행위들을 모두 여론조작이라고 단정하고 범죄사실로 구성한 오류를 범한 것이다.

2011년 11월 1일 정보7계장으로 부임한 K 경정도 정용선의 1심 법정에서 불법적인 업무는 아니었다고 진술한다.

[증인 ▨▨▨ 증인신문조서 39면]
답   제가 피고인 정용선한테 불법적인 수단이라든가 불법적인 내용이라든가 국민들이
      싫을 때 우리가 이야기하는 비속어를 섞는 것처럼 네티즌이 하는 식으로 댓글을
      달으라는 지시는 단 한 번도 받은 적이 없었습니다.

조작된 정의

제 6 부

–

형식적 진실주의

항소심은 재판부가 두 번이나 바뀌며 3년을 끌었는데, 증거조
사 등 추가 심리도 제대로 하지 않았다. 선고 결과를 도무지
이해할 수 없어 대법원에 상고 했었으나, 김명수 대법원에서는
더 이상 기대할 것이 없다고 판단되어 상고를 취하하였다.

3년 걸린 항소심, 재판부만 두 번 교체

항소 후 첫 번째, 두 번째 재판부는 사실상 아무 일도 하지 않은 채 2년이란 시간만 허송세월했다. 코로나19의 영향도 있었겠지만, 도저히 납득할 수 없는 일이다.

세 번째 재판부에서도 사건이 조작되었다는 새로운 증언을 할 당사자들에 대한 증인신문 신청을 기각하고, 그나마 채택했던 전직 경찰청장 M에 대한 증인신문도 코로나를 핑계로 출석하지 않는다며 서류재판만으로 종결하였다.

이처럼 3년 만에 형식적인 재판 절차만 거친 뒤, 2023년 3월 23일 징역 6월에 집행유예 1년을 선고하였다. 범죄사실은 2010년 8월 30일부터 2011년 11월 27일까지 서울경찰청 '스폴팀' 132명으로 하여금 기사에 댓글 3,278개, 트위터 리트윗 398개, 위키트리 기사 15개 등 모두 3,691개의 글을 작성하도록 함으로써 경찰관들로 하여금 의무 없는 일을 시켰다는 것이다. 트윗글 6개만 무죄 판결하고 나머지 혐의는 동일하다.

이미 J 경찰청장에 대한 대법원의 형이 확정된 터라 별다른 느낌이

조작된 정의

없었다. 다만, '대한민국 법원이 정말 큰일이구나. 판사가 재판을 하기 싫어하다니… 실체적 진실규명 의지도 없다니…' 라는 생각만 더 강하게 가지게 되었다.

이후 곧바로 상고했다가 김명수 대법원에는 더 이상 기대할 것이 없어서 2023년 6월 5일 상고를 취하하여 형이 확정되었다. 수 천 만원의 변호사비는 별론으로 하고, 형 확정과 동시에 명예퇴직금 1억 6천여 만 원과 이미 수령한 연금 4300여 만 원 등 2억여 원을 반납해야만 했다. 앞으로 사망 시까지 받을 연금 1/2 감액분까지 감안해 보면 사실상 5억 원 이상의 벌금형을 선고한 셈이다.

범죄성립 여부를 떠나 재산범죄를 제외하고 공직자 범죄에 대하여 이러한 사실상 중형의 재산형을 병과하는 것이 적절한지 의문이다. 100보를 양보하여 공소사실이 모두 진실이라고 하더라도 과잉 처벌이다.

2010년 경찰청 보안사이버수사대장이던 M 경정은 블랙펜 자료를 내·수사에 활용한 사실이 없고, 영장을 받아 합법적인 보안수사만 했는데도 경찰청 특별수사단이 블랙펜 자료를 내·수사에 활용했고, 나아가 불법감청도 했다는 누명까지 씌워 구속영장을 신청하면서 37년 공직생활(보안사이버수사만 23년)의 마지막 해를 보직 해임된 채 서울경찰청 커피숍으로 출·퇴근하다가 정년을 맞이했다. 항소심에서 무죄가 확정되어 누명은 벗었지만, 수천만 원의 변호사비는 차치하고서라도 그분이 느꼈을 경찰조직에 대한 배신감과 문재인 정권에 대한 분노는 가히 짐작할 수조차 없다.

사건 조작 제보들

2022년 3월 9일 윤석열 대통령 당선으로 역사적인 정권교체가 이뤄지고 난 뒤, 문재인 정권하에서 경찰의 댓글 사건에 대해 함구하고 있었던 경찰관들이 입을 열기 시작했다.

심지어 어느 경찰관은 당시 대통령직 인수위원회에서 근무하고 있던 필자를 찾아와 "청장님 억울하시죠? 이 사건은 민주당 일부 의원들과 청와대, 진상조사총괄팀장이던 A 총경이 조작한 사건으로 보입니다."라고 말하는 것이 아닌가?

그리고는 보관해 오던 보안국 진상조사 관련 서류들을 건네주면서 "수사 과정에서 강제 연행, 협박 등의 불법행위도 있었습니다."라며 사건이 조작된 경위를 자세히 설명한 뒤, 억울함을 반드시 풀라고 말하는 것이 아닌가? 어떤 분은 2018년 2월 8일 보안국의 진상조사 시작 전인 1월 26일부터 거의 매일 기록해 놓은 A4용지 405쪽에 이르는 일기 형태의 비망록을 파일로 보내오기도 했다.

역시 대한민국 경찰관들의 양심은 살아 있다는 생각을 갖게 되었고, 분노에 치를 떨어야 했다. 이들의 도움으로 댓글 사건이 어떻게 조작되었는지 진상을 파악하는 데 상당한 도움이 되었다. 다행이 아닐 수 없었다.

경찰의 입장을 알리는 홍보활동, 잘못 알려진 왜곡 보도에 대해 진상을 알리던 일이 어떻게 여론조작 또는 댓글공작으로 변질되었는지 알 수 있게 되었다.

이들의 제보가 있기 전에는 경찰청 보안국 진상조사팀의 자체 진상조사 과정에서 작성된 수사서류들은 경찰청 정보국이나 서울경찰청 '스폴팀'과 아무런 관련 없는 일이라고 읽어보지도 않았으나, 이때 자세히 살펴보게 되었다. 이를 정리하여 변호사를 통해 법원에 '피고인 정용선의 의견(3)[139]'이라는 서류로 작성하여 법원에 제출했다. 하지만, 모두 묵살되고 말았다. 이 이야기는 장을 바꿔 설명하고자 한다.

---

139) 2021년 10월 29일에는 피고인 정용선의 의견으로 A4 171쪽 분량을, 2022년 7월 9일에는 A4 83쪽 분량으로 피고인 정용선 의견(2)를 제출하였고, 2023년 1월 9일에는 A4 174쪽 분량으로 3번째 의견을 제출하였다.

묻혀서는 안 되는 진실

자유한국당 당원이었기 때문에 검찰의 기소와 동시 당원권 정지 징계가 있었다. 억울한 사건이라는 소명서를 제출하며 징계처분에 대한 이의신청을 하였다. 이에 자유한국당 중앙당은 2019년 1월 25일 윤리위원회를 열어 이 사건 기록을 충분히 검토한 후 '정치적 탄압 사건'으로 규정하고 징계처분을 취소하였다.

항소심에서 억울함을 밝혀줄 것으로 기대했으나, 역시 김명수 사법부는 재판기록도 제대로 읽지 않고 형식적으로 검토 후 유죄를 선고한 듯하다. 잠시 고민하다가 2023년 6월 5일 변호사를 통해 상고 취하서를 제출하였다. 억울한 사정을 알게된 정부가 2023년 8월 15일에 사면·복권을 하자, 민주당 충남도당과 진보 언론은 약속 사면 운운하며 공격하기 시작하였고, 이는 22대 총선에서 민주당 후보 측의 네거티브 공세로까지 이어진다.

국민의힘이 여당이었다면 기소조차 되지 않았을 사건이고 약속 사면을 받으려 했다면 정권교체 되자마자 항소심을 취하하여 진작 사면 복권을 받았을 것이 아닌가? 거짓 선동과 흑색선전일 뿐이다.

전직 경찰공무원의 마지막 변론
조작된 정의

제 **7** 부

–

사라진 '적법 절차'

기본을 무시한 수사들이 계속 진행되면서 적폐청산이 아니라,
억지로 적폐를 만들어 가는 듯했다.

어두운 결탁의 그림자

이 사건과 관련하여 한겨레신문이 2018년 2월 5일 〈경찰, 軍 사이버사 '누리꾼 블랙리스트' 레드펜 협조 정황〉이라는 기사를 최초로 보도한데 이어 '한겨레21'은 다음 날 〈경찰, 軍 댓글 작전에 관여했나?〉라는 기사를 보도하였다.

이에 경찰청은 기다렸다는 듯이 2월 8일 보안국에 진상조사팀(총괄 팀장 : 보안3과장 총경 A. 팀원 10명)을 구성한 뒤, 3월 12일까지 33일 동안 진상조사를 통해 '경찰이 軍 사이버사령부의 블랙펜 작전에 개입했다는 의혹'은 사실이 아닌 것임을 확인했다.

하지만, A 총경은 2018월 3월 11일 팀원들과 상의 없이 자신이 단독[140]으로 '군 사이버사 블랙펜 경찰 개입 및 댓글 관련 진상' 보고서 (이하 '3월 12일 자 진상보고서'. 보안증거 3,818~3,819쪽)'를 사실과 다르게 작성, 3월 12일 경찰청장과 청와대에 단독으로 보고한 뒤, 당일 수사 착수계획까지 언론에 브리핑[141] 하였다.

---

140) 진상조사팀 경정조차 '3월 12일 자 진상보고서'의 존재를 몰랐다고 진술
141) 경찰청 과장급의 언론브리핑은 청장의 사전 지시나 승인 없이는 불가능한 것이 현실이다.

조작된 정의

특별수사단을 구성할 정도의 중요사안을 경찰청 차장이나 대변인이 아닌 과장이 발표한 것도 이례적으로 보인다.

특히, 2018년 3월 12일은 월요일이어서 통상 경찰청장이나 차장의 출입기자 간담회가 있는 날이기 때문에 청장이나 차장이 직접 언론에 수사 착수 사실을 알리는 것이 자연스러운데도 불구하고, 진상조사 총괄팀장이 언론에 직접 브리핑 했다는 것도 이해하기 힘든 일이다.

진상조사결과 발표 당일인 3월 12일에 특별수사단장으로 기획조정관을 임명했다는 사실까지 보도된 것으로 보아 이미 적폐청산 업무를 총괄하던 대통령실(민정비서실)과 사전 조율이 끝났던 것으로 보인다.[142]

어쨌든 경찰청은 3월 13일 '경찰청 보안국 지휘부 등의 직권남용 등 피의사건에 대한 특별수사단(단장 : 경찰청 기획조정관, 치안감)'을 대규모(33명)로 구성한 뒤, 수사에 착수하였다.

---

142) '경찰 댓글공작' 특별수사단장에 본청 기획조정관(2018.3.12., 뉴시스) https://naver.me/GG7TLEFq

수상한 거래

(1) 국방부 '사이버사령부 댓글 사건 조사TF'의 자료 유출가능성

한겨레신문은 2018년 2월 5일 05:01경 민주당 이철희 의원을 통해 입수했다며 〈경찰, 軍 사이버사 '누리꾼 블랙리스트' 레드펜 협조 정황〉 제하로 마치 경찰이 군 사이버사령부의 불법적인 정치개입에 협조했던 것처럼 경찰의 댓글 사건을 단독 보도한다.

다음 날 '한겨레21'도 〈경찰, 軍 댓글 작전에 관여했나?〉, 〈경찰도 2012년 총·대선 앞두고 댓글공작〉등 2건의 단독 보도를 통해 경찰의 정치적 댓글공작과 경찰의 군 레드펜 작전 협조라는 확인되지 않은 사실을 보도하였다.[143]

국방부 사이버 댓글 사건 조사TF(이하 '군 TF')가 2018년 2월 14일 '4차 중간 조사 결과'(보안증거 214~216쪽)를 발표했기 때문에, '군 TF'에서 최소한 2018년 1월 26일 이전에 청와대에 보고했던 자료 또는 민주당의

---

143) 진상조사 결과, 경찰은 군 사이버사령부의 레드펜 작전과는 아무런 관련이 없는 것으로 확인되었으므로 사실이 아닌 보도다. 경찰의 댓글공작이라는 명칭을 붙인 것은 '한겨레21'이고, 이는 사실과 다른 데도 2024년까지 댓글공작이라고 보도하는 언론사들이 많았다.

이철희 의원(국방위원회 소속)과 이재정 의원(행정안전위원회 소속)에게 전달했던 자료들이 언론에 유출된 것으로 보인다.

이 같이 주장하는 근거는 '한겨레21' 하어영 기자가 2018년 1월 26일 경찰청 전 보안사이버수사대장 M 경정을 직접 방문하여 최초로 관련 취재를 시작했기 때문이다.

한겨레신문 측의 정확한 입수 경위는 확인할 수 없으나, 이 사건 보도로 2018년 4월에 '이달의 기자상'을 수상한 허재현 기자[144]는 유튜브 방송[145]에서 '한겨레21' 하어영 기자가 軍 관계자로부터 제보받았다고 주장하였다.[146] 이 주장이 사실이라면 '군 조사 TF'는 민주당 이철희, 이재정 의원과 '한겨레21' 하어영 기자에게 관련 조사 서류를 유출했을 가능성도 있어 보인다.

또한 참여연대는 경찰청 보안국의 진상조사 결과 발표 이틀 후인 2018년 3월 14일에 경찰의 진상 조사과정에서 입수한 4개 문건을 덧붙여 J 경찰청장 등을 고발하였는데, 수사가 진행중인 서류여서 입수 과정에 불법은 없었는지 의문이다. 아래 문서는 참여연대의 고발장에

144) 한겨레·한겨레21 기사 5명 '이날의 기자상' '경잘 레드펜 작전 관여·댓글 조작 의혹' https://www.hani.co.kr/arti/society/media/841192.html(2018.4.19.)

145) https://youtu.be/NX771RZjwM0 (TV 허재현, 2020.2.18., '제가 드디어 ○○○을 감옥에 보냈습니다. 감사합니다.' 제하).

146) 하어영 기자는 실제 2018년 1월 26일 11:00~11:30간 2010년 경찰청 보안사이버수사대장을 역임했던 M 경정의 사무실을 찾아가 2010년도 경찰청 근무 당시 군 사이버사령부로부터 ID를 넘겨받아 대상자의 신원을 파악한 뒤, 이를 군 사이버사령부로 넘겼는지 등을 물었는데, M 대장은 그런 사실이 없었기 때문에 당연히 사실무근이라는 답변을 했다.

첨부된 입증자료다.

```
                        입 증 자 료

    1. 증 제1호증  "안보 관련 인터넷상 왜곡 정보 대응 방안"
    2. 증 제2호증  "보안사이버 인터넷 대응 조치 계획"
    3. 증 제3호증  "사이버 안보 신고요원 운영 계획"
    4. 증 제4호증  "사이버 보안활동 종합분석 및 대책"
```

한편, 2022년 7월 12일 자 조선일보 보도[147]에 의하면, 더불어민주당 국회의원 보좌관 출신인 청와대 안보실 최○○ 행정관이 2014년에 마무리 되었던 군 사이버사 댓글 진상조사 기록을 2017년 7월 이후 무단 열람하였고, 이후 재수사에 착수한 '군 TF'가 2014년에 무혐의 처분받았던 김관진 前 국방부장관을 2017년 11월 1일 구속했다는 것으로 보아 청와대 차원의 연루 의혹도 배제하기 어렵다. 최 전(前) 행정관은 이와 관련하여 서울경찰청에서 소환조사를 받은 뒤 2024년 5월에 직권남용과 개인정보보호법 위반 혐의로 불구속 기소 의견으로 검찰에 사건 송치되었다고 보도되었다.[148]

자료 유출 관련 군인들에 대해서는 국방부 조사본부에서 조사 중인 것으로 알려져 있으나, 보도 이후 2년이 다 되도록 수사 결과가 공개된 적은 없어 의문이다.

---

147) '文 행정관, 軍 사이버사 수사 기록도 무단 열람… 그 뒤 김관진 구속(조선일보). https://n.news.naver.com/article/023/0003703152

148) [단독] '軍 사이버司 수사기록 무단 열람 의혹' 文정부 최○○ 前행정관 기소 의견 송치(2024.5.2., 조선일보). https://naver.me/5ewuSFXP

'군 TF'는 4차 조사 결과 브리핑(2018년 2월 14일)에서 '기무사 블랙펜 분석팀의 분석 현황을 경찰청에 통보한 사실을 확인했다.'며 마치 경찰이 군 레드펜 작전에 개입했다는 의혹이 있는 것처럼 발표한다.

　하지만, 경찰의 보안국 자체 진상조사 결과, 군 사이버사령부가 블랙펜 자료를 경찰청에 공식 통보한 것이 아니라 군 관계자가 정부 비난 글을 게재한 네티즌들의 ID와 URL을 평소 알고 지내던 M 경정(2010년 경찰청 보안사이버수사대장)에게 e메일을 통해 참고자료로 전달했던 것이었고, M 경정을 비롯한 경찰의 안보수사부서에서는 이를 내·수사에 전혀 활용하지 않은 사실이 확인되었다. [149]

　그럼에도 한겨레신문과 '한겨레21'은 경찰관 개인이 단순히 군으로부터 참고자료를 받은 것이 아니라, 아예 레드펜 작전에 협조한 것처럼 단독 보도를 계속 이어가며 사실상 진실을 왜곡하였다. [150]

　참고로, '군 TF'의 4차 브리핑 자료 3쪽에는 기무사가 '4대강, 세종시 이전, 제주 해군기지, 용산 참사, 동남권 신공항, 한미 FTA, 천안

---

149) 경찰청 보안사이버수사대장이던 M 경정은 군에서 건네온 자료를 개인적으로 보관만 하고 있었을 뿐 내·수사에 활용한 사실도 없기 때문에 자료를 받은 것은 아무런 문제가 없다고 생각하여 보안국 자체 진상조사 중이던 2018년 3월 5일 이를 진상조사팀에 제출한다. 문제가 있다고 판단했다면 당연히 폐기하거나 자진하여 제출하지 않았을 것이다. 군 사이버사령부 소속 금ㅇㅇ(6급)도 2018년 2월 보안국 진상조사팀에서 "국가보안법 위반 혐의가 있는 사람들의 아이디나 닉네임만으로는 군인인지 민간인인지 구분이 어려워서 기무나 헌병 대신 경찰청에 국가보안법위반 신고 개념으로 전달했던 것이다."고 진술하였다.
150) 경찰청 진상조사팀에서 아무런 언론 대응을 하지 않은 것도 진상규명을 해야 할 사항이다.

함, 반값 등록금' 등에 대한 댓글 활동 정황, 특히, '12년 총선과 대선 과정에서도 정치인 등에 대한 비난 및 지지 댓글 활동 정황을 일부 확인하였다.'고 기재하였는데, 경찰청 특별수사단도 이 프레임을 그대로 적용하여 사실상 짜맞추기 수사를 진행했다는 의혹이 있다.[151]

군 TF는 2018년 2월 14일 중간 수사 발표 전에 진행 상황을 대통령실에 보고하였고, 군 TF의 조사과정에서 입수한 자료나 보고 서류가 민주당 의원들과 참여연대 측에게까지 건네졌던 것으로 추정된다. 이들이 유출한 자료는 2급 비밀인 '2012년도 사이버심리전 작전 지침'까지 포함되어 있다.[152]

하어영 기자는 2018년 1월 26일 M 전 경찰청 보안사이버수사대장을 만난 자리에서 "군에서 경찰에 통보한 블랙펜 관련 자료 200여 건을 가지고 있다."고 주장하였다고 한다.

공직자들이 비밀을 포함하여 조사 중인 사건 자료들을 언론과 참여연대 측에 유출한 것은 불법으로 보아야 마땅하다.[153]

---

151) 이는 경찰청 특별수사단 수사 결과 보고서에도 같은 형태로 인용되었고, 피고인 정용선의 구속영장 실질심사 당시 호송경찰관(이름 모름)은 '국정원이나 軍 사건을 보고 수사 프레임을 구성했으니, 그쪽 변호사들의 의견을 참조하라'고 귀뜸한다.
152) 물론 발표 직전 비밀에서 해제한 듯하다.
153) 정부 부처들은 감찰조사나 수사 중인 사항에 대한 국회의 자료 제출 요구 시 조사 중임을 이유로 거부하는 것이 관행이다. 참여연대는 한겨레신문 보도 후 불상의 방법으로 관련 자료를 입수, 경찰청장 등을 고발하는 데 사용한다.

만들어진 '진상'

(1) 공무상 비밀누설

보안국 진상조사팀원 P는 진상조사가 진행 중일 때 진상조사총괄팀장(이하 '총괄팀장')이던 A 총경이 보안국장실에서 민주당 이철희 의원, 성명불상 한겨레신문 기자와 스마트폰의 스피커폰 기능을 이용하여 수시로 통화하면서 진상조사 진행 상황을 설명하는가 하면, 국회를 직접 방문하여 이철희 의원 등에게 조사 서류까지 전달했다는 사실을 2022년 4월에 공개했다.[154]

실제, 경찰특별수사단 이○○이 2018년 3월 30일 보안4과[155] 사무실을 압수수색 후 작성한 압수 목록(보안증거 2,647~2,654쪽)의 9번 항목에는 '사이버사령부 댓글 활동 경찰 개입 의혹 관련 이철희 의원 면담자료(보안 2649쪽, 2018년 2월 21일)'를 압수했다는 근거가 남아 있다.

154] '경찰, 2012년 댓글공작에 수사·정보 등 주요부서까지 총동원(2018.3.16. 한겨레신문)기사에 의하면, '이철희 의원(더불어민주당)이 확인한 2011~12년 당시 보안사이버수사대 핵심 관계자의 진술서를 보면…'이라는 문구가 있어서 진상조사 시 작성된 진술서까지 이철희 의원에게 전달되었던 것으로 추정된다.

155] 2018년 당시에는 보안사이버수사대가 보안4과 소속이었다.

9	「사이버사령부 댓글 활동」경찰 기밀 회복 관련 이철회 의원 면담자료 ('18. 2. 21.)	1부	성 명	상동		성 명	경찰청		파상
			주 소			주 소			
			(주민등록번호)			(주민등록번호)			
			전화번호			전화번호			

이는 경찰청 진상조사팀 관계자가 이철희 의원과 직접 면담한 증거이자, 이철희 의원에게 실시간 조사 상황을 전달하고 관련 지시를 받았다는 진상조사팀원 P의 진술을 뒷받침하는 증거이지만, 수사 기록에는 위 면담자료를 찾을 수 없어서 자세한 사항을 파악할 수 없는 상태다. 이 또한 폐기된 것으로 보인다.

또한, 2022년 8월 11일 방송된 TV조선 탐사보도 '댓글 사건의 진상은?'이라는 프로그램에서 한겨레신문의 최초 보도(2018년 2월 5일) 3일 전인 2월 2일에 당시 경찰청 보안1과장이던 B[156] 총경(2011년 정보국 신원계장)이 진선미 의원실을 방문했다는 출장 기록이 경찰청에 남아 있다고 보도한 사실도 있어서 이 사건이 청와대, 민주당 일부 의원과 경찰청 수뇌부, 한겨레신문 등의 치밀한 사전 계획에 의해 시작되었을 가능성이 있는데도 단순히 한겨레신문의 '군 TF' 자료를 인용한 보도에 의해 진상조사가 시작된 것처럼 만들어진 의혹이 있다.

(2) A 총경의 허위공문서 작성, 공무상비밀누설 의혹

156] B 총경은 2011년에 정보국에서 정부정책 옹호 댓글 게재 논의가 있었다는 첩보를 진상조사총괄팀장이던 A 총경에게 제공한 당사자인데, 경찰청의 과장이 자료를 직접 의원실에 전달하는 사례는 그간의 경찰 관행상 없었던 것으로 기억한다.

조작된 정의

진상조사총괄팀장인 A 총경이 작성한 '3월 12일 자 진상보고서(보안
증거 3,818~3,819쪽)'와 3월 12일 진상조사팀 명의로 출입기자단에 배포했
던 브리핑 자료(보안증거 43쪽)는 사실과 다른 내용이다.

그 이유는 첫째, 진상조사팀원들은 진실 여부를 떠나 '3월 12일 자
진상보고서'를 특별수사단 수사 시까지 아예 보지 못한 보고서라는
입장이다. A 총경도 2018년 4월 6일 특별수사단에서 참고인 조사를
받으면서 '3월 12일 자 진상보고서'는 본인이 3월 11일에 직접 작성했
던 것이라고 시인하였다.[157]

<4월 6일 A 총경의 참고인 진술조서 : 보안증거 3,796쪽>

이때 진상조사 결과 설명서에 첨부 된 '군 사이버 불법댓글 경찰개입 및 댓글 관
련 진상보고서(18.3.12) 2매를 제시 열람케 하고, 열람 증명을 위해 그 사
본을 조서 말미에 첨부하다.

문   위 문서를 아는가요
답   위 문서는 3.11일 제가 제 컴퓨터로 직접 작성했습니다.

'A 총경이 2018년 2월 23일 K 전 보안사이버수사대장과 통화 시
들은 내용, 당시 경찰청 보안1과장 B 총경(2011년 경찰청 신원계장)에게 직접
들은 이야기 능 A 종경만 알 수 있었던 내용들'을 최소한의 확인 절차

---

157) 하지만, A 총경은 2022년 7월 월간조선과의 인터뷰에서는 "초안은 직원이 작성했고, (제
가) 일부 수정한 걸로 기억한다"라면서도 초안을 작성한 직원이 누구인지는 기억나지 않는
다고 답변(월간조선 2022년 8월호 291쪽)했으나, 팀들은 3월 12일 자 보고서 자체를 보
지도 못했고, 브리핑 사실도 언론보도를 통해 사후에 알게 되었다는 입장이다.

도 없이 '3월 12일 자 진상보고서'에 모두 사실인 양 기재한 것이다.

<3월 12일 자 진상보고서, 보안증거 3,819쪽>

> ○ **경찰청 댓글작업 관련**
> **(입수경위)** 블랙펜 진상조사 중 보안4과 컴퓨터에서 발견한 '보안사이버 인터넷 대응조치 계획(비공개)('11.8.18.)', '수사국 사이버 여론 대응팀 재정비 결과보고'의 작성경위 등을 김▇ 총경('11년 경찰청 보안사이버수사대장 근무)에게 질의 한 바,
> "11년에 당시 보안국장(▇▇▇ 前치안정감)으로부터 정부정책에 대한 지지 댓글을 달도록 지시를 받아 일부 실행한 사실이 있다. 당시 수사국 등 다른 국에도 비슷한 지시가 있었다고 알고 있다."라고 말함
> **(추가확인)** '11년에 경찰청 정보국에서 정부정책에 대한 댓글 작업 시행여부에 대한 논의가 있었으나, 당시 과·계장 등의 반대로 인해 실행하지 않았다는 사실 확인(관련자 진술)

A 총경은 '3월 12일 자 진상보고서'를 경찰청장과 청와대(민정비서실, 국정상황실)에 3월 11일 사전 보고하고, 민주당 이철희 의원 등에게 전달하였고, 건네받은 사람들 중 일부 또는 A 총경이 직접 한겨레신문 측에도 전달했던 것으로 보인다.[158]

진상조사총괄팀장이던 A 총경이 2018년 4월 6일 경찰청 특별수사

---

158) 한겨레신문 허재현 기자는 3월 11일 오후 H 전 보안국장과 K 전 경찰청 보안사이버수사대장을 취재, 3월 12일 공식 브리핑(10:00)도 하기 전인 05:01경 단독 보도한다.

단에서 참고인 신분으로 조사받을 당시 "2월 28일 경찰청장에게 중간 진행 상황도 보고했었다."는 진술로 미루어 볼 때, 중간보고서도 있을 것이나, A 총경이 관련 문서를 모두 폐기하도록 지시하였고, 특별수사단 인계 목록이나 압수 서류에도 찾을 수 없어서 내용을 확인할 수는 없는 상태다.

<A 총경 참고인 진술, 보안증거 3784쪽>

> 문   경찰청장과 차장에게도 보고를 했었나요
> 답   언론보도에 대한 청.차장님 보고는 보안4과장이 했고, 제가 2.28 처음으로 청.차장님께 그동안 진상조사 결과를 보고한 것이 전부입니다.

결국, 2월 28일 자 중간보고서, 3월 12일 자 진상보고서와 브리핑 자료는 허위 또는 사실확인 절차 없이 작성된 것이기 때문에 A 총경이 특별수사단에 인계하지 않고 모두 폐기하도록 지시했던 것으로 보인다. 수사 기록에 증거물로 제출된 '3월 12일 자 진상보고서'와 브리핑 자료 등은 보안국 진상조사팀이 특별수사단에 인계한 것이 아니라, 보안국 컴퓨터에 남아 있던 것을 압수한 것으로 보인다.

A 총경의 진술로 볼 때 보안4과장이 이 사건과 관련하여 수시 작성했던 언론보도 진상보고나 예상보고도 압수기록에서 찾을 수 없는 것으로 보아 이 또한 모두 파기한 것으로 추정된다.

'3월 12일 자 진상보고서'가 허위라는 두 번째 근거는 보안국 간부들이 정부 정책 지지 댓글을 게시하라는 지시는 물론, 실행된 사실이 있었음을 파악하였다고 브리핑한 사실이다(보안증거 44쪽).

<3월 12일 자 공식 브리핑 보도자료>

> □ **진상조사팀은 조사과정에서**
>
> ○ '11년에 경찰청 보안사이버수사대 직원들이 당시 상사로부터 정부정책에 대한 지지 댓글을 게시하도록 지시를 받아 일부 실행한 사실이 있었음을 파악하였으며,

나아가, A 총경은 2018년 4월 6일 특수단의 참고인 조사에서 '2011년 보안사이버수사대장이던 K 총경이 상사로부터 정부 정책 옹호 지시가 없었다.'고 부인한 진술조서[159](2018년 2월 26일 자)를 2월 27일에 직접 읽어보았다면서 이를 합리적인 검증 없이 배제한 채 제3자가 확인할 수 없는 2월 23일 K 총경(2011년 보안사이버수사대장)과의 통화내용만을 근거로 수사 건의까지 했다는 사실이다.

---

159) K 총경은 2018년 2월 26일 보안국 진상조사팀의 정식 참고인 조사에서 "당시 경찰활동을 적극 홍보하고 잘못된 것은 신속하게 대응하자는 취지로 전 국·관이 공감대가 있었던 것이며, 외부에서의 강요라든가 비정상적인 목적을 가지고 한 것이 아니다. 인터넷상에서 유통되는 왜곡된 정보 등을 통해 국민들이 오해할 수 있는 것들을 해소시킬 수 있는 대응을 하는 차원이지 특정 여론을 조작한다든가 이슈에 대한 시선을 돌리게 한다든가 하는 부정한 목적이 아니었다"고 진술하였다.(보안증거 3599쪽)

나아가 수사에 대비하여 K 총경 본인이 작성한 서류(경찰청 특별수사단이 2018년 3월 30일 K 총경 사무실에서 압수)에도 "안보와 관련된 왜곡된 정보, 유언비어 등으로 국민이 오해할 수 있는 것에 대한 대응을 한 것이지, 정부정책 지지 또는 특정 여론을 조작한다던가 하는 부정한 목적으로 한 것이 아님"이라고 기재해놨다.(보안증거 3582~3583쪽)

조작된 정의

<2018년 4월 6일 A 총경 참고인 진술조서, 보안 3,795쪽>

문　　정▧▧ 경감이 작성한 위 김▧▧ 총경 진술조서 내용을 읽어 봤나요

답　　2.27일 화요일 읽어 봤습니다.

<A 총경 직접 작성한 3월 12일 자 진상보고서, 보안증거 3,818쪽>

□ 향후 수사사항
　○ '11년~'12년 본청(보안국 등)의 정부정책 지지 댓글작업
　○ '11년~'12년 軍 사이버사 블랙펜 자료의 내·수사 활용 여부
　○ '15년~'16년 본청 보안2과(4계)의 댓글사건 수사(민▧▧ 경정 근무)
□ 조치·건의
　○ 경찰청 차원 '특별수사단(단장: 치안감 또는 경무관)' 구성, 수사착수
　- 댓글작업 관련 진상 확인
　- 블랙펜 관련 군 사이버사 자료의 내·수사 활용여부 등

　이와 별도로 보안국 진상조사총괄팀장이던 A 총경은 진상조사팀원들이 작성한 3월 15일 자 '군 사이버사령부 블랙펜 활동 경찰개입 의혹 등 진상조사 결과보고서'(공식적인 최종보고서, 이하 '3월 15일 자 결과보고서, 보안증거 3,821~3,837쪽)에 '댓글 게재가 특정 여론을 조작한다든가 이슈에 대한 시선을 돌리게 힌다든가 하는 부정한 목적으로 한 것은 아니었다.'는 2011년도 보안사이버수사대장이던 K 총경의 2월 26일 자 참고인 진술 내용도 추가하였다.

<3월 15일 자 보고서에 A 총경이 직접 추가한 부분,
보안증거 3,836~7쪽>

☐ **기타 참고사항**

(경찰청의 '댓글작업' 의혹 관련) '18. 2. 23.경 진상조사팀 총괄팀장(총경 임██)이 음성경찰서장 총경 김███('11년 ~'12년 본청 보안사이버수사대장 근무)에게 경비전화로 블랙펜 조사과정에서 보안4과 컴퓨터에서 발견된 「안보 관련 인터넷상 왜곡 정보 대응 방안('11. 4. 18. 보안2과)」 문건의 작성경위, 목적 등에 대해 질의한 바,

"'11년에 당시 보안국장(황██ 前치안정감)으로부터 정부정책에 대한 지지 댓글을 달도록 지시를 받아 일부 실행한 사실이 있다. 당시 수사국 등 다른 국에도 비슷한 지시가 있었다고 알고 있다."라고 말함.

그러나 '18. 2. 26. ███경찰서장실에서 진행된 참고인조사에서는 위 문건에 대하여 "왜곡된 정보가 확산이 돼서 전국적으로 불안감이 증폭된다든가 제한된 인원으로 대처하기 어려운 상황까지 갈 경우에까지 대비한 것…", "당시 경찰활동을 적극적으로 홍보하고 잘못된 것은 신속하게 대응하자는 취지로 전 국관이 공감대가 형성되었고, 안보문제와 관련하여 잘못된 부분을 바로 잡아야한다는 차원에서 해명 글을 올린 기억은 있으나 특정 여론을 조작한다든가 이슈에 대한 시선을 돌리게 한다든가 하는 부정한 목적으로 한 것이 아니었다."라고 진술함

조작된 정의

이는 경찰의 댓글 게재 목적이 불법이 아니었다는 사실을 알고 있었음에도 자신의 '3월 12일 자 진상보고서'에 의해 3월 13일에 특별수사단이 구성되자 향후 수사 과정에서 A 총경 본인이 작성한 '3월 12일 자 진상보고서'가 확인되지 않은 내용으로 밝혀질 경우 이를 방어하기 위한 조치로 보인다.

결국, A 총경은 '3.12. 자 진상보고서' 작성 당시 정부 정책 옹호 댓글 게재 지시가 없었다거나, 그 같은 제보가 최소한 확인되지 않은 내용이라는 사실을 충분히 알고 있었던 것으로 보인다.

또한, K 전 보안사이버수사대장(2011년도)으로부터 정부 정책 옹호 지시가 있었다는 말을 들었다는 2018년 2월 23일의 통화 당시 K 전 대장이 거론했다는 '보안사이버 인터넷 대응 조치 계획', '수사국 사이버 여론대응팀 재정비 결과 보고'에는 정부 정책 옹호 관련 내용이 아예 없어서 A 총경 주장의 진실성을 담보할 수도 없다.[160]

'3월 12일 자 보고서'가 허위라는 세 번째 근거는 보안국 진상조사팀이 경찰청 보안국이 군 블랙펜 자료를 공식 통보받은 사실이 없고, 2010년 당시 M 전 보안사이버수사대장이 개별적으로 전달받았을 뿐 내·수사에 활용하지 않았다는 사실을 이미 확인했는데도, A 총경이

---

160) K 전 대장은 특히, 2022년 8월 11일 50분간 방영된 TV조선 탐사보도 '경찰 댓글 사건의 진실은?'이라는 보도에서 2018년 2월 23일 A 총경과 통화 당시 '정부 정책 옹호 댓글 지시가 있었다'는 것은 자신의 발언이 아니라 자신의 윗선의 발언으로 알고 있다고 주장.

단독으로 문제있는 것처럼 수사까지 건의했다는 것이다.

경찰 보안기능의 내·수사 사건 중 2010년 M 전 보안사이버수사대장이 군 사이버사령부로부터 참고자료로 건네받은 블랙펜 자료와 일치하는 URL로 내사했던 사건은 1건뿐인데, 이는 용산경찰서에서 자체적으로 사이버 검색하여 내사했던 것이고[161] 군 블랙펜의 통보자료가 아니라는 사실은 이미 진상조사 과정에서 확인되었다.

'3월 12일 자 보고서'가 허위라는 네 번째 근거는 A 총경이 2월 23일 K 전 대장과 통화 당시 작성 경위 등을 묻는 데 활용된 문서가 '3월 12일 자 보고서'에는 '보안사이버 인터넷 대응조치계획(보안증거 18~19쪽)[162]'으로 되어 있으나, '3월 15일 자 조사 결과보고서'에는 '안보 관련 인터넷상 왜곡 정보 대응 방안(보안증거 20~22쪽)'으로 다를 뿐만 아니라, 두 보고서 모두 보안국 본연의 임무인 안보 관련 이슈가 왜곡되는 경우 정확한 사실을 알려 왜곡된 정보의 확산을 방지하는 것이 목적일 뿐, 정부 정책 옹호는 거론조차 되지 않았다는 사실이다.

결국, A 총경이 단독으로 작성했던 '3월 12일 자 보고서'에 기재한

---

161) 용산경찰서 보안계 H 경사가 사이버 검색으로 김정일 생일 관련 찬양 글을 발견, 내사 결과 국가보안법 위반 혐의가 없어 종결

162) K 전 보안사이버수사대장과 박ㅇㅇ 경감은 보안사이버 인터넷 대응 조치계획은 처음 보는 문건이라고 진술하였고, 작성 날짜도 2011년 8월 18일이라고 펜으로 기재했는데, 2018년 2월 23일 A 총경이 K 전 보안사이버수사대장과 통화 시 이 문건에 대해 정부 정책 옹호 지시가 있었다고 발언했다는 사실도 신뢰하기 어려움.

향후 수사 사항 3개 항목 중 정부 정책지지 댓글 작업 외에 나머지 2개는 기소조차 못했다.

① "11~12년도 軍 사이버사 블랙펜 자료의 내·수사 활용 여부'는 자체 진상조사 시 사실이 아닌 것을 확인하고도 수사사항에 억지로 포함시켰으나, 특별수사단에서도 수사 시늉만 하고 범죄혐의를 발견치 못하여 종결하였다.

② "15~'16년 본청 보안2과(4계)의 댓글 사건(M 전 대장 근무)'은 2010년도 보안사이버수사대장이던 M 경정이 軍 사이버사 자료를 활용하여 2015년에 내·수사를 지시했다는 혐의인데, 경찰청 특별수사단이 M 전 대장에 대한 구속영장 신청 시 범죄사실에 억지로 포함시킨 뒤 언론에 공표까지 했지만, 보안사이버수사대에서 자체적으로 검색하여 영장 발부받아 합법적으로 수사했던 것으로 확인되자 검사는 증거불충분으로 불기소하고 말았다.

이와 함께 감청 프로그램을 이용해 영장 없이 불법감청을 했다는 혐의도 앞서 밝힌 대로 1심과 2심에서 무죄를 선고받았고, 무죄선고

에도 불구하고 검찰은 대법원에 상고조차 하지 못한다.[163]

<2018.8.23. 머니투데이 보도 내용>

> 경찰청은 이와 함께 같은 기간 보안사이버수사대에서 일한 민모 경정(현직)에 대해서는 통신비밀 보호법위반 혐의로 구속영장을 신청했다.
>
> ·
>
> 경찰에 따르면 민 경정은 군으로부터 정부 정책 등에 비난 댓글을 작성한 ID와 닉네임, URL 등을 건네받아 내·수사에 활용했다. 또 감청프로그램을 이용해 영장 없이 이들을 불법 감청한 혐의다.

결국, A 총경은 민주당 의원 및 한겨레신문과 수시로 연락[164]하면서 허위사실 내지 확인되지 않은 내용을 근거로 수사 전환까지 건의하는 '3월 12일 자 진상보고서'를 작성하여 행사한 의혹이 있다. 앞으로 진상을 철저히 규명해야 할 사안이다.

한편, 참여연대는 경찰청 진상조사팀의 조사 결과 브리핑 후 이틀 만인 2018년 3월 14일에 기다렸다는 듯이 대표 정○○(대리인 김○○)가 진상조사팀 입수문건 4건(보안증거 5~17쪽)을 덧붙여 J 경찰청장, 전직 보안국장 2명 등을 서울중앙지검에 고발하였는데, 참여연대 측의 서류 입

---

163) M 경정은 위 혐의 외에 보안국 진상조사총괄팀장이던 A 총경이 '3월 15일 자 진상조사 결과보고서'에 임의로 추가했던 'K 전 대장의 진술에 의하면 M 경정이 e메일 탐지프로그램을 만들어 활용했다'는 의혹 제기로 인해 '15년 전(2004년)에 구입했던 추적 수사장비를 활용하여 이적단체를 불법감청했다'는 혐의로 구속영장 신청에 이어 기소까지 되었으나, 재판 과정에서 불법감청이 아닌 것으로 확인되어 2022년 1월 21일 항소심에서 최종 무죄 판결을 받았다.

164) 보안국 진상조사팀 L 경위는 2018년 2월 19일경 A 총경과 한겨레신문 기자 통화 장면을 목격했다고 진술.

조작된 정의

수 과정도 진상규명이 필요한 사안이다. 수사 중인 사건의 서류를 외부에 유출하는 것은 범죄이기 때문이다.

(3) A 총경의 서류 파기 및 컴퓨터 디가우징 등 증거인멸 의혹

A 총경은 3월 13일 경찰청에 특별수사단이 구성되자, 3월 16일 18:00경 경찰청 보안3과 사무실에서 특별수사단 부단장이던 K 경무관에게 관련 서류를 인계하고, '진상조사팀 인수인계 문서목록(보안증거 57쪽)'을 작성했다.

A 총경은 당초 2018년 3월 14일 진상조사팀원들에게 특별수사단의 압수대상이라며 모든 자료를 그대로 놓아두라고 지시했었으나, 3월 16일에는 '인계된 문서 외에 모든 문서를 파기하고 사본도 남기지 말 것, 조사팀 사용 컴퓨터도 모두 디가우징할 것'을 지시하였다. 2018년 4월 6일 특별수사단의 참고인 진술 조사 시 이를 시인한 바 있다.

<A 총경 참고인 진술조서, 보안증거 제3,807쪽>

<A 총경 참고인 진술조서, 보안증거 제3,802쪽>

문   진상조사팀에서 사용하는 컴퓨터와 노트북내 자료는 그대로 있나요

답   아닙니다. 올해 3.17부터 4.2까지 정보통신계에 반납하기 위해서 전부 포
     맷 했습니다.

문   그러면 특별수사단의 압수가 이루어지기 전부터 위 자료들을 포맷하기 시
     작한 것인가요

답   저희들은 특별수사단에 자료를 모두 넘기고 나서 그 다음부터 포맷을 했
     습니다.

문   위 포맷은 진술인이 지시한 것인가요

답   특별수사단에 자료를 올해 3월 16일 넘기고 난 후에 분석팀 유███ 경위
     와 정███ 경감에게 특별수사단에 넘겨주지 않는 자료가 컴퓨터 있는지
     물자 없다고 해서 그러면 포맷해서 정보통신계에 반납하기위해 디가우징
     을 한 것입니다.

　결국, 인수인계 목록에 없는 '2월 28일 자 중간보고서', 특히 진상
조사 중 이철희 의원과 청와대에 제출한 자료, A 총경 단독 작성한 '3
월 12일 자 진상보고서', '3월 12일 자 브리핑 자료', '이철희 의원 면담
결과보고서' 등을 포함한 모든 서류들이 사본까지 파기되었고, 컴퓨터
에 남아있던 서류들마저 모두 파기하고도 모든 서류를 수사단에 인계
하였다고 진술한 셈이다.

특히, 조사팀원 P는 '3월 15일 자 진상 결과보고서'에 조사대상도 아니고 확인되지 않은 '기타 참고 사항'을 A 총경이 임의로 추가했다며 팀원들과 상의하여 아래와 같이 결재 거부하자[165](보안증거 3837쪽), A 총경은 자신이 추가했던 부분을 결재란 뒤에 별지로 덧붙여 새로 작성한 '제2의 3월 15일 자 진상 결과보고서'를 별도로 만들어와 결재를 요구하여 조사팀원 P도 결재를 했었다는데, 이 서류는 흔적도 없이 사라지고 말았다.

<3월 15일 진상조사 결과보고서 제17쪽>

2018. 3. 15.

결 재	담 당	진상조사팀장	총괄팀장

(4) 특별수사단 수사로 전환과정의 불법 의혹

A 총경은 진상조사 과정에서 경찰의 블랙펜 관여 사실이 없었음을 파악하고도 자신이 단독으로 입수한 첩보 내용과 상반되는 진술 등에 대한 최소한의 확인도 없이 수사 전환을 건의했다.

---

165) 담당 정 경감이 결재한 것은 그해에 심사승진 대상자여서 자칫 과장과 사이가 나빠지면 불이익이 우려되어 P 경정 등 팀원들이 결재할 것을 권유하여 결재했다고 진술.

A 총경의 이 같은 행위는 민주당 이철희 의원으로부터 '무조건 수사로 전환해야 한다. 수사팀장도 맡으라.'는 강력한 요구[166]가 있었기 때문이라는 제보가 있었다. "2018년 수사 당시 한겨레신문 H 기자가 '청와대 B 민정비서관과 경찰청 M 차장이 경찰댓글 사건을 실질적으로 컨트롤 하고 있다'고 발언했다"는 제보도 있었다.

결국, 당시에는 문재인 정권이 이명박과 박근혜 정부에 대한 적폐청산 작업을 진행하던 시기이고, 특히 2018년 6월 13일 전국동시지방선거를 앞두고 경찰도 국정원과 군 사이버사령부처럼 정치개입이나 선거관여 댓글 등 적폐가 있었다는 결론을 필요로 했기 때문에 그 방향으로 수사를 몰고 가려던 것일 수 있다는 의문이 든다. 나아가 이 사건을 계기로 국가안보 업무를 담당하던 보안국과 정보국의 역할과 기능을 대폭 축소하려는 명분을 찾고자 했는지도 모른다.

이는 2월 5일 이후 경찰의 블랙펜 개입 내지 댓글공작을 기정사실화 하는 한겨레신문과 '한겨레21'의 단독 보도[167]가 계속된 것 등

---

166) 진상조사팀원들은 진상조사가 마무리 되어가던 시점에 보안국장 등이 국장실에 있던 어느 날 A 총경이 이철희 의원과 스피커폰을 이용하여 이와 같은 내용으로 통화하는 것을 목격했는데, 이는 국장 앞에서 A 총경이 뒷배경을 과시하는 행위로 보였다고 진술하였다.

167) 〈2018.2.5. 05:01 한겨레신문〉, "경찰, 軍 사이버사 '누리꾼 블랙리스트' 레드펜 협조 정황" 제하로 불법 정치개입과 무관한 것으로 알려졌던 경찰이 보안사이버수사대를 신설해 정부 비판 성향 누리꾼의 아이디를 대량 수집·관리하는 레드펜 작전을 수행해온 軍 사이버사와 긴밀한 업무협조 관계를 유지했다고 보도. https://www.hani.co.kr/arti/society/society_general/830803.html

〈2.6. 한겨레21〉 '경찰 軍 댓글작전 관여했나' 제하로 '경찰이 2012년 총선과 대선 당시 불법정치 개입에 나선 軍 사이버사령부와 긴밀히 협력하며 공조 체제를 유지했다는 사실

이 근거다.

이 국방부 공식 문건으로 확인됐다. 경찰이 軍 사이버사가 작성한 블랙리스트를 넘겨받아 민간인에게 사이버 사찰을 했다고 합리적으로 추정해 볼 수밖에 없는 상황이다. 경찰이 軍 사이버사 댓글 작전에 관여한 정황이 확인되었다'고 보도. https://h21.hani.co.kr/arti/special/special_general/44878.html

〈2.14. 경향신문〉, '사이버사령부가 정부비판 아이디 분석 현황을 경찰청에 통보했고, 일부 기무부대에 공유한 정황도 확인됐다'고 보도, 경찰이 군 사이버사령부처럼 정치개입 댓글공작 의혹 제기(2.14. 국방부 사이버 댓글 조사TF 4차 중간조사 결과 발표).

〈2.21. 한겨레신문〉, '경찰청 보안국은 (국방부 사이버 댓글 조사) TF가 진행한 조사 결과를 토대로 관련자 진술을 듣고 자료 확보 등 사실상 수사에 준하는 수준으로 관련 내용을 살피는 것으로 알려졌다. 軍 사이버사와 경찰이 2인3각처럼 레드펜 작전 협조를 진행해 온 정황을 밝힌 한겨레 2월 5일치 보도를 사실로 확인한 것이다'고 단독 보도하며 경찰의 정부 정책 또는 정치개입 댓글 의혹을 기정사실화.

〈2.27. 한겨레 21〉 사이버사가 누리꾼 블랙리스트를 작성하여 경찰과 공유한 사실이 확인된 것처럼 보도하면서 경찰청 보안국에서 이재정 의원에게 아이디 수신 여부가 확인되지 않는다는 답변을 내놓자 자체 진상파악이 원활하게 이뤄지지 않는 것으로 알려졌다며 검찰 수사 가능성을 제기한 뒤, 군과 공조해 온라인 여론조작에 나섰거나 레드펜 명단을 대상으로 부당한 수사와 내사를 한 사실이 드러난다면 국정원, 군 사이버사에 이은 제3의 여론조작 기관이라는 불명예를 얻게 된다며 지속적으로 의혹을 제기한다. 그리고는 검찰수사가 이뤄질 수도 있다며 압박한다(2.28. A 총경은 L 경찰청장에게 중간보고 전후 민주당 이철희·이재정 의원과 한겨레신문에 제보한 정황).

〈3.5. 한겨레신문〉 '경찰이 2012년 군 사이버사에서 악성 계정 634개를 통보 받아 2012년 한 해에만 수사 11건, 내사 16건을 진행한 것으로 확인됐다'며, 경찰이 사이버사가 건넨 자료로 수사를 진행했다면 불법 사찰 및 직권남용에 해당한다는 지적이 나온다. 경찰의 해명이 사실과 다른 정황이 드러나면서 경찰의 사실은폐 의혹도 커지고 있다'고 보도한 데 이어 이철희 의원은 '군과 경찰이 국가안보라는 본분을 잊고 불법적인 정치개입에 얼마나 골몰했는지 드러나고 있나'는 주장도 보도함으로써 사실상 수사 촉구 등 경찰의 정치개입을 사실로 만들기 위해 안간힘.

〈3.8. 한겨레신문〉 '사이버사령부의 업무협조 관련 문건이 경찰청 서버에 남아 있지 않고 문서 접수대장에도 없었다며 블랙펜(레드펜) 조사에 손을 놓고 있다. 사정기관 관계자가 이 사태의 진상을 파악하려는 경찰의 수사 의지가 없음을 꼬집었다'고 보도함으로써 사실상 청와대 차원에서 억지 수사 결과를 내놓을 것을 압박하고 있음을 암시.

〈3.12. 한겨레신문〉 경찰청 공식발표(10:00) 전이던 05:01 '경찰도 2012년 총·대선 앞두고 댓글공작' 제하로 '경찰까지 민의를 왜곡하는 여론조작에 나선 정황이 드러났다. 이철희 의원은 국정원, 군에 이어 경찰의 댓글이 드러난 것은 총체적 국기문란의 종결판'이라고 보도.

이와 함께 진상조사팀원들은 "진상조사 초기부터 A 총경이 피조사자들에 대한 압수수색영장 신청,[168] 청탁금지법 위반 등 조사팀의 활동 범위를 벗어나는 사실상 강제수사, 별건 수사를 수시로 강요했다."고 폭로하였다.[169]

---

168) A 총경도 2018년 4월 6일, 특별수사단 참고인 조사에서 2018년 3월 4일경 진상조사팀원 P에게 M 전 보안사이버수사대장에 대한 압수 영장신청을 지시한 사실을 인정(보안증거 3807쪽)

169) 실제 진상조사 중이던 2월 26일 13:00~2월 27일 01:00까지 2010년도 경찰청 보안사이버수사대장이던 M 경정이 과장으로 있던 경찰서 보안과 직원들의 컴퓨터까지 압수수색.

조작된 정의

'위법 수집증거 포함'의 법칙

(1) 수사단 구성의 적법성 논란

2018년 경찰청장이던 L은 2월 28일 진상조사팀의 중간보고를 통해 경찰의 블랙펜 관련 사실이 없음을 파악했을 가능성이 높은데도 '3월 12일 자 진상보고서'에 근거하여 즉시 특별수사단 구성을 지시하였고, 나아가 언론에 결과 발표까지 지시하거나 승인하였다.

L 경찰청장과 M 차장이 민주당 또는 정권 차원의 수사 요구에 굴복한 것은 아닌지 의심이 드는 대목이다.

2010~2011년 시행 중이던 경찰공무원법상 총경 이상 경찰공무원에 대한 임용권은 대통령[170]에게 있기 때문에, 경찰청장이 임용권자인 대통령의 재가나 위임 없이 임의로 치안감과 경무관에게 직제에 없는 특별수사단을 구성한 뒤 근무를 명령했다면, 이는 위법한 인사 발령이자 권한 없는 자의 행정처분으로 무효라고 보아야 한다.

---

[170] 구 경찰공무원법 제7조(임용권자) 제1항 : 총경 이상 경찰공무원은 경찰청장 또는 해양경찰청장의 추천을 받아 행정안전부 장관 또는 해양수산부 장관의 제청으로 국무총리를 거쳐 대통령이 임용한다(이하 생략).

당시 형사소송법상 경찰청장을 비롯, 치안정감, 치안감은 사법경찰관이 아니고, 특별수사단장으로 임명된 치안감(경찰청 기획조정관)도 사법경찰관이 아니어서[171] 경찰청장이 수사권 없는 기획조정관에게 특정 사건에 대한 구체적 수사를 총괄하도록 지시한 것은 법률의 위임 없는 형사소송법상 수사권 부여 내지 창설행위여서 위법하고, 이는 경찰청장이 직무에 가탁(假托)하여 의무 없는 일을 시킨 직권남용권리행사방해에 해당한다는 의견도 있다.

만약, 청와대가 허위사실에 대한 수사를 지시했거나, 권한 없는 경찰청장의 치안감에 대한 수사 지시 계획을 보고받고 승인하거나 묵인했다면 청와대 관계자들도 직권남용권리행사방해죄의 공범은 아닌지 살펴보아야 할 것이다.[172]

당초 특별수사단장이 경찰청으로부터 내정 통보받았던 P 치안감에서 수사 경험도 거의 없는 기획조정관으로 변경된 경위도 누가 압력을 행사한 것인지 진상을 규명해야 할 사항이다.

171] 형사소송법 제196조(사법경찰관리) ① 수사관, 경무관, 총경, 경정, 경감, 경위는 사법경찰관으로서 모든 수사에 관하여 검사의 지휘를 받는다.
② 사법경찰관은 범죄의 혐의가 있다고 인식하는 때에는 범인, 범죄사실과 증거에 관하여 수사를 개시·진행하여야 한다.
③~④ (생략)
⑤ 경사, 경장, 순경은 사법경찰리로서 수사의 보조를 하여야 한다.
⑥ 제1항 또는 제5항에 규정한 자 이외에 법률로써 사법경찰관리를 정할 수 있다.
172] 문재인 대통령은 노무현 대통령 당시 민정수석, 시민사회수석, 비서실장으로 근무했기 때문에 정부 부처의 댓글 게재가 노 대통령의 지시였음을 알 수 있었을 것으로 판단된다.

조작된 정의

(2) 당시 경찰청장 L과 차장 M의 직무 유기 여부

이 사건 진상조사와 수사 기간에 경찰청장이던 L과 차장 M(수사 착수 5개월 후 경찰청장)은 J 경찰청장 재임 당시(2010년 8월~2012년 4월) 각 홍보담당관(2010년, L)과 기획조정담당관(2011년, M)으로 근무하였다.

당시 J 경찰청장이 강조한 사이버 대응 취지는 ① 사이버상에서 경찰관련 허위보도나 왜곡 주장을 신속히 검색하여 ② 진상을 확인한 뒤, ③ 사실과 다르면 언론중재위 제소, 반론보도 청구, 공식 브리핑, 기자단에 문자나 메일, 댓글 등 다양한 수단을 통해 신속하게 진상을 알리되 ④ 사실일 경우, 이슈화되기 전에 신속히 사과하거나 재발방지책을 발표하는 등 선제적으로 대응함으로써 '맞지 않아도 될 매를 맞지 말고, 매를 맞더라도 덜 맞도록 하자.'는 것이었다.[173]

J 경찰청장이 이 같은 지시를 공식적으로 18번이나 했던 사실이 압수기록에도 고스란히 남아 있지만, 경찰청에 근무했던 총경 이상 간부라면 청장 지시의 배경과 취지에 대해 잘 알고 있었고, 특히, L 청장과 M 차장도 J 경찰청장 재임 당시 총경급 과장으로서 댓글 게재의 목적과 방법, 의도에 어떠한 불법도 없었음을 누구보다 잘 알 수

---

173) 당시에는 SNS 발달 초기여서 네티즌들의 사실 확인없는 주장이나 선동하는 자극적인 글들이 게재되었고, 네티즌들이 이 같은 글을 보고 분개하여 댓글을 달아 이슈화되면 일반 언론에서 이를 보도하고, 언론에 보도되면 다시 네티즌들이 사이버상에서 이를 퍼날라 재확산시킴으로써 정상적인 치안활동에 대한 방해가 상당하던 시기였다.

있는 보직[174]에 있었다. 아래 대변인실 업무성과에도 잘 나타나 있다.

<대변인실 2011년도 업무성과(통합증거 223쪽)>

□ 문제성 이슈 신속 대응, 부정적 여론 조기 차단

○ 정부 부처, 국·관, 지방청 등 활용, 공조 대응체제 강화

- △부처 : 대변인 협의회 및 온라인 대변인, △국·관 :브리핑
  전담관, △지방청: 폴알림e 등 적극 활용

  ※ 함바비리 / 전·의경 가혹행위 / 故 장자연 사건 / 수사구조개혁 / 3색 화살표
     신호등 / 주요 집회(제주 강정마을, 버스 시위) / 국감 대비 용역폭력 등 대응

○ 국·관, 지방청 오보대응 강화, 대 언론 건강한 긴장관계 유지

- 언론중재위 정정보도청구 '10년 10건 → '11년 31건 대폭 상승

  ※ 영국 BBC 통 '대구 미인대회 성상납 의혹' 정정보도(최초 해외언론 사례)
     문화일보 '유치장 인권침해 인권위 진정 최다 정정보도(최초 소송 승소 사례)

---

174) 〈L 청장〉 ① J 경찰청장 재직 중이던 2010년에 경찰청 홍보담당관(총경)으로 근무하면서 경찰 비난 기사를 스크랩한 뒤, 해당 경찰관서나 경찰청 해당 부서의 대응 상황이나 대응 계획을 종합하여 매일 아침 08:00에 경찰청장에게 과장급 중 가장 먼저 직접 보고하고, 경찰청장의 지침을 받아 해당 기능과 지방청에 전달했던 자로서 만약 경찰청장의 구체적 이슈에 대한 댓글 지시가 있었다면 당시 홍보담당관이던 L이 전달했을 가능성도 있다.
② 연합뉴스, 인터넷, 방송 등 27개 매체를 실시간 스크랩하여 해당 기능과 지방청에 전파하고 조치 상황을 경찰청장에게 보고하였으며, 주요 보도가 있으면 해당 기능 과장(사안이 매우 중요할 경우, 대변인, 해당 업무 담당 국장도 동석)과 함께 청장에게 보고하고 지침을 받았다(2011.12.21. 경찰청 대변인실 업무보고, 통합증거 231쪽).
③ 경찰청 기획조정과로부터 사이버 대응에 대한 경찰청장 지시사항을 담당하는 주무부서로 지정되어 추진 실적도 보고했기 때문에 청장의 댓글 게재 지시에 대한 취지나 방향을 정확히 이해하고 있었고, 경찰청장이 특정 정당이나 정치인 반대, 정부 정책 옹호를 지시했다는 범죄사실이 허위라는 것도 정확히 알 수밖에 없었다.
〈M 차장〉 ① 2011년 기획조정담당관(총경)으로서 매일 08:00 국장단 회의에 '기획과 소속 경감'과 함께 배석하여 청장의 지시사항을 정리한 뒤 청장에게 당일 보고 후 전국 경찰에 공식적으로 하달하고 이에 대한 추진 상황을 점검하여 매월 경찰청장에게 보고하는 업무를 총괄 담당했기에 J 청장의 사이버 대응 취지를 정확히 알고 있을 수밖에 없다.
② "2018년 3월 8일 한겨레신문 하어영 기자로부터 '경찰 댓글사건은 M 차장이 책임지고 총괄지휘하고 있다.'는 말을 들었다"는 제보도 있었다.

조작된 정의

그럼에도 이를 외면한 채 정상적인 댓글 대응을 불법행위라며 수사를 지시하고, J 청장이 특정 정당과 정치인 반대, 정부 정책 옹호 지시를 한 사실이 없음에도 그 같은 지시를 했다는 수사 결과를 근거로 구속영장까지 신청하고, 수사 결과를 그대로 검찰에 송치하도록 승인한 것은 특별수사단의 잘못된 수사를 바로잡아야 할 경찰청장과 차장으로서의 직무를 유기한 것은 아닌지 살펴보아야 할 필요성이 있다.

(3) 민주당 국회의원들에게 수사 상황 누설 여부

한겨레신문은 2018년 4월 12일 'MB정권 댓글공작, 기무사가 기획했다' 제하의 기사[175]에서 이철희 의원실로부터 기무사의 '참고자료'를 입수했다고 보도한 바 있다.

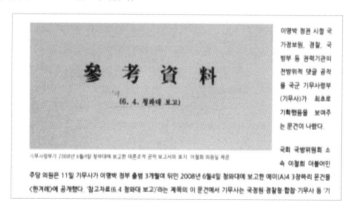

---

175) https://www.hani.co.kr/arti/politics/politics_general/840212.html

그런데, 4월 23일 경찰 특별수사단의 수사 보고(보안증거 5627쪽)에 의하면, 수사단 소속 S 경정은 국회의원 진선미의 보좌관 박○○을 통해 위 기무사 문건을 입수했다는데, 이철희 의원실이 공개한 자료를 진선미 의원실을 통해 입수했다는 것도 석연치 않은 것이어서 이철희, 진선미 등 민주당 의원들에게 수사상황을 누설했을 가능성도 제기된다.

경찰청 특별수사단

제 호   2018. 4. 23.

수 신 : 경찰청 특별수사단장

참 조 : 수사2팀장

제 목 : 수사보고(기무사 작성 청와대 보고 '참고자료 - 기관별 사이버 인력/특수팀 운영방안 문건)

피의자 ▨▨▨ 등에 대한 직권남용권리행사방해 피의사건에 관하여 다음과 같이 수사하였기에 보고합니다.

1. 수사사항

'08~'12년 경찰청 보안국 인터넷 여론조작 의혹 관련, '18. 4. 12. 한겨레신문이 「MB정권 댓글공작, 기무사가 기획했다」 제목으로 "국정원·경찰청·합참·기무사 등 '기관별 사이버 인력' 현황을 일별한 뒤 '비노출 특수팀 운영'을 건의했다"라고 보도한 것과 관련, 국회의원 진선미의 보좌관 박▨▨을 통해 위 기사에서 언급한 기무사문건 「기관별 사이버 인력 / 특수팀 운영 방안」을 제공받아 수사기록에 첨부하였다.

한편, 진선미 의원실의 박○○ 보좌관은 경찰 수사 과정에서 진상조사총괄팀장이던 A 총경의 아래 참고인 진술조서(보안증거 3,799쪽)에도 등장하는 인물로, 진상조사부터 수사에까지 개입했을 가능성도 있어 보인다. 특히, 경찰청 수사자료들이 박 보좌관에게 흘러 들어간 경위도 확인해야 할 사항이다.

조작된 정의

문　당시 위 ▇▇▇ PC 자료들로 보면 문제가 될 여지가 있다고 판단하▇ 않았나요

답　제가 그런 문건을 본건이 올해 2.22이거나 23일 아침인데 이상하다는 ▇ 도는 생각했습니다. 그런데 3.12경 진선미 의원실에서 보좌관 ▇▇▇ ▇▇말을 들어보니 이는 문제가 될 수 있는 문건이라고 인식을 하게 되었습▇ 다.

(4) 경찰청 특별수사단이 압수 댓글 대부분을 폐기한 것도 의문

특별수사단은 모두 284,732개의 댓글을 압수했다면서 공소장에는 4.5%인 12,896개만 증거로 선별하여 송치한 뒤, 나머지 95.5%는 재판이 끝나기도 전에 이를 모두 임의로 폐기하였다.

J 경찰청장 항소심 공판조서 3회(2020년 6월 25일)에 의하면, 재판장이 검사에게 2020년 8월 7일까지 선별기준에 대해 석명[176]을 요구하였

---

176) 1. 이 사건 공소제기 당시 범죄일람표를 어떤 방법을 통해 어떤 기준으로 특정하였는지를 구체적으로 설명할 것. 증거기록에 의하면 일응 100여 건의 압수수색 검증영장 집행을 통해 경찰청 공인IP로 작성된 전자정보 여론 대응에 동원된 것으로 확인된 경찰관 또는 경찰관이 사용한 차명 명의로 가입된 계정으로 작성된 전자정보 등 일정 요건을 충족하는 기초자료를 확보한 다음 나름의 기준을 세워 그 중 일부만으로 범죄일람표를 특정한 것으로 보이는데 그 특정 기준이 무엇인지를 명확히 할 것.
2. 공소 제기된 범죄일람표의 구분 방식에 따라 즉 정보/서울 정보/ 본청 보안, 홍보파트별로 각각 댓글 몇건, 트윗 내지 리트윗글 몇 건, 위키트리 기사 몇 건의 기초자료로 확보되었는지를 명확히 밝힐 것.
3. 정보파트에 관한 기초자료 출력물을 우선 증거로 제출하고, 해당 기사별로 총 몇 건의 댓글 등이 작성 게시되었으며 그 중 몇 건이 공소제기 되었는지를 파악할 수 있도록 위 정보 파트에 관한 기초자료를 작업 기사별 및 작성자별로 분류·정리해 별도로 제출할 것.
4. 공소장에서 이 사건 직권남용 권리행사의 상대방으로 명시한 경찰관들(정보/서울의 경우 70명, 정보/본청의 경우 165명, 홍보의 경우 377명)의 명단을 소속 부서를 병기하여 제출.

는데, 검찰에서 제출하지 않자, J 경찰청장의 항소심 판결문 71~73쪽의 각주를 통해 '수사기관 압수 댓글이 모두 284,732개라면서 12,896개(4.5%)만 기소하였고, 항소심 법원이 기소하지 않은 나머지 댓글을 모두 제출하라고 하자, 폐기하였다며 제출하지 못하였다.'고 기재한 바 있다.

<J 청장 항소심 판결문 71~73쪽 각주>

49) 검사는, 이 사건을 수사한 경찰청 특별수사단이 수사과정에서 압수한 댓글 등을 추려서 선별 기소하였는바(압수수색검증영장을 통하여 확보한 댓글 등이 정보 11,043개, 보안 179,306개, 홍보 94,383

개로 합계 284,732개인데도 실제 기소된 것은 12,896개(원심에서 공소철회한 댓글 등 포함)에 불과하다), 기소하지 않은 댓글 등과 기소된 댓글 등의 양이나 내용 차이를 확인할 만한 마땅한 자료는 제출되지 않았다. 경찰청 통계수사대슨 2018. 2. 28. ~ 2018. 9. 21. 00까지 이수하 [...]

52) 당심은 검사에게 범죄일람표에 포함되어 있지 않더라도 수사기관이 확보한 전체 댓글 등의 관련 자료를 전부 제출하는 방법으로, 검사가 범죄일람표에 포함시키지 않은 댓글 내용이 어떠한지를 밝혀 달라고 석명하였으나, 검사는 범죄혐의와 관련성이 없다는 이유 등으로 이미 관련 전자정보를 전부 폐기하였다고 하면서 위 자료를 제출하지 않아(검사가 보관하고 있는 압수된 전자정보는 2020. 11. 12. USB에 담아 당심에 제출한 바 있기는 하나, 그 자료에 의하여 경찰관들이 작성·게시한 댓글 등의 내용이 무엇인지는 확인이 불가능하다), 피고인이 경찰청장 재임 당시 운영한 SPOL팀 등 인터넷 여론 대응 조직이 정상적인 경찰 홍보활동을 한 것과 문제가 된 이 사건 댓글 여론대응을 한 것의 비율이 어떻게 되는지를 확인할 수 없는 상황이다.

2022-0210492918-6AGAM   73 / 98

검사의 주장대로 95.5%가 범죄혐의와 관련성이 없는 등 문제없는 댓글인데 일부인 4.5%만 기소하였고, 특히 정부 정책 옹호 댓글은 640개(전체 댓글의 0.2%, 정용선은 정보심의관 재직 중 85개)에 불과해 J 청장이 20개월 동안 수백 명을 동원하여 정부 정책을 옹호하는 댓글을 게재하라는 지시를 했다면서 이 정도밖에 게재되지 않았다는 것은 도무지 이해할 수 없는 판단이며, 미리 결론과 사법처리 대상자를 정해 놓은 각본에 의한 기획수사이자 표적수사라고 밖에 볼 수 없다.

특히, 수사국을 비롯한 경찰청 국별로 사이버대응팀을 운영하라는 공문들이 다수 발견되고 상당수가 댓글을 게재한 사실이 확인되는데도 이들의 댓글은 전혀 압수하지 않아 댓글 게재가 경찰청장의 공식 지시에 의한 것인지 아니면 정보심의관을 통해 몰래 서울경찰청 '스폴팀'에만 전달된 것인지도 확인이 불가능한 상태다.

폐기된 댓글이 죄가 되지 않는다고 판단하여 제외했다면, 95.5%가 문제없는 댓글인데도 일부만 선별하여 기소한 것은 부당한 것이고, 피고인들에게 유리한 증거라면 이들을 억지로 처벌하기 위해 고의로 증거를 인멸한 것이라는 판단이다.

당시 경찰은 전국 경찰관서에서 담당업무 관련하여 잘못된 기사나 주장에 대해 진상을 알리는 댓글을 게재했었기에 20여 명의 국장을 모두 기소하는 것은 부담스러웠고, 특히 검경 수사권 조정 관련하여 검찰과 치열하게 다투던 때여서 수사국의 지시로 게재한 댓글이 상당히 많았기에(정보증거 05796~05799쪽) 수사부서 스스로 수사국 지휘부를 사법처리하는 것을 피하기 위해 증거물을 폐기했을 가능성도 제기된다.[177]

---

177) 수사국과 경비국에서도 댓글로 진상을 알리는 대응을 했다는 서류가 압수되었음에도 이에 대한 수사는 전혀 이뤄지지 않은 것은 특별수사단 근무 경찰관들도 수사권 조정 관련하여 자신이 게재한 댓글로 인해 수사를 받아야 하는 상황이 발생했을 가능성도 있다.

(5) 특별수사단의 직무 유기와 허위공문서 작성 의혹

수사 초기부터 경찰청 모든 국에서 이슈 검색팀 또는 대응팀 운영 사실을 인지하고도 이를 무시하고, 문재인 정권 입장에서 필요로 하는 타겟인 안보기능(정보국, 보안국)과 대변인실만 댓글로 정부 정책과 경찰을 옹호하여 여론 조작한 것처럼 진실을 왜곡한 의혹이 있다.[178]

관련 논거는 아래와 같다.

① 진상조사총괄팀장이던 A 총경이 팀원들 몰래 단독으로 작성했다는 '3월 12일 자 진상보고서'(보안증거 3,819쪽)의 제2쪽에 '수사국 등 다른 국에도 비슷한 지시가 있었다'고 명시되어 있다.

○ **경찰청 댓글작업 관련**

(입수경위) 블랙펜 진상조사 중 보안4과 컴퓨터에서 발견한 '보안사이버 인터넷 대응조치 계획(비공개)('11.8.18.)', '수사국 사이버 여론 대응팀 재정비 결과보고'의 작성경위 등을 김▨▨ 총경('11년 경찰청 보안사이버수사대장 근무)에게 질의한 바,

"11년에 당시 보안국장(황▨▨ 前치안정감)으로부터 정부정책에 대한 지지 댓글을 달도록 지시를 받아 일부 실행한 사실이 있다. 당시 수사국 등 다른 국에도 비슷한 지시가 있었다고 알고 있다."라고 말함

---

178) 박범계 민주당 수석대변인 "경찰 수사국 댓글공작 관여 경악"(2018.3.16., 브레이크뉴스). http://www.breaknews.com/566542

조작된 정의

② 실제, 수사국도 '사이버여론 대응팀'을 전국적으로 구성하여 운영했던 사실이 확인된다(보안증거 3,838쪽).

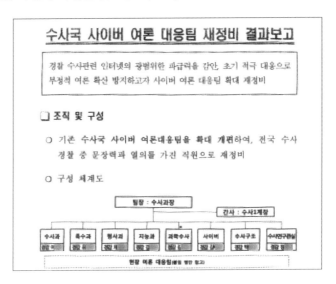

③ 특히, 수사국장 산하 수사구조개혁팀(단장 : 경무관)의 경우, 별도 홍보전략TF를 만들어 수사권 조정 필요성에 대해 댓글 등 다양한 수단으로 홍보와 댓글 대응을 했는데 이를 묵살하였다(통합증거 1,475~1,476쪽).

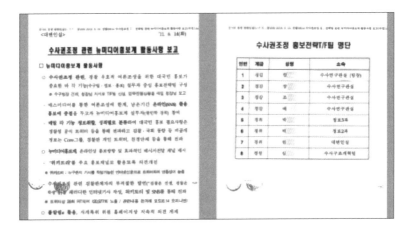

법원도 J 경찰청장의 1심 재판에서 증언한 당시 H 대전경찰청장(2011년 수사심의관, 2019년 10월10일 증인신문)과 이〇〇 총경('폴네티앙' 전 운영자, 2019년 10월 25일 증인신문)의 댓글 대응 취지는 물론이고, 수사구조개혁팀에서 댓글 대응과 국회의원 홈페이지에 글 게재를 지시했다는 증언도 모두 배척하였다.

그럼에도 수사권 관련하여 '스폴팀'이 게재한 댓글 모두를 정용선의 지시에 의해 게재한 것이라고 범죄사실을 구성한 이유는 무엇일까?

④ 검사는 특별수사단이 경찰청 공인IP 8,029개로 작성된 댓글 179,056개를[179] 압수하였다고 하였고(2020년 8월 14일 J 경찰청장 재판부에 제출한 석명서), 공판정에서는 공소장 댓글은 피고인들 관련 댓글 중 일부를 선별하여 부적절한 댓글만을 기소 대상으로 삼은 것이라고 주장하였다(제4회 공판조서). 부적절한 댓글만을 선별하여 기소한 이유를 도저히 납득할 수 없다. 결국 95.5%의 댓글이 적절했다는 것을 인정한 셈이다.

⑤ J 경찰청장의 항소심 재판부도 경찰 특별수사단이 증거의 95.5%를 폐기하고 4.5%만 송치함에 따라 J 청장 항소심 판결문에 검사가 선별 기소 사실을 시인했다고 기재하였다.(262쪽 참조)

---

179) 이는 경찰이 2008년 1월 1일부터 2012년 12월 30일 까지 경찰청 공인IP 8,029개를 통해 압수한 댓글 숫자여서 공소장에 기재된 전체 압수 댓글 28만 4,732개(2010년 1월 8일 ~2012년 4월 30일)와는 차이가 있다.

조작된 정의

경찰의 댓글은 홍보의 일환이거나, 왜곡된 경찰 관련 기사나 정보를 신속히 바로잡으려던 활동이었다는 압수 서류, 진술과 증언을 모두 배척하였다.[180]

---

180) '경찰 2012년 댓글 공작 수사·정보 등 주요 부서까지 총동원'(2018.3.16.자 한겨레신문) 기사에도 2011~12년 보안사이버수사대 관계자가 "경찰의 댓글은 여론 조작 등의 목적으로 활동한 것이 아니며 정상업무의 연장 선상에 있었다"고 보도한다.

풀리는 의혹들

(1) 당시 경찰관들 사이에 '타겟은 J 청장'이라는 말이 많이 나돌 았다.[181]

조사과정에서도 윗선의 지시 여부만 집중 추궁하면서 중·하위직 경찰관들에게는 직권남용의 피해자임을 암시하는 방법으로 추측과 강압에 의존한 조사를 하다 보니 실체적 진실과 다른 조사 결과를 도출하였고, 검찰은 경찰이 경찰관들을 수사한 사건이므로 정확할 것이라고 판단했는지 이를 자세히 확인하지 않고 그대로 공소 제기하는 오류가 있었던 것으로 보인다.

(2) 특히, 경찰청 특별수사단이 수사 과정에서 '진상조사팀원들이 진상을 축소·은폐했다'는 이유를 내세워 이들을 대상으로 한 압수수색, 임의동행, 밤샘조사 등을 진행하였다는 진술이 윤석열 정부 출범 이후 쏟아지고 있다.

---

181) 특별수사단 소속 S 경정, L 경감, P 경감 등 9명이 2018년 6월 20일~22일 부산경찰청을 방문, 댓글 게재한 참고인들을 한 자리에 불러놓고 'J 청장이 타겟'이라는 발언을 하여 수사 방향을 암시하고, 이어서 천편일률적인 참고인 진술조서를 받았다는 소문도 무성하다.

2018년 3월 하순경 특별수사단은 진상조사팀이 소속되었던 보안3과 사무실 전체를 압수수색하였다.[182]

　2018년 7월 하순 22:00경에는 특별수사단 소속 H 경정 등 수사관 2명이 진상조사팀원이던 L 경위의 노원구 주거지 아파트 지하 2층 주차장에서 미리 대기하고 있다가 귀가하던 L 경위에게 경찰청장의 지시라며 임의동행을 요구하여 L 경위가 직속 상관에게 보고하려고 하자 이를 가로막으며 "조사에 응하지 않을 시 신분에 불이익이 갈 수 있다."며 강압적으로 동행 후, 다음 날 05:00까지 "진상조사 시 축소·은폐한 것 아니냐? 조사에 협조하면 아무런 문제 없이 잘 마무리될 수 있다."며 동의 없는 밤샘 강압 조사를 진행하였다는 것이다.

　또 다른 조사팀원도 2018년 9월 초순경 참고인 조사를 받는 과정에서 "경찰청장이 당신을 입건하고 기소가 어렵더라도 송치하라는 지시를 했다."는 말을 하여 상당한 심리적 압박을 받았다고 진술하였다. 하지만 이 경찰관에 대해서는 입건조차 하지 못하였으니, 협박임에 틀림없다.

　일부 여경들은 강압수사를 견디지 못해 조사과정에서 3번씩 튀어나가 울기도 했고, 수사 방법에 환멸을 느껴 퇴직까지 했다고 하소연하였고, 심지어 J 경찰청장의 1심 법정에서는 극단적 선택을 고민했다고 털어놓기도 했다.

---

182) 이 압수수색을 계기로 보안국은 별건으로 사법처리를 우려하여 대공 관련 주요 자료 상당수를 폐기하였다고 한다. 경찰청 보안국에서는 이를 두고 박종철 고문치사 사건 당시 대공 관련 자료를 폐기했던 사건(제1의 분서갱유)에 이은 제2의 분서갱유 사건이라고 부른다.

구로경찰서에서 경찰청 특별수사단으로 파견 나왔던 윤○○ 경감은 수사단으로부터 직속상관인 구로경찰서장 K 총경(2011년 경찰청 대변인실 근무)을 직접 조사하라는 지시를 받자, 그런 식으로 근무할 수 없다며 수사 도중 원 소속인 구로경찰서로 자진 복귀하는 일도 벌어졌다.

피의자가 부인할 경우, 객관적 증거를 제시하여 사실을 확인시키거나 피의자의 범행 사실을 진술한 참고인과 대질신문을 통해 실체적 진실을 규명해야 하나, 부인하는 것으로 단정하고 사실과 다른 내용을 근거로 구속영장까지 신청하였다.

J 경찰청장은 취임 후 첫 보고를 하러 온 정용선에게 "정 심의관은 서울청 부장으로 가면 되지?"라며 교체할 의사를 내비쳤고 정용선 또한 정보2과장, 기획과장, 정보심의관으로 계속 이어지는 격무부서에서 장기간 근무하여 "본청을 나가기만 하면 아무 곳이나 괜찮습니다."고 답변했던 사실을 모른 채, 정용선이 J 경찰청장에게 잘 보이기 위해 노력했다는 2010년도 K 정보6계장의 근거 없는 진술에 의지하여 정용선이 댓글 게재를 지시함으로써 자리를 보전하려 했다는 허위사실을 기재하여 구속영장까지 신청하였다.[183]

(3) 문재인 정권과 국내외 종북주사파들은 정치 관여, 정부와 정부 정책 옹호 댓글 게재 행위를 처벌한다는 명분으로 숙원 사업이

---

183) 정용선이 유임된 것은 마땅한 후임자를 찾지 못했기 때문이었다고 한다.

조작된 정의

던 대한민국 공안기관들을 완전히 무력화하고자 시도했다는 의혹도 제기됐지만, 확인할 방법은 없다.

우선, 국가정보원법을 전부 개정(2020년 12월 15일)하여 2024년 1월 1일부터 국정원의 대공 수사권을 완전히 박탈하였다. 간첩 수사에 관련한 콘크리트 같은 안보 방어벽을 스스로 해체하고 만 것이다.

대공 수사의 전문성을 차치하고서라도 해외에 대공 정보조직이 없는 경찰이 대공 수사를 전담한다는 것은 반쪽짜리 수사를 하도록 만든다는 것이고, 국정원과 경찰 간 원활한 협조가 이뤄진다고 하더라도 신속한 수사에 지장이 있을 수밖에 없다는 의미다. 대한민국에서 활동하는 간첩들과 종북세력들만 좋아할 일이다.

종전 국가정보원법상 명시적으로 임무에 표시되어 있던 대공 정보와 대정부 전복 정보 수집권이 2020년 전부 개정된 법률에서는 삭제된다. 북한에 관한 정보수집은 할 수 있으되, 북한 이외의 대공 정보수집 활동을 제한한다는 의미가 아닐까? 이 같은 일부 국내 보안정보 수집권의 폐지는 반(反) 대한민국 세력들의 오랜 숙원 사업이었다는 지적도 있다.

이와 함께 2020년 12월 22일 경찰관직무집행법 등을 개정하여 경찰에서 수행하던 국내 일반정보기관으로서의 역할을 제한하였다.[184]

---

184) 이에 따라 서울을 포함 전국의 일선 경찰서 정보과가 상당 부분 다른 과와 통폐합되었다.

종전에는 치안정보라는 이름으로 각 분야의 정보를 폭넓게 수집·작성·배포할 수 있었으나, 지금은 '공공안녕에 대한 위험의 예방과 대응을 위한 정보' 활동만 가능하다.

종전에 일반정보기관을 복수로 운영했던 것은 기관 간 경쟁과 견제를 시킴으로써 국가정보 사용권자인 대통령에게 더욱 빠르고 정확한 정보 전달을 할 수 있도록 하려는 의도인데, 이러한 국정원의 역할은 폐지된 지 오래고, 경찰의 역할 또한 대폭 제한하고 만 것이다.

결국, 경찰마저 종전 서민들의 생활이나 애환, 민심을 공식적으로 분석하고, 필요한 정책을 건의하던 국내 일반정보기관으로서의 역할이 대폭 축소됨으로써 대통령과 정부가 국민생활이나 민심과 괴리될 수밖에 없게 된 것이다.

제 8 부

—

신속한 진상 규명을
기대하며

정권이 바뀌었다고 해서 공직자들이 수행했던 업무에 대해
'그 때는 괜찮고 지금은 범죄다'라고 평가한다면, 공직사회의
복지부동은 필연적일 수밖에 없고, 그 피해는 고스란히 국민의
몫이 될 것이다

경찰의 치안 활동에 대한 왜곡 보도나 네티즌들의 허위 주장과 거짓 선동에 대해 정확한 진실을 신속하게 알림으로써 경찰의 이미지 훼손을 방지하고, 공권력의 정당성을 확보하고자 했던 일들, 잘못된 경찰 활동을 방치하지 않고 진상 설명과 함께 신속히 사과하고 재발 방지대책을 강구 하고자 했던 일들이 문재인 정권에 의해 모두 여론 조작, 댓글공작이라는 미명 하에 사법처리 되었다.

경찰이 경찰관들을 무리하게 수사한 탓도 있지만, 검찰과 법원도 경찰을 믿고 충분한 조사와 심리를 소홀히 함으로써 결과적으로 잘못된 경찰 수사를 추인하는 결과를 초래한 것으로 보인다.

물론, 네티즌들을 포함한 일반 국민은 물론이고 언론은 법적 강제력을 행사하는 경찰의 활동에 대해 언제든지 감시하고 잘못을 지적할 권리가 있다.

경찰도 국민과 언론으로부터 치안정책이나 경찰활동에 대한 문제 제기가 있을 경우, 정확한 사실관계를 바로바로 확인하여 잘못이 있을 경우 관계 공무원을 문책하고 재발 방지대책을 마련하되, 잘못된 지적에 대해서는 진실을 알려드려야 하는 것이 국가기관으로서의 당연한 의무다.

하지만, 경찰의 댓글 사건에 대한 무리한 사법처리를 계기로 허위 사실로 경찰활동을 비난하고, 근거 없는 주장으로 법 집행력을 약화

시키려는 행위들은 절대적으로 보장되어야 하는 국민의 자유로운 의사 내지 '표현의 자유'인 반면, 이에 대해 댓글로 신속하게 진상과 필요한 조치계획을 알리던 일들은 모두 불법인 세상이 된 것이다.

심지어 치안정책을 홍보하거나 경찰의 입장을 알리던 일마저 서울경찰청 '스폴팀원'이 게재했다는 이유만으로 글을 게재한 경위나 목적에 대한 고려 없이 모두 불법행위로 만들었다.

도대체 누구를 위한 '적폐청산'이란 말인가? 경찰의 정당한 법 집행에 대해 거짓 선동과 불법폭력시위로 저항함으로써 대한민국의 혼란을 가중시키고 싶어 하는 세력들이 마음껏 판치는 세상을 만들겠다는 의도라고 보는 것은 무리인가?

'악화(惡貨)가 양화(良貨)를 구축한다(Bad money drives out good)'더니, 악행(惡行)이 선행(善行)을 내쫓는 것과 무엇이 다르랴!

또한, 국가안보 전문가들은 2010년 3월 26일 발생한 천안함 피격사건을 계기로 북한이 대남공작 부서 및 해외 친북 단체들을 동원하여 내국인으로 위장한 전문 댓글팀을 운영하면서 인터넷 여론을 조작하고, 대한민국의 국론분열을 획책해 왔다고 주장한다. 사이버 공간에서의 이 같은 불법행위에 대한 단속, 반박과 해명 등 정부의 대응 노력이 부족해지자 사실상 사이버 공간은 이들의 해방구가 되어 가고 있다는 진단을 내놓기도 했다.

사정이 이러하다면, 국가안보 기관들의 이들 세력에 대한 댓글 대응은 물론이고, 사이버상의 보안 활동을 한층 더 강화할 필요가 있다고 판단된다.

앞으로, 경찰 댓글 사건의 진상을 반드시 밝혀 억울하게 사법처리된 경찰지휘부의 누명을 풀어야만 한다. 나아가 경찰이 정부 정책을 옹호하는 불법행위를 했다는 대한민국 경찰 역사상의 오점도 깨끗이 씻어내야만 한다.

이 사건 진상규명에 관심이 있는 법학자나 법조인들께는 경찰 댓글 사건에 대한 기록 전체를 무료로 제공하여 객관적으로 위법 여부를 판단하실 기회를 드리려고 한다.

그리하여 문재인 정권이 경찰의 여론조작 내지 댓글공작 범죄라고 사법처리했던 일이 얼마나 억울한 사람들을 양산했는지 알리도록 할 것이다.

정권이 바뀌었다고 해서 공직자들이 수행했던 업무에 대해 '그때는 괜찮고, 지금은 범죄다'라고 평가한다면, 공직사회의 복지부동은 필연적일 수밖에 없고 그 피해는 고스란히 국민의 몫이 될 것이다. 진정한 적폐청산은 사법적 단죄가 아니라 제도개선이 먼저다.

조작된 정의

'스폴팀'의 정부정책 옹호 댓글 등

– 정용선이 지시했다는 85개 : 댓글 · 게시글 60, 트윗글 22, 위키트리 3개 –

구분		총계	한미FTA	G20	연평도포격	기타경찰활동	정치인비난	일본원전	4대강	북한	구제역	폭력시위	천안함	정부옹호	안보영상	대통령탄핵	무상급식	종북기장
총 계		85개	24	19	18	5	4	3	2	2	1	1	1	1	1	1	1	1
댓글 및 게시글	소 계	60	21	18		5	3	3	2	2			1	1	1	1	1	1
	김00	31	5	16		4	1		1	1				1	1		1	
	박00	8	8															
	이00	3	2				1											
	김00	3	2							1								
	서00	2				1							1					
	차00	2	1													1		
	김00	2	2															
	김00	1		1														
	전00	1		1														
	홍00	1						1										
	정00	1						1										
	박00	1						1										
	김00	1							1									
	김00	1					1											
	서00	1																1
	오00	1	1															
트위터	소 계	22		1	18		1				1	1						
	이00	13			13													
	이00	7		1	4		1					1						
	지00	1			1													
	강00	1									1							
위키	소 계	3	3															
	김00	3	3															

대응 이슈(공소장 범죄일람표 기준)

※ 일람표에서 번호에 밑줄 그은 댓글은 정부정책 옹호로 볼 수 있는 댓글인지 의문이란 표시다.

※ '대상기사 없음'이란, 기사나 글에 댓글 형태가 아니라, 포털 '다음'의 아고라 사이트에 본문 글로 게재한 것을 의미한다.

※ 맞춤법이 틀린 것은 범죄일람표 원문을 그대로 옮겼기 때문이다.

※ 게재 날짜가 빠른 순으로 일부분만 공개한다.

댓글 일람표	〈이슈〉 대상기사(시간)	〈게시자, 게시시간〉 게시 내용
<u>91</u>	〈G20〉 대상기사 없음	〈김○○, 2010.10.01. 11:47〉 - 다음 아고라에 본문으로 게재 지금 우리는 힘으로 모아야 합니다. 북한의 김정은이 보셨지요? 아마도 김일성 김정일 보다 훨씬 무서운 카리스마를 가진 인물인 것 같습니다. 그런데 이렇게 중요한 때에 지비회로 하고 시위를 한다면 그 사람들은 진정 이땅의 국민들이 아닐 것입니다. 나라가 힘들 때는 서로 자중하고 힘을 모아 어려운 시기를 극복하는 훌륭한 민족이잖아요. IMF때로 기억하시잖아요 그렇게 힘들때 금을 모으고 단합하면 되는 것입니다. 우리 모두 G20 성공적개최로 위해 힘을 모아야 합니다 그러수 잇지요?? 우리나라 국민들은 세계최고의 민족이잖아요? 그렇지요?
<u>128</u>	〈G20〉 대상기사 없음	〈김○○, 2010.10.17. 12:44〉- 다음 아고라에 본문으로 게재 우리나라는 백의민족입니다. 작은 나라 대륙을 향하여 표호하는 끝자락에 있는 작지만 가장 강한나라 대한민국 아주 순수하고 나를 배려할 줄 아는 또한 손님을 접대할 줄 아는 동방의 예의지국이라고 하지요. 이번 G-20행사때 세계를 리드하는 지도자들이 우리나라를 찾는다고 합니다. 어디 지도자 분이깼습니까?? 한나라의 대통령이 오시면 그 에 따른 수행원과 경제 지도자들이 우리나라를 찾아 오시는데 집회나 시위를 하여 그분들에게 불안감을 주거나 방해를 한다면 소님들을 불러놓고 집안싸움 하는 꼴이 될 것이고 백의의 나라 호랑이가 대륙을 향해 표호하는 대한민국이 세계로부터 버림받을 것이기 때문입니다. 또한 대한민이 여타 나라에서 신뢰를 잃을 것이고 그렇다면 우리 후손들은 더욱 어려운 경제와 신뢰가 떨어져 활동하는데 위축될 것이 뻔할 것입니다. 이제 진정으로 생각해 볼 때가 아닌가 하는데 여러분은 어떻게 생각하십니까?? 이번 행사기간에는 우리 모두가 양보하고 단합하여 세계지도자들이 깜짝 놀라도록 대한민국의 힘을 보여줍시다. 세계 20개국 외에도 어마어마한 거물들이 우리나라를 찾는다고 들었는데 그렇게 많은 지도자와 훌륭하신 분들이 우리나라를 방문하실때는 절호의 기회가 될것입니다. 대한민국 국민들이 세계를 리드할수 있다는 것을 이번 기회에 확실하게 보여줍시다. 우리는 할 수 있다고 보는데 그렇지 않나요?? 우리 한번 해 봅시다~~
<u>131</u>	〈G20〉 대상기사 없음	〈김○○, 2010.10.24. 11:23〉- 다음 아고라에 본문으로 게재 몇일전 한국노총이 G-20기간중 지비회 중단을 발표하는걸 신문에서 보면서 참 대한민국 사람들이구나 하는 생각을 하였답니다. 그럼 민주노총이나 다른 보수단체들은 왜 그런 말을 하지 못할까 하는 생각을 하였답니다 할 수 있잖아요?? 대한민국 사상 처음으로 공식 초청국 원수들만 20개국이고 비공식 방한하신 분들까지 합하고 또 수넓은 정제인플 석학들이 우리나라를 방문하는 시점에 집회나 시위를 생각하는 대한민국 국민들이 있다면 그는 진정 역적일것입니다. 우리는 동방의예의지국이라고 합니다. 그렇다면 집안에서 싸우다가도 손님이 오시면 싸움을 중단하고 맞이하는데 하물며 외국의 국가원수들이 약35개국 우리나라를 방문하신데데 그틈을 이용해서 싸운다??이게 말이나 되는 소리입니까?? 아무리 불만이 많다고 하더라도 손님이 오시면 싸우지말고 힘을 모으고 가시고 나면 싸워도 싸워야 하는 것이 최소한의 인간의 도리가 아닐까요?? 아주 작은 대한민국의 한사람으로서 감히 이렇게 호소합니다. 제발 손님불러놓고 나라망신시키는 집회나 시위는 하지 맙시다.모든 정쟁을 중단하고 손님맞이에 한틈 실수도 있어서는 안될 것입니다. 힘을 모읍시다. 우리는 할 수 있을 것입니다. 이번 우리나라가 평화로운 G-20에 성공적으로 마친다면 세계는 사랑스런 우리 김연아 선수가 세계 정상에 우뚝섰을 때처럼 더욱 세계속에 리더하는 대한민국이 될 거이라 확신합니다. 이런 의미에서 한국노총의 현명하신니 판단을 존경합니다. 다른 단체들도 혹여 집회나 시위를 생각하셨다면........(이하 보이지 않음)

연번	〈이슈〉 (게시자, 시간) RT 대상 글	〈게시자, 시간〉 리트윗(RT) 글
1	〈이정희 비난〉 (게재자 및 시간 미상) 그럼 물대포는 무료 샤워시설인가요?! 쿨럭;	〈이○○, 2010.10.07. 17:50〉 재미없네요. 이런시리즈... 당 대표시라면서요
6	〈G20〉 (게재자 및 시간 미상) G20 성공할 겁니다.. ㅠ.ㅠ 쿨럭; 맨홀에까지. g20 대단하다 증말	〈이○○, 2010.11.11. 10:18〉 대단한 게 아니라 당연한거 아닌가요
8	〈연평도 포격〉 (게재자 및 시간 미상) 언론에서 위험할 정도로 선동을 하는 것 같네요. 애초에 북한이 민간인을 노려서 육지를 공격했다면 지금과는 달리 정말 많은 피해자가 발..	〈이○○, 2010.11.23. 22:26〉 재미없네요. 이런 시리즈... 당 대표시라면서요
9	〈연평도 포격〉 (게재자 및 시간 미상) 군에서 무슨 이유로 연평도 현장을 취재하려는 기자들을 막는걸까요?	〈이○○, 2010.11.23. 22:32〉 그럼 이 상황에 기자를 들여보내라는 말인지. 그럼 그땐 또 무슨 말이 나올지 안봐도 알겠네
10	〈연평도 포격〉 (게재자 및 시간 미상) 군당국, 연평도 풀취재단 거부? 정부는 국민이 안심하고 판단할 수 있도록 취재의 길을 허하라! 정보통제는 불안을 가중시킨다	〈이○○, 2010.11.23. 22:44〉 군 당국은 안전이고 뭐고 이 언니 취재하라고 들여보내라!!
11	〈연평도 포격〉 (게재자 및 시간 미상) 아깐 나도 흥분해서 잘 몰랐는데 지금 보니 신문기사들...전쟁분위기 만드는데 제일 수고하셨네요...	〈이○○, 2011.11.23. 22:46〉 전 세계 언론사들이 모두 수고했죠?
12	〈연평도 포격〉 (게재자 및 시간 미상) 〈북한은 왜 연평도를 포격했나〉 가장 균형 잡힌 시각으로 글을 썼다는군요..읽으면서 드는 생각은 이명박 정부를 압박하기 위해서 그랬다는데 강경책이 잘못된 건가요?? 그럼 언제	〈이○○, 2011.11.24. 11:35〉 ※ 좌측 내용 RT
13	〈연평도 포격〉 (게재자 및 시간 미상) 〈북한은 왜 연평도를 포격했나〉	〈이○○, 2010.11.24. 11:41〉 강경책이 잘못된 건가요? 항상 북한이 공격하고 나면 강력대응 하겠다고 하는데 도대체 언제? 또 포쏴서 대한민국 국민이 또 희생을 당해야 할건가요?
14	〈연평도 포격〉 (게재자 및 시간미상) 트위터에 중국과 북한이 미국 근해에서 훈련을 하면 미국의 반응이 어떻겠는가라며 올린 글을 보았는데, 이런 비교가 가능할까 싶다. 우리 군은 우리 영해에서 국가와 국민을 지키기 위해 정상적인 훈련을 했고, 더군다나 현재..	〈이○○, 2011.11.24. 14:43〉 ※ 좌측 내용 RT
15	〈연평도 포격〉 (게재자 및 시간 미상) 〈북풍〉 연평도 떨어진 北의 122미리 방사포 로켓포탄이 25일 오전 서울 여의도 국회에서 열린 한나라당 최고위원회의에서 공개되었다. 파편에....	〈이○○, 2011.11.25. 16:28〉 이 상황에 국정조사가 나올 시기일까요?

연번	〈이슈〉 (게재자 및 일시)	게재 내용
8	한미FTA 반대집회 (2011.11.04. 08:56)	한미 FTA는 글로벌시대의 세계가 하나로 이어지는 어쩔 수 없는 시대적 요구가 아닌가요. 그렇다면 모두가 이제 반대만 하지 말고 어떻게 하는 것이 국익에 도움이 되는 것이며 또한 농촌에서는 도시에서는 기업들은 이에 대처하고 살아남을 수 있는 것을 연구하고 현명하게 대처하는 것이 현명한 것이 아닌지요?? 중국은 이제 우리를 우주에서도 앞서가고 있는데 정작 대한민국 국회는 몸싸움에 국회 기물이나 부수고 이게 도대체 어떻게 어디로 가려고 이러는 것인지요?? 제발 모두가 한마음으로 지혜를 모으고 현명하게 FTA를 헤쳐 나갈 수 있는 지혜를 모읍시다. 우리는 할 수 있는 나라입니다. 제발 정쟁은 그만두시고 지혜로 현명하게 대처를 부탁합니다.
9	한미FTA 반대집회 (2011.11.08. 07:25)	최근 언론에서 한미 자유무역협정에 대해 결사 반대라는 정치인들의 생각이 어디에 있는지 사뭇 궁금해진다. 과연 그들의 마음엔 국가와 국민들의 심정을 알거나 하고 결사 반대라는 표현을 쓸까? 하는 생각이 이 아침에 드는 이유는 무엇일까?? 또한 서울시장의 자유무역협정에 대해 반대 입장을 공식적으로 밝힌 언론 보도를 보고 마음이 쓸쓸하다. 왜 일까?? 앞으로 우리나라가 어디로 가야할지 참 난감하다. 이러다 정말 우리는 월남의 패망을 보는 것은 아닐까?? 나라와 국익을 먼저 생각하는 정치인들은 과연 얼마나 될까?? 진정 국민을 위하겠다고 멸사봉공 해보겠다고 행동하는 양심들은 또 얼마나 될까요? 반대하기 전에 그 사람 입장에서 과연 이것이 정당하며 찬성했을 경우 얼마나 손해가 되며 손해에 대처할 수 있는 방법은 무엇이며 또 국민들이 이익을 추구하며 잘 살 수 있는 방법은 무엇일까 나는 생각들은 하고 있는 것일까 우리 모두가 각자 자기 위치에서 다시 한번 싸늘하게 생각해 봐야 하는 시점이 아닐까요 모두가 자신들의 이익 나의 생각과 다르면 무조건 이단시 하며 몰아세우는 한심한 작태를 바라보며 월남 매망에 원인을 다시 한번 심각히 생각하고 과연 국가를 위하고 살아남을 수 있는 길을 찾아야 하지 않을까요. 자유무역협정을 무조건적 반대를 바라보는 답답한 시민이 올립니다.
11	한미FTA 반대집회 (2011.11.17. 05:01)	민주당에서 대통령의 서면 합의를 받아오라며 한미 FTA를 승인하지 못하겠다는 민주당을 바라보며 과연 민주당은 대한민국 사람인지 먼저 묻고 싶을 정도로 답답함을 보이고 있는 한심한 작태를 느낀다. ISD가 무엇인가 외국에서 투자하고 잘못되면 상호 손해배상을 청구하는 제도가 아닌가?? 그러면 민주당은 외국에서 피땀 흘려 본 적이 있는가?? 외화를 벌어드린 적이 있는가 물어 보고 싶다 참으로 답답하고 답답하다 우리나라에서 외국에 나가 기업활동을 하면서 분쟁이 발생했을 때 보호하는 협정을 가지고 서면 합의를 받아오라 자유무역협정은 할 수 없다고 하는 등 참으로 어리석고 어리석은 사람들이 하는 짓이다. 민주낭은 집권딩일 때 모든 것을 승인하지 않았는가? 이제 와서 반대하는 이유가 무엇인가 국가와 국민들의 마음을 알고 하는 짓인가 내년 선거에서 현직에 있는 사람들 모두 낙마 시키고 모두 국외로 추방해야 할 사람들이 아닌가 그렇지 않은가요? 어떻게 사업하는 사람들과 국익을 생각지 못하는 사람들이 국민의 대변자라 말할 수 있겠는가? 이제라도 늦지 않았으매 조속히 모두 함께 고민하고 우리가 국익을 위해 무엇을 어떻게 할 것인가를 심각히 고민해야 하고 머리를 맞대어야 하지 않겠는가 이길 많이 우리가 살 길이며 우리가 외국에 나가서 밤에 투자하여 적게는 개인 이익이지만 크게는 모두가 나라이익 아닌가요?? 다시 한번 정치권에서 한미 FTA 조속히 승인하여 국제 사회에서 한국의 위상을 높여야 할 것이다. 일본은 땅을 치고 후회하고 있지 않은가 왜 한국은 다된 밥에 재 뿌리는 정치인들이 많은가 누가 그들을 국회로 보냈는가 또 보낼 것인가 로 국외로 추방하는 마땅하지 않은가??

전직 경찰공무원의 마지막 변론

조작된 정의

초판 1쇄   2024년 7월 15일

지은이   정용선
발행인   박화진
교정/교열   김혜린
디자인   박효은
마케팅   이연실

발행처   도서출판세모퉁이
등록번호   제2023-000076호
주소   서울특별시 영등포구 경인로82길 3-4 센터플러스 1117호(문래동1가)
전화   02-3141-2700
팩스   02-322-3089
홈페이지   www.bookdaum.com
이메일   jisikwon@naver.com

가격   20,000원
ISBN   979-11-984050-5-0 03300